国家社科基金重大委托项目
中国社会科学院创新工程学术出版资助项目

中国民族地区经济社会调查报告

总顾问 陈奎元
总主编 王伟光

生态卷

本卷主编 舒 瑜

中国社会科学出版社

图书在版编目（CIP）数据

中国民族地区经济社会调查报告．生态卷／舒瑜主编．—北京：中国社会科学出版社，2021．6

ISBN 978-7-5203-7632-7

Ⅰ．①中…　Ⅱ．①舒…　Ⅲ．①民族地区经济—经济发展—调查报告—中国②民族地区—生态环境建设—调查报告—中国　Ⅳ．①F127．8

中国版本图书馆 CIP 数据核字（2020）第 254833 号

出 版 人　赵剑英
责任编辑　宫京蕾
责任校对　王佳玉
责任印制　李寡寡

出　　版　中国社会科学出版社
社　　址　北京鼓楼西大街甲 158 号
邮　　编　100720
网　　址　http：//www.csspw.cn
发 行 部　010-84083685
门 市 部　010-84029450
经　　销　新华书店及其他书店

印刷装订　北京君升印刷有限公司
版　　次　2021 年 6 月第 1 版
印　　次　2021 年 6 月第 1 次印刷

开　　本　710×1000　1/16
印　　张　19．75
插　　页　2
字　　数　333 千字
定　　价　108．00 元

《21世纪初中国少数民族地区经济社会发展综合调查》

项目委员会

《中国民族地区经济社会调查报告》
编辑委员会

总　　序

实践的观点是马克思主义哲学最基本的观点，实事求是是马克思主义活的灵魂。坚持一切从实际出发、理论联系实际、实事求是的思想路线，是中国共产党把马克思主义基本原理与中国实际相结合，领导中国人民进行社会主义革命和社会主义建设不断取得胜利的基本经验。改革开放以来，在实事求是、与时俱进思想路线的指导下，中国特色社会主义伟大事业取得了举世瞩目的伟大成就，中国道路、中国经验在世界上赢得了广泛赞誉。丰富多彩的成功实践推进了中国化马克思主义的理论创新，也为哲学社会科学各学科的繁荣发展提供了坚实的沃土。时代呼唤理论创新，实践需要哲学社会科学为中国特色社会主义理论体系的创新发展做出更大的贡献。在中国这样一个统一的多民族的社会主义国家，中国特色的民族理论、民族政策、民族工作，构成了中国特色社会主义的重要组成部分。经济快速发展和社会剧烈转型，民族地区全面建成小康社会，进而实现中华民族的伟大复兴，迫切需要中国特色民族理论和民族工作的创新，而扎扎实实地开展调查研究则是推进民族研究事业适应时代要求、实现理论创新、服务发展需要的基本途径。

早在20世纪50年代，应民族地区的民主改革和民族识别之需，我国进行了全国规模的少数民族社会历史与语言调查，今称“民族大调查”。这次大调查收集获取了大量有关民族地区社会历史的丰富资料，形成300多个调查报告。在那次调查的基础上，整理出版了400余种、6000多万字的民族社会历史建设的巨大系统工程——“民族问题五种丛书”，为党和政府制定民族政策和民族工作方针，在民族地区开展民主改革和推动少数民族经济社会的全面发展提供了重要的依据，也为新中国民族研究事业的发展奠定了坚实的基础。

半个多世纪过去了，如今我国边疆民族地区发生了巨大而深刻的变化，各民族逐渐摆脱了贫困落后的生产生活状态，正在向文明富裕的现代化社会迈进。但同时我们也要看到，由于历史和现实的原因，各民族之间以及不同民族地区之间经济社会的发展依然存在较大的差距，民族地区经济发展不平衡问题，以及各种社会问题、民族问题、宗教问题、生态问题，日益成为推动民族地区经济社会发展必须着力解决的紧迫问题。深入民族地区开展长期、广泛而深入的调查研究，全面了解各民族地区经济社会发展面临的新情况、新问题，科学把握各民族地区经济社会发展趋势，是时代赋予民族学工作者的使命。

半个多世纪以来，中国社会科学院民族学与人类学研究所一直把调查研究作为立所之本。1956 年成立的少数民族语言研究所和 1958 年成立的民族研究所（1962 年两所合并，以下简称民族所），从某种意义上讲，就是第一次民族大调查催生的结果。作为我国多学科、综合性、国家级的民族问题专业研究机构，民族所非常重视田野调查，几代学者已在中国各民族地区近 1000 个地点进行过田野调研。20 世纪 90 年代，民族所进行了第二次民族地区典型调查，积数年之功完成了 20 余部调研专著。进入新的历史时期，为了更好地贯彻党中央对我院“三个定位”的要求，进一步明确今后一个时期的发展目标和主攻方向，民族所集思广益，经过反复酝酿、周密论证，组织实施了“21 世纪初中国少数民族地区经济社会发展综合调查”。这是我国民族学研究事业发展的迫切需要，也是做好新时期民族工作的前提和基础。

在充分利用自 20 世纪 50 年代以来开展的少数民族社会历史与语言调查相关研究成果的基础上，本次民族大调查将选择 60—70 个民族区域自治地方（包括市、县/旗或民族乡）作为调查点，围绕民族地区政治、经济、社会、文化、生态五大文明建设而展开，计划用 4—5 年的时间，形成 60—70 个田野调查报告，出版 50 部左右的田野民族志专著。民族调查是一种专业性、学科性的调查，但在学科分化与整合均非常明显的当代学术背景下，要通过调查研究获得开拓性的成果，除了运用民族学、人类学的田野调查方法外，还需结合社会学问卷调查方式和国情调研、社会调查方式，把静态与动态、微观与宏观、定量分析与定性分析、典型与一般有机结合起来，突出调查研究的时代性、民族性和区域性。这是新时期开展民族大调查的新要求。

立足当代、立足中国的“民族国情”，妥善处理民族问题，促进各民族平等团结，促进各民族地区繁荣发展，是中国特色社会主义的重要任务。“21 世纪初中国少数民族地区经济社会发展综合调查”作为国家社科基金特别委托项目和中国社会科学院创新工程重大项目，希望立足改革开放以来少数民族地区的发展变化，围绕少数民族地区经济社会发展，有针对性地开展如下调查研究：①民族地区经济发展现状与存在的问题调查研究；②民族地区社会转型、进步与发展调查研究；③西部大开发战略与民族问题调查研究；④坚持和完善民族区域自治制度调查研究；⑤民族地区宗教问题调查研究；⑥民族地区教育与科技调查研究；⑦少数民族传统文化与现代化调查研究。

调查研究是加强学科建设、队伍建设和切实发挥智库作用的重要保障。基础研究与应用对策研究是现代社会科学不可分割的有机统一整体。通过全面、深入、系统的调查研究，我们希望努力达成以下几个目标。一是全面考察中国特色民族理论、民族政策的探索和实践过程，凝练和总结中国解决民族地区发展问题、确立和谐民族关系、促进各民族共同繁荣发展的经验，把握民族工作的一般规律，为未来的民族工作提供坚实的理论支撑，为丰富和发展中国特色社会主义理论体系做出贡献。二是全面展示改革开放特别是进入 21 世纪以来民族地区经济社会发展的辉煌成就，展示以“平等、团结、互助、和谐”为核心内容的新型民族关系在当代的发展状况，反映各族人民社会生活的深刻变化，增强各民族的自豪感、自信心，建设中华民族共同体，增强中华民族凝聚力。三是深入调查探寻边疆民族地区经济社会发展中存在的问题，准确把握未来发展面临的困难与挑战，为党和国家全面了解各民族发展现状、把握发展趋势、制定未来发展规划提供可靠依据。四是通过深入民族地区进行扎实、系统的调研，收集丰富翔实的第一手资料，构筑我国民族地区社会发展的基础信息平台，夯实民族研究的基础，训练培养一支新时期民族问题研究骨干队伍，为民族学研究和民族地区未来发展奠定坚实的人才基础。

我们深信，参与调查研究的每一位专家和项目组成员，秉承民族学、人类学学界前辈学人脚踏实地、不怕吃苦、勤于田野、精于思考的学风，真正深入民族地区、深入田野，广泛汇集干部群众的意见，倾听干部群众的呼声，运用多种方式方法取得丰富的数据资料，通过科学严谨的数据分析和系统深入的理论研究，一定会取得丰硕的成果。这不仅会成为 21 世纪我国民族学与人类学学科建设的一座重要里程碑，也一定会为党和政府提供重要决策参考，为促进我国民族理论和民族工作的新发展，为在民族地区全面建成小康社会，为实现中华民族的伟大复兴做出应有的贡献。

王伟光

目　录

第二编 少数民族传统生态文化

第三编　生态保护与可持续发展

导论

民族地区生态文明建设的总体情况

舒　瑜

（一）民族地区生态文明建设的必要性

生态环境是人类生存和发展的必要条件与基础。工业革命以来，生态环境受到了人类发展带来的巨大改变，其影响范围已不限于某一国家或某一地区，而是全球性的。中国共产党中央领导集体立足不同阶段的发展实践，持续关注人与自然的关系，并将生态文明建设和环境保护贯穿于全面建设小康社会的奋斗过程和实现中华民族伟大复兴的历史愿景中。从新中国成立初期对水利建设、林业建设、绿化祖国等项目的开创与探索，到改革开放之初确立了有关生态环境的法律体系、制度保障；从20世纪90年代生态环境问题的涌现催生出可持续发展的理念，到21世纪中国特色社会主义生态文明建设理念的确立，再到新时代社会主义生态文明的理论体系和话语体系的最终形成，中国的生态文明建设之路愈加坚实。党的十七大报告在阐述实现全面建设小康社会奋斗目标的新要求时，第一次明确提出了“生态文明建设”这一内容。党的十八大将“生态文明建设”写入党章，并将其纳入中国特色社会主义事业“五位一体”总体布局中。党的十九大报告进一步强化生态文明建设的实际可操作性，总结成效、分析问题、制定方针，提出“建设美丽新中国”的目标，将其作为中国特色社会主义建设的基本方针和战略。民族地区生态文明建设作为其中的有机组成部分，亟待梳理和总结。占我国国土面积64%的民族地区是国家重要的能源、资源和原材料基地，是国家重要的生态屏障，占据着重要的生态位。

然而，近年来，在民族地区经济发展取得较大成就的同时，人口、环境、资源等与经济社会发展不协调的问题凸显出来，引发生态破坏、环境污染等一系列问题。加之民族地区生态环境本身就比较复杂多样、不均衡，而这些区域因历史原因多处在经济社会、科技水平相对落后的状态，贫困人口较为集中，因而生态问题和贫困问题相互交织；此外，民族地区的很多区域同其他国家边境接壤，资源环境和生态问题本身往往与社会政治经济等维度耦合起来，使得民族地区的生态建设变得愈加复杂。因此，民族地区的生态文明建设不仅是民族地区社会经济发展的重要基础，也关系着国家整体的经济命脉、民生大计、安全稳定；不仅与我国全面建设小康社会的目标相适应，也关乎中国智慧为全球生态文明做出的理论与实践贡献。

作为一种新的文明形态，生态文明是人类物质、精神和制度文明成果的综合，也是社会文明扩展至自然环境中的成果。它的宗旨是人与自然、人与人之间的和谐共生、良性循环、全面发展，其主要内涵是构建可持续的经济发展模式、健康合理的消费模式及和谐的人际关系，目标是达成人、自然、社会的和谐发展，追求物质和精神财富的创造和积累。生态文明涵括生态哲学、生态观念、生态知识、生态伦理、生态科技、生态产品、生态消费、生态住宅等诸多内容，因而生态文明建设也是一个复杂的系统工程。

党中央关于生态文明建设的构想和规划对于我国民族地区的生态建设和可持续发展具有根本的指导意义和促进作用。在内蒙古、新疆、西藏、宁夏、青海、云南、广西等主要民族区域，生态建设取得了显著成绩，例如天然林资源保护、退耕还林、退牧还草、自然保护区建设、防沙治沙、湿地保护与恢复、石漠化综合治理、水土流失治理、防护林体系建设等重点生态工程的实施，以及重点生态屏障区域和流域的生态综合治理，为民族地区的生态恢复和环境改善起到了很大的作用。但是，民族地区生态环境的整体状况仍需进一步提升。当前，国家的经济发展已由高速增长阶段转向高质量发展阶段，经济社会正处于转变发展方式、优化经济结构、转换增长动力的攻坚期，作为中国发展重要组成部分的民族地区，生态文明建设关涉全局。因此，对民族地区的生态文明建设已取得的成绩、存在的问题、应对举措等进行全面梳理，在当下显得尤为重要。

（二）民族地区生态文明建设的成就

自生态文明建设成为国家重要战略布局以来，民族地区的生态文明建设在观念、实践和制度等不同层面已取得了一系列成绩，这些都为民族地区的全面发展带来了积极影响。

民族地区生态文明指导思想、总体目标的确立。民族地区的生态建设是中央生态文明建设总体布局的重要组成部分，一直在中央政府的指导下进行。该指导思想为，生态建设始终要结合民族地区的实际状况，遵循自然规律和经济发展规律，以人与自然共生、社会和谐、可持续发展为宗旨，实现生态、经济、社会等效益的协调与统一。因而，民族地区生态建设的总体目标可以分为观念制度和实践技术两个维度。观念制度层面包含法律法规的确立、政策的制定、生态观念的坚守、生态教育的推广、生态伦理的树立等；而实践技术层面则具体到水、森林、草地、湿地、动植物等资源的保护，生态恢复、生态改善、生态治理的推进，绿色发展道路的多路径探索等。由此，民族地区生态文明建设的基本思路也得以确立：协调和整合民族地区的生态系统和经济系统，根本在于建立一套适应民族地区综合开发的技术系统，促进生态经济的良性发展。而实现这些目标和思路的基本原则包括：整体规划、分区域推进、依靠科技进步、完善法治体系、严格监管、推进多主体责任，处理好发展与保护、长远目标与当前目标、全局与局部的关系。

民族地区生态建设指标体系的确立。随着客观衡量民族地区生态文明建设的程度和水平日益重要，科学合理的指标评价体系亟待推出。当前，一套生态建设指标体系已经确立起来，该体系能够从量化的角度对生态建设的水平进行计算、评价、衡量，从而依据数据结果，在民族和区域的差异中总结规律、寻找短板，为全国的综合生态系统提供科学依据。

民族地区产业发展的生态化实践。生态经济建设是实现民族地区生态环境良性化、经济发展产业化、可持续发展的基础保障。在过去几十年里，生态农业体系在“整体、协调、循环、再生”方针的引导下，形成了立体开发型、水土流失治理型、旱作节水灌溉型、沙碱治理型、庭院经济型等生态农业模式。包括天然林保护工程、重点保护林工程、水土保持林、退耕还林、退牧还草、防沙治沙、野生动物保护、自然保护区建设等在内的生态林业工程系统也逐渐建立起来。此外，生态畜牧业、生态药业、生态旅游业、生态能源开发等产业也不断发展起来。

民族地区生态投融资取得良好效果。生态投资的原则在于政府投资和市场调节的结合，以生态目标为主、经济目标为辅，保障投资主体的多元化、投资方式的多样化。民族地区生态投融资是其生态建设的基础保障，近几十年来，在约束机制、激励机制、监督机制、补偿机制、协调机制、决策机制等方面不断完善，保障了民族地区生态建设的资金前提。在推进生态投融资的同时，环境税费制度建设也在民族地区推行开来，在矿产、土地、旅游、水、森林、草原、生态药业、水电开发等方面，生态环境补偿费征收已趋于完善。

民族生态知识和生态观念不断被挖掘和利用。不同的民族从不同的生境中形成了一整套社会文化观念，其中的生态知识、生态伦理、生态观念包含着他们处理人与自然的生态智慧和可持续发展的理念。这套知识的形成和传承往往在其宗教信仰、生活习俗、节日庆典、生产生活中得以实现，因其言传身教方式在漫长过程中具有稳定性和内隐性，对于生态环境的适应、生态灾害的防治与恢复发挥着主体性功能。此外，在不同学科学者的研究下、在管理部门的重视下，这套知识也往往在非正式制度的范畴中，对正式制度的自上而下管理起着补充作用，积极地参与民族地区的生态文明建设。

生态示范区、自然保护区建设取得成效。民族地区地理位置特殊，有独特的资源特点和经济文化特点，在此区域内建设生态示范区和自然保护区，能发挥典范作用。从区域上看，国家西部开发战略的推进、北方生态环境的改善、生态安全的达成，都与内蒙古生态示范区和自然保护区的建设紧密相关。此外，青海三江源国家级自然保护区，以及新疆、西藏、宁夏、广西等民族地区数量众多的生态保护区纷纷建立起来，在生态农业型、生态林业型、生态牧业型、生态渔业型、生态旅游型、生态恢复型等方面发挥着多元作用，因地制宜地推动不同生境下的民族生态建设。

（三）民族地区生态文明建设中的问题

几十年来，生态文明建设取得的成就相比我国民族地区生态环境的脆弱、自然灾害的频繁、经济发展路径的单一、贫困人口的相对集中等问题而言，尚有很长的道路要走。在民族地区的发展道路上，经济增长方式的转变相对缓慢，经济发展与生态、资源、环境的矛盾依然存在，因而带来生态文明建设的一系列问题。

生态破坏、环境恶化短期内依然严重。从自然原因来看，民族地区的自然资源相对而言比较丰富，吸引众多外来企业进入，而资本的逻辑会不可避免导致资源的过度开发。从经济原因来看，民族区域的产业结构不合理，多为粗放型，以资源高投入的重工业、化工业等密集型产业为主，科技含量相对较低，造成投入和产出之间的不均衡。从社会原因看，民族地区的人口分布不均衡，且贫困面覆盖密集，人们倚重生产资料，导致过度采集、开垦、放牧，这种资源掠夺式发展模式必会造成恶性循环，对生态环境和自然资源带来不利影响。

生态环境法治体系有待进一步完善，且执行力度有待提高。20世纪70年代，我国生态环境的法律建设开始起步，法制部门逐步制定出《环境保护法》《海洋环境保护法》《水污染防治法》等，民族地区立法机关也相继出台了保护和改善本地生态环境的地方法规，如新疆、内蒙古和广西壮族自治区都制定了地区性环境保护条例和规章制度。不过，从中央到地方的完整环境法律体系尚未完全建立起来，综合性区域生态立法力度不足，可操作性不强，公众参与缺乏，司法保障不力，因此在如何协调民族地区生态习惯法与制度化生态环境法、如何更有效地执行和顺利实施等方面仍有待进一步思考和完善。以生态补偿为例，全国生态补偿法律体系尚不健全，民族地区的情形更不容乐观，尚未制定专门针对民族地区的生态补偿立法，其中的内容也是散落于一些地方性政策法规中，对补偿的主体、对象、范围、补偿标准等都没有非常明确的界定。

民族地区生态文明建设保障机制不完善。生态补偿机制不健全；生态投融资机制不完善；生态建设指标体系和评价考核体系不完善；生态环境法治建设相对薄弱，监测预警机制不够系统；资源有偿使用制度不健全；生态文明建设多元主体的参与和执行缺乏制度保障，因而无法充分发挥社会和公众的主体效益与监督作用，尤其是民族地区的公益性环保组织以及地方精英的生态环境保护潜力没有充分发挥出来。

民族地区生态建设的科技保障体系有待完善。科技进步和创新是民族地区生态文明建设的主要驱动力，关系到生态建设的质量和成败。尽管先进的环境科技不断涌现，但在结合民族区域多样性做到因地制宜方面仍要进一步加强，环境科技成果转化的力度也有待进一步提高；民族地区生态建设的试验示范区应加大力度，更好地发挥典范和引路功能；民族本土的环境科学研究和环境人才培养仍有很大的差距；对国外生态建设的成功经验与先进技术的引进和吸收仍需加强。

生态文明建设指标体系、考核体系有待进一步健全。生态建设指标体系应根据差异化和多元化的民族生态环境而进行灵活更改，也应该随着经济社会发展的动态过程更加科学地调整。相应地，指标的设置、统计算法、分析方法也不是一成不变的万能公式，这样能够保障基础数据的全面性和及时性。对于考核和评价过程来说，不应只局限于政府层面，而应该综合政府、社会、学者、民众等多元主体的参与合作，才能保障考核与评价的全面性和可靠性。

民族生态观念受到冲击。随着现代化发展的不断推进，功利主义和实用主义伦理观更加全面地渗入民族地区，外来文化随着资本也不断进驻民族地区的各个角落，对本土文化带来全方位的冲击。其中，本土的生态知识、生态观念、生态习惯法也难以保持完整和有效地传承，年轻人大量外出接受教育和工作，年长者的相应知识体系出现后继无人的断层状态。这样的后果是让生态建设的主体性力量削弱。

（四）未来方向与本书整体架构

民族地区生态文明建设的诸多成绩是继续向前推进的基础和动力，而其中存在的问题则标示着改善和进步的方向。不同学科领域对这一问题的思考和研究可以归结到观念、实践、制度三个层面上的具体展开。在观念层面，主要是培育生态观念、开展生态教育、挖掘传统智慧，以良性的生态环境观念引导生态行动；在实践层面，其中心是寻找契合民族地区实际的集约型、效益型、科技型、环保型的经济发展道路，将科技、市场、效率与生态效益协调起来；在制度层面，各种有关生态建设的制度体系是促进民族地区生态文明建设的保障前提。

本书是从生态建设的角度对我国民族地区社会经济状况的呈现，重点围绕“民族地区生态文明建设”“少数民族传统生态文化”“生态保护与可持续发展”三大主题展开。其中，“民族地区生态文明建设”是贯穿这本报告的一条主线。

第一编对自然资源资产产权制度、生态补偿理论和退耕还林工程在民族地区的实践进行讨论，是从制度层面对民族地区生态文明建设具体理论与实践的探讨。

李文军分析了民族地区的自然资源资产产权制度对于中国生态环境保护和民族地区社会稳定的战略性意义。她对现代产权理论进行了系统梳理和反思，指出生态资源因其多重功能而具有其产权制度安排的复杂性和多元性，并以内蒙古、四川、青海等民族地区草场产权制度的变革为例，实证地指出，民族地区多样性的生态资源催生了资源利用和管理方面非常丰富的习俗、文化和制度，进而形成了不同的产权制度。因此，一刀切的政策与法规无法适应多样性的资源产权制度，应鼓励民族地区建立多元化的、弹性的生态资源产权制度。

范明明聚焦于生态补偿制度，对其进展和取得的成效展开论述。作者通过对生态补偿理论的梳理，引出了学者对生态补偿的普遍质疑，例如“生态系统服务”的人类中心主义，生态系统服务商品化对生态系统功能的损害，经济激励对个体内在保护机制的“挤出/挤入效应”等，并以此为基础分析了中国民族地区自然资源管理从中可以得到的启示。作者指出，生态补偿应突破社会系统和生态系统的二元论局面，以整体论视角统合生态补偿背后复杂的社会生态系统关系，构建“社会生态系统服务补偿”，更好地处理生态与社会之间的关系。

袁晓仙聚焦于生态屏障和生态安全，在对这两个概念的含义、特点、作用进行了详细的界定后，作者从中国区域民族地理的角度，分析了民族地区生态安全屏障的区位特点、区域优势、限制条件，并通过保障条件、动力机制、国际合作机制等具体分析对生态安全屏障的制度建设进行了详细探讨。

张姗利用问卷调查和量化数据总结了民族地区退耕还林工程的实施情况、取得的主要成绩以及存在的关键问题，对下一步的退耕还林工作提供了更具针对性的数据参考与政策建议。该文是通过退耕还林这个问题对民族地区生态保护政策和效果的有效评估。

第二编对民族地区传统生态文化的挖掘、整理和生态价值论证，是为民族地区生态文明建设工作提供传统文化和生态知识的支撑。内容集中于少数民族的本土传统生态文化，涉及生态习惯法、生态知识、生态智慧、生态伦理、聚落景观中的生态文化、本土知识在灾害防治中的应用等方面，揭示了地方生态知识所蕴含的解释力和实用性。

王彤追溯了中国少数民族生态习惯法的形成与发展过程，对其特征和主要内容进行了详细介绍，从自然崇拜、原始禁忌、宗教信仰、乡规习俗等方面展开对生态习惯法运行机制的探讨。作者指出，生态习惯法是对国家环境法的有效补充，饱含生态保护理念，具有重要生态价值。

周红果立足中国广阔地理区域和多样性生态类型，以细致的实地研究，对西北干旱区域水资源利用、川西南彝族厩肥处理、藏族传统游牧方式、贵州麻山地区石漠化灾变应对等典型案例展开研究，从中挖掘不同民族的生态知识、生态智慧。在此基础上，作者提出了人为生态灾变的三类救治办法：一是注重传统生态知识与现代科学技术的结合；二是合理嫁接与妥善利用文化要素；三是引导具有生态灾变防治针对性的生态文化形成。

陈茜的关注点在于民族地区的生态伦理，她对中国民族地区进行了区域格局的划分，分别呈现了南方地区的苗族、藏族、彝族、侗族、瑶族、壮族，西北地区的回族、维吾尔族、哈萨克族，华北和东北地区的蒙古族、满族、鄂伦春族、赫哲族等民族的生态伦理，并指出其对自然保护和生态文明的意义。

罗康隆和艾菊红关注民族聚落空间形态如何经由特定的生境而形成，指出民族传统生态知识正是在这个过程中形成，并对聚落空间的物理形塑和意义获得发挥作用，而这也全面地涵括了不同民族的审美、信仰、伦理道德、社会组织、礼俗等，表现了作者对生态研究所具有的整体性追求。

李永祥对彝族、哈尼族、拉祜族等不同民族宗教仪式中的灾害防治进行了详细的实地考察，以此为基础阐述了民族本土生态知识在灾害防治中所具有的生态价值，例如对于地质地貌的知识、危险地带的认知，以及传统医药和救治方法，都可以有效地防治或缓解灾害。作者还指出少数民族的建筑知识、伦理道德等对于灾害防治的意义，应深入挖掘少数民族历史、文化、宗教中的生态智慧和生态伦理。

第三编主要从生计转型、生态移民、生态扶贫和生态旅游等角度，对生态保护、生态文明建设与可持续发展模式、路径进行探索。

何治民、彭兵聚焦于生态建设来探索可持续发展，对生态建设的内涵、目标进行了明确的界定，将其总结为生态恢复和生态维护，并结合历史维度、现实需要、生态人类学理论等方面，指出如何进行生态建设、可以进行到何种程度，不仅取决于特定民族与其生态系统的相互关联，还关涉时空变化中不同民族生态系统之间的关系。作者指出生态建设应立足各民族的本土生态知识和技术，才能达到经济、社会、资源、环境的协调，进而实现可持续发展。

皇甫睿、耿中耀关注民族生计方式转型与生态环境变迁之间的内在联系，以此探究生态问题和环境问题的根源。作者认为特定的生态环境造就相应的生计方式，反映了不同民族对生态环境的适应和利用，他们趋利避害、扬长避短，并随着生态环境的变迁，调适和更改着生计方式；而同时，作者也通过数个案例呈现出生计方式的转型带来的生态环境变迁。作者也指出，围绕民族生计形成了由组织系统、社会制度、宗教习俗、信仰教育等构成的一整套社会文化系统，带给成员多层次的归属感和认同感，这是各民族的现代化发展所不能忽略的重要方面。

杜发春梳理了40年来中国生态移民的重要时点，对其类型、动因和影响分别展开详细的分析，以青海三江源的生态移民实践和云南昭通市盐津县的易地扶贫搬迁实践为案例，来说明这一过程中存在的难题。作者对生态移民和易地搬迁提出了深刻的反思，指出这不仅是经济行为，更要从文化和社会层面去理解，并基于此提出了针对性建议。

吴合显将贫困问题和生态问题结合起来展开研究，把生态扶贫复归于社会文化系统的整体之中加以理解，认为生态扶贫包含生态、文化，以及这两者耦合而成的生计方式。因此，生态扶贫的实践和操作应把握这三者的关联性，既重视现实政策，也要历史性地审视贫困与文化生态的动态关系，这样才能兼顾主位视角和跨文化视角，把生态扶贫的对象回归于“文化生态共同体”之中，真正实现政策与生态的融通和兼容，有效地运行生态扶贫政策，推动“文化生态共同体”的可持续发展。作者还通过麻山地区中华蜂项目的成功实践案例，具体地呈现了其倡导的生态扶贫路径。

翟慧敏从本土生态知识和生态旅游角度探讨民族地区可持续发展的路径。他首先界定了生态旅游的内涵，认为生态旅游的对象是原生、和谐的自然生态与文化生态两大系统，立足于保护当地资源，强调在地居民的主体性参与以及本土生态知识的生态旅游价值。作者还梳理了中国生态旅游的发展历程与现状，总结其中的问题与困境，并提出了相应的对策：把握生态旅游开发与保护的规律，依据市场精准定位，合理规划，加强社区参与和生态素质教育、科学监控。

在结论部分，杜香玉通过众多民族的实践经验，总结出生态文明建设的一系列经验，主要从生态意识中的文化实践、生态资源中的产业实践、习惯法中的法制实践等方面展开论述，并以此为基础提出了民族地区生态文明建设中存在的一些普遍问题，例如生态环境脆弱、恶化，水、森林、草场资源退化，生物多样性受损，生态观念弱化，生态补偿机制不健全等。针对这些现实问题，作者也从观念、实践、制度等方面提出了针对性的建议和对策。

本书收集了诸项研究，虽然侧重各有不同，但其内在联系却非常紧密。从实际应用方面来看，报告对民族地区生态文明建设的状况、成效、问题和对策进行了综合分析，为生态保护和可持续发展提供了科学依据和针对性路径。更重要的是，这也可看作一部生态人类学专题研究文集。该文集涉及生态人类学的基础性概念、主题和理论，并与具体的生态实践结合起来，反映了学科的基础性、交叉性和综合性。这些研究让生态人类学超越了其一贯被作为人类学分支学科的面向，而带有更综合性的视角，因而具有更强大的理论解释力和现实实用性，尤其是关于生态“地方知识”所展示的自然和文化的多样性视角与观点，在应用层面具有处理生态和环境问题的强大效用，在生态文明建设中能够提供可靠的生态决策，起到平衡社会发展与生态环境关系的作用；而从更高层面来看，这一学科也能从人类学的经典理论和基本关切出发，更深层次地探讨自然与文化的关联以及深化对人类存在本质的认知。而这正是生态文明建设的原初逻辑，也是以生态文明建设积极构建人类命运共同体的理论基础所在。

第一编

民族地区生态文明建设

第一章

民族地区的自然资源资产产权制度

李文军

本章所讨论的“自然资源”，范围界定在可再生或可恢复的自然资源，也称生态资源。不可再生的矿藏、化石能源资源不在讨论范围内。按照生态系统类型，生态资源包括：水域（含河流、湖泊）、耕地、森林、草原、湿地、海洋。生态资源与民生关系密切，如果不能得到可持续管理和利用，不仅那些直接依赖自然资源为生的众多农林牧渔乡村人口的生计会受影响，更大范围的公众生存和发展都将受到生态环境退化的影响，因此被称为“生命共同体”。而且由于该类资源的可再生性，易造成误解误用，一旦超过其生态系统阈值，将造成生态系统退化、资源永久性耗竭。《生态文明体制改革总体方案》中强调的“山水林田湖草”，关注的也是这部分生态资源。

第一节　基本概念和相关理论

一　产权

产权是一个外来语，对应于英文单词 Property。如果从约翰·洛克在 1689 年发表的《政府两论》中的“论产权”算起，产权的概念在过去 300 多年中经历了复杂的变迁。在词典里，该词既具有“财产”的含义，也具有“产权”的含义，即该词同时具有“物”和“权利”两层含义。这与产权理论的发展经历了从强调“物”的所有权模型，到强调“权利”的权利束模型的发展历史有关。[①] 在中国，中央编译局翻译的《共产党宣

① Singer, J. W., *Entitlement: the paradoxes of property*. New Haven: Yale University Press, 2000. pp. 1-18.

言》及《资本论》，则把 property 译为“所有制”，大约是延续了更早期译本的译法，彼时应该是受到所有权模型理论的影响。

“所有权”模型强调个体关于财产的自由的、实际上几乎不受法律限制的权利。所有权模型视产权为“物”——包括有形的客体比如土地、动产，以及无形的客体比如专利、版权和债券等，强调的是产权所有人与物的关系。该模型很直观，反映了产权的“自然权利”观，尤其是对个体的财产安全保障，意义深远。然而，由于该模型没有从根本上反映产权所界定的人与人之间关系的本质，后被学者所广为质疑。就如同一个人在一座没有其他人的孤岛上宣称岛上的椰子是他的财产，这没有任何意义。因为只有在人与人发生关系的地方，产权才有意义。

认识到所有权模型的局限性，20 世纪上半叶，Hofeld 提出“权利束”模型。[①] 该模型认为，某“物”的不同“效用”可以被赋予不同的权属，从而形成一组权利束，而这一组权利束中的每一项权利可以分配给不同的个体，并在法律关系上加以界定。权利束模型不再强调产权的“物”的属性，而认为产权本质上是“权利”；同时强调产权本质上是人与人的关系，而不是如表面上的人与物的关系。Macpherson 将产权定义为“产权是……权利，是附着于物或者与物相关的权利”[②]，在这里强调的是“附着于物或者与物相关的权利”，即同时关注“物”与“权利”两方面。权利束模型能够促进某“物”的多重效用在不同个体之间的利用和配置，从而提高经济效率，因此该模型受到经济学家的青睐，并成为现代产权理论的主流。

关于所有者权利的最完整的罗列，当属 Honore。Honore 认为所有者的权利应该包括以下 11 项内容：对某物的占有权（或排他权）、使用权（所有者个人使用）、经营管理权（决定谁可以用以及如何用）、收益权、渡让及处置权、财产不受侵犯的权利、可无限继承、权利的无期限性、禁止对他人造成损害的使用、可用于抵债以及是最终权利人。显然，所有者的产权范围不仅包括权利，也涵盖了责任和义务（禁止对他人造成损害的使用），是一份复杂的关于权利、责任和义务的清单。就权利而言，

---

① Hofeld, W. N., *Fundamental legal conceptions as applied in judicial reasoning and other legal essays*. New Haven: Yale University Press, 1923.

② Macpherson, C. B., *Property: mainstream and critical positions*. Toronto Buffalo: University of Toronto Press, 1978. p. 2. 原文：“in law and in the writers, property is... rights, rights in or to things”。

Honore 所罗列的各项权利之间并不是互不相关的，尤其是各权利的重要性也并不是对等的，比如第一项的占有权（排他权），是后面几项诸如使用权、经营管理权、收益权等的前提和基础。[①]

需要指出的是，到目前为止，并没有一个标准的、唯一的关于产权概念的界定。Munzer 认为“除非人们能够建立一套描述性的或规范性的规则，来罗列所有者的‘物’的种类，否则关于产权的概念界定将永远不会有定论”[②]。但是，著名学者 Underkuffler 认为如果较大的权利能被无限细分为人们之间不同类型的权利和义务，那么所有权这一概念也就没有存在的必要了。[③] 这也是为什么现代学者倾向于淡化所有权概念的原因。[④]

20 世纪 90 年代后期，伴随东欧解体及世界范围内出现的环境问题，一度沉寂的产权研究再一次得到广泛关注。中国的产权研究以及相关法律的制定，大多也是在过去 30 年方始。

世界范围内，目前得到认可的产权大致分类，是按照所有者的主体性质，分为三大类型：私有、共有（我国称集体所有）、公有/国有（我国也称全民所有）。[⑤]

从排他性的特征来看，私人产权具有显著的个体之间的对于某“物”的排他性权利，该“物”及其所有者的权利边界能够以相对低的成本加以清晰界定。在当今市场经济的主流发展背景下，私有产权因其清晰的边界和安全性，而得到经济学界的推崇。

共有（或集体）产权的所有者为一个群组（比如一个传统社区）的

---

① Honore，A. M.，*Ownership*. In：A. G. Guest（ed.），*Oxford Essays in Jurisprudence*. Oxford：Clarendon Press，1961. p. 107，113. 括号中内容为作者所加。

② Munzer，S. R.，*A theory of property*. Cambridge：Cambridge University Press，1990. p. 23. 原文是：“The idea of property will remain open-ended until one lists the kinds of things open to ownership”。

③ Underkuffler，L. S.，*The idea of property：its meaning and power*. Oxford：Oxford University Press，2003. p. 12. 原文：“If all rights are property，then property—as a legally cognizable idea，at least—has no particular importance”。

④ Grey，T. C.，*The disintegration of property*. In：J. Roland Pennock and John W. Chapman（eds.），*Nomos XXII：Property*. New Yourk：New York University Press，1980. p. 69. 原文：“to dissolve the notion of ownership and to eliminate any necessary connection between property rights and things”。

⑤ 理论上，产权除了这三类，还有一类称为开放性的产权（open access），即没有任何规则的任何人可以随便进入/使用的产权，哈丁在《公地悲剧》中所指的“公地”实则为开放产权。这类产权在初民社会是存在的，但是在当今世界地球上的几乎任何地方，包括南、北极都有使用公约的时代，开放性产权基本不存在。因此，本章没有将其列为产权的一类。

所有成员，群组作为一个整体对于该群组之外的个体对于某“物”具有排他性权利，但是集体内部成员之间对于该“物”不具有排他性①，每个成员都拥有使用权。由于很多自然资源具有难以分割的特点，共有产权在自然资源管理中并不少见，比如一个村子共用一口池塘作为水源地、农业的灌溉系统、需要大范围移动放牧的草场、海洋等。共有资源的管理，通常由该群组的所有成员通过协商的方式，形成自己的使用规则，包括“谁、在什么时候、如何使用”，以及相应的监督、制裁制度。

公有（全民或国有）产权则比较复杂，因为并不是如字面所示的人人都有对于某“物”的非排他性的权利。与前述某一群组所有的共有产权不同，全民产权并不会赋予每个公民直接使用的权利，也即全民产权对于个体的权利具有排他性。虽然理想主义者坚信国家应该是所有公民的国家，但在任何一个现代社会，政治现实从来都是一少部分人被公民委以重任来管理公共财产。因此 Macpherson 认为全民产权本质上是一种公司产权，而公司产权被认为是私人产权的一种扩展。区别在于私人产权的所有者是自然人，而公司产权的所有者是法人。如同公司产权一样，全民产权的所有者是作为法人的国家或政府，来执行法人的权利和义务。②

公共管理理论认为，作为法人的政府同时兼具以下几种角色：公共物品的安排者、提供者、购买者和监督仲裁者。③ 安排者决定公共物品和服务如何提供、提供多少、何时提供、在哪里提供等，比如决定一个国家保护地的数量、面积、空间分布、管理模式等；政府可以由自己的机关或下属企业直接提供公共物品和服务，这时政府自己是提供者；也可以通过招标/投标、外包向私人供应商购买需要向社会供给的公共物品和服务，政府这时是购买者，比如保护地游憩功能的供给，可以由政府自己的国有企业来经营，也可以通过特许经营的方式外包给私人企业；监督仲裁者的职能，是政府通过制定法律法规等制度，来规范公共物品和服务的提供。

二 自然资源产权制度

基于权利束模型，产权制度因此包括：针对某一客体的各项权利的界

---

① 关于共有产权理论，详见参考文献 Ostrom，E.，1990。

② Macpherson，C. B.，*Property*：*mainstream and critical positions*. Toronto Buffalo：University of Toronto Press，1978.

③ ［美］E. S. 萨瓦斯：《民营化与公司部门的伙伴关系》，周志忍等译，中国人民大学出版社 2002 年版。

定；各项权利主体的界定（人与物的关系）；以及各主体在权利和相应义务上的关系（人与人的关系）。

学界不同的学科对于产权制度研究的侧重不同。除了自然资源管理领域外，目前涉及产权制度研究的领域主要有两个——经济学和法学。经济学的产权制度研究强调产权的来源、清晰界定、安全性，主张建立产权制度的目的是达到资源的有效配置、保障和激励个人财富及社会总体福利的提高。不同的产权属性对应于不同供给和配置手段。私人产权的物品，通过市场供给和配置；公有产权的物品，通过政府供给和配置。经济学认为外部性存在的重要原因是因为产权边界不清，只要将产权界定清楚，市场就可以通过价格机制来对这种可以交易的权利进行合理配置，实现外部性内部化。以往的新古典经济学对于共有产权的研究甚少，直到 20 世纪 90 年代以 Ostrom 为代表的制度经济学派，因为对于共有资源管理的开创性研究而获得 2009 年诺贝尔经济学奖，对于该类资源管理的研究在过去的 10 年中开始呈现上升趋势。国内近 30 年来，随着市场经济的发展，自然资源的使用和管理以私有化为主流发展方向，比如影响深远的农地/草场/林地的家庭承包制。

法学领域对于产权制度的研究始于 19 世纪的边沁。[①] 与 17 世纪洛克关于产权起源的"自然权利说"[②] 不同，边沁不认为产权是一项每个人生而有之的权利。他指出产权完全是法律的结果，产权与法律一起出生，一起死亡。在法律之前，没有产权可言；法律一旦消失，产权也就不复存在。因此，他认为产权是一项"人为制度"，并非"自然权利"。关于产权的起源，洛克的"自然权利说"和边沁的"人为制度说"代表了两种学派的不同观点，也极大地影响着当今社会的治理模式，尤其是有关个人权利和社会总体福利的关系方面。然而，不论产权的起源如何，现实社会中产权作为一项制度，其安全性需要法律来保障。近年来，国内法学界在自然资源国家所有权的行使方面进行了大量的研究，争论也比较激烈，主要集中在国家所有的属性及其实现方式上，比如哪些方面属于公法范畴，

---

① Bentham, J., "*Security and equality of property*". In: Macpherson, C.B. (ed) 1978. *Property: Mainstream and Critical Positions*. Toronto Buffalo: University of Toronto Press, 1830. pp. 41-58.

② 约翰·洛克在《政府两论》的"论产权"一章中，论证了产权的起源，认为财产权与人的生存权、享有自由的权利，三项权利一起构成了上帝给予其子民的"自然权利"（natural rights），是每个人生而有之的权利。参见 John Locke, Two Treatises of Government, ed.. Thomas Hollis, London: A. Milliar et al., 1764。

哪些方面属于私法范畴等。[①]

自然资源管理领域对于产权的研究，是从生态资源自身的特点出发，基于大量的对各类不同资源类型的实证研究，从不同的资源利用方式及其导致的不同生态生计结果，来评价和探讨适宜的产权制度安排。其背后的逻辑包括两条主线：一方面，在国家正式产权制度介入之前，是当地的生态资源特点及其利用方式，产生了关于资源产权的习俗制度（也称非正式制度）[②]，比如干旱高寒地区牧草资源分布的高度时空异质性，使得在大的时空范围内游牧的资源利用方式成为必然，而正是这种资源利用方式产生了草场在某一群组内共有共用的传统产权制度；另一方面，现代国家体系建立之后，即国家正式产权制度建立并介入之后，产权制度反过来决定了资源的不同管理、利用方式，比如我国的草场家庭承包制度，彻底改变了牧区传统上游牧的生产方式，逐渐变成定牧的资源利用方式。

关于正式制度与习俗制度的关系，法律多元主义（Legal Pluralism）认为国家法律作为正式制度，并不能取代其他非正式的制度，两者之间是互相补充、共存的关系。[③] 这里的非正式制度包括民间传统的习俗、规范、规则等。一方面，国家法律对其他非正式制度产生影响；另一方面，国家法律也借鉴了其他非正式制度的符号。

相比于一般的物品，生态资源因其功能上的多重属性，决定了其产权制度安排的复杂性和多元性。最显著的特点是，生态资源同时兼具公益性和私益性。公益性指资源生态系统作为一个不可分割的整体（称为“资源系统”）为人类提供的生态服务，包括净化空气、涵养水源、景观游憩、调节气候等，这些服务由于难以排他，因此成为公共物品，在产权属性上是典型的公有产权。而形成资源系统的“资源单元”，可以分割加以利用，具有私益性，比如海洋系统中可以捕捞的鱼量、草场系统中可以供

---

① 马俊驹、王彦：《公有制下国家所有权制度的变革和完善》，《社会科学研究》2015 年第 4 期；马俊驹：《国家所有权的基本理论和立法结构探讨》，《中国法学》2011 年第 4 期；王旭：《论自然资源国家所有权的宪法规制功能》，《中国法学》2013 年第 6 期。

② 自然资源管理领域的学者承认产权的习俗制度，认为在国家正式产权制度介入之前，社区的资源使用和管理并非一片空白，而是有自己的规范、规则存在，包括与财产权相关的规范、规则等，称之为习俗制度。从这个角度出发，本章作者认为，资源管理领域的学者对于产权来源的信条实则遵从了洛克的“自然权利说”。

③ Merry，S. E.，Legal pluralism. *Law and society review*，1988. 22（5）：869-896.

牲畜采食的饲草量、森林系统中可以被砍伐的木材量、河流湖泊可以被抽取的用水量等等，其经济价值可以通过市场交易来体现，显然这样的特点通过产权私有的安排能够达到较有效的资源配置和利用。本质上，资源系统可以理解为一种存量，而资源单位是一种流量，可持续的资源管理就是在不损害存量的前提下使流量最大化。① 因此，生态资源产权制度的安排，实际上涉及难以排他的资源系统的公有/共有产权，与该系统内可排他的资源单元的私有产权之间的关系。

从这个视角出发，界定生态资源公有、共有、私有产权的权利（含责任和义务）边界、权利主体，以及权利主体之间的边界关系，形成自然资源的产权制度。依据权利束模型，资源的各项效用均可赋予一项权利，如果将效用分为公益性、私益性两大类，则某一生态资源的权利及权利主体相应地也分为两类。公益性的效用对应维护和供给的权利，其主体是政府（公有）或社群集体（共有）；私益性的效用对应使用的权利，其主体是个人（私有）。在权利主体边界的划分方面，政府和集体的权利边界，在客体上对应于资源系统，个人的使用权利边界对应于资源单元。

本章接下来按照这个框架，来分析我国民族地区的自然资源产权制度现状及存在的问题。

第二节　我国自然资源产权制度：现状及问题

依据我国宪法，包括民族地区在内，按照产权所有者的类型，我国自然资源的产权制度分为全民所有（公有）和集体所有（共有）两类。比如，大多数农村耕地的所有者是村集体；草原，除了少量的国营牧场，绝大多数也属于集体所有；林地分为国有林、集体林，中国北方以国有林居多，南方则多数是集体林。

在使用权层面，自新中国成立至 20 世纪 70 年代末，不论全民所有还是集体所有，自然资源大多为集体共同使用，收益通过工分制的形式采取按劳分配的原则。自 20 世纪 80 年代初开始，始于耕地资源，包括草场、林地等生态资源的使用权以家庭承包的方式为个体经营使用，在承包合同

① Ostrom, E., *Governing the commons*. Cambridge university press, 1990.

期内使用权为个人所有，并且随着承包合同期的不断延长乃至法律上明确为永久不变，使得使用权实质上成为不完全的私有产权，学界也称之为半私有产权。[①]

目前正在推进的耕地、草场、林地等自然资源的所有权、承包权、经营权的“三权分置”政策，则是拟将之前承包合同上统称的承包经营权，进一步分开并明确为承包权、经营权，并分别为承包家户颁发两权证书。加之村集体的所有权证，因此称为“三权分置”。按照该政策的相关阐述，“三权分置”的主要目的在于通过法律保障，促进自然资源的经营权流转，利用市场机制有效配置资源，从而提高资源的利用效率。

当前我国自然资源产权在所有权层面存在的主要问题主要包括三方面：(1) 全民所有权的权利范围不清，权利持有主体由哪一级政府代理不清楚；集体所有权的权利范围也同样不清晰，使得权利执行得不到保障。(2) 在所有权和使用权关系上，主要问题体现为，所有权主体与使用权主体的权利、义务、责任划分不清。(3) 最后也是最重要的问题，是试图通过建立一元化的产权制度，推广到不同资源类型和生态环境地区。以下对这些问题逐一进行讨论。

因为全民所有权的权利范围不清晰，作为权利持有主体的政府，越位和缺位的问题同时发生，即该做的没做，却做了不该做的。如前所述，所有权的权利范围视不同的产权制度目的而有不同的界定。以自然保护地管理为例[②]，我们定义这一情景下所有权的权利/责任范围为以下五种：(1) 占有权，在这里体现为全国保护地数量和面积及总体空间布局、集体土地划定为保护地后的赎买/租赁、后续的保护地范围调整及资源使用性质变更；(2) 管理权，每个保护地的总体管理规划及保护管理工作的执行/执法、监督等；(3) 管理和监督资源使用的权利，这里指资源的经营性使用，比如旅游的开展；(4) 分配收益的权利，指保护地资源渡让或资源经营性使用（如旅游）所获得的收益及分配；(5) 禁止对他人造成损害的责任，这里主要涉及保护地的划定和作为公益性资源的使用对于当地社区原有生活生产的影响，也称为保证社区发展的责任。实践中，在很长一段时间内，

---

① 之所以称为半私有，是因为承包权不能通过市场流转，仅经营权可以流转，而且流转的前提是不改变土地的使用用途，比如不可以将耕地、林地、草场等转变为商业地产等非农用地。

② 李文军、徐建华、芦玉：《中国自然保护管理体制改革方向和路径研究》，中国环境出版集团 2018 年版。

由于所有权权利范围不清晰，造成保护区空间范围随意调整、变更土地用途、管理资金和人员不到位等问题，这些均是政府缺位导致的问题。在政府缺位的同时，也存在当地政府将全民所有资源视为己有、政府自己参与旅游经营并获益、与当地社区争利等政府越位的情况。另外，全民所有权的权利/责任清单中，哪项应该由中央政府持有，哪项应该由地方政府持有，在现有的产权制度安排中也没有清晰界定，比如国家级自然保护区的日常管理经费应该是由中央财政支出还是由所在地的地方政府支出？旅游经营的收益，比如门票，在中央政府和地方政府之间如何分配？等等。所有权的权利和责任范围不清，是导致上述问题的根本原因。

在集体所有的资源管理层面，权利持有主体村集体基本上被弱化甚至被忽视。比如在牧区，草场承包证上的发包方本应该是法律上明确的所有权的持有者——村集体，但实际上却是所在地的乡政府。[①] 权利清单方面，在使用权私有化后，村集体层面还剩下什么权利？如何执行？诸如此类的问题，在目前的产权体系下都不甚明了。比如，随着城镇化进程，越来越多的农牧民搬迁至城镇居住，然而村集体涉及资源使用和管理的一些决策，比如在很多牧区草场经营权如果要出租给本村之外的牧户使用，需要 2/3 的村民同意，但是一些村 1/3 到 1/2 的家户都在城镇居住，要村民大会征得 2/3 家户同意，其成本极高，因此难以执行。而且城镇化经过一代人以后，很多家户已经不直接依靠自然资源为生，集体决策的结果与他们自身的利益关系不再如从前那样密切，这样的集体决策是否能够最有利于迁出地的生态资源可持续利用，于迁出者而言变得并不重要，因此参与决策的意愿和责任感也逐渐降低。

在所有权和使用权的关系方面，个体的使用权经常被侵犯。比如，因为生态恢复的需要而推行的退牧还草、生态奖补等政策，在牧民承包的草场上进行强制性禁牧，本质上是对受法律保护的私人使用权的侵犯。维护健康的生态系统、为全民提供生态服务功能，无疑是政府的职责，但良好的意愿和出发点，并不能成为违法的借口。2019 年实施的修订版《农村土地承包法》第十五条第二款明确规定：“尊重承包方的生产经营自主权，不得干涉承包方依法进行正常的生产经营活动”。显然，强制性禁牧还草、退耕还林等生态政策，违反了该法。在不侵犯合法使用权的前提

① 目前正在进行的“三权分置”试点，在重新颁发的承包证、经营证两证上，这一问题已经得到改正。

下，恢复退化生态系统，合法的途径应该是通过提供补偿、制定相关激励政策，对于使用权持有人采取自愿而非强制的原则。另外，相比于控制命令型的强制方式，采取自愿加入或竞标的方式，或许能以较低的成本达到预期的生态恢复目标，即费用有效性反而更高，这在国外众多生态补偿政策的实践中已得到证实。①

最后，不同的自然环境资源特点，需要灵活配置不同的产权制度，而不能采取“一刀切”的做法。比较典型的案例是牧区的草场承包政策带来的问题。照搬农区土地承包到户的产权模式，牧区在 20 世纪 90 年代初开始陆续推行草场承包到户的政策。根据原农业部草原监理中心 2017 年度监测报告，截至 2016 年年底，全国累计落实草原承包到户 2.32 亿公顷，大约占全国草原面积的 59%，其中内蒙古比例较高，青藏高原和新疆比例则较低。据我们近年来的案例调查，实际中存在很多“纸上承包”的情况，即在法律上已经承包到户，但实际中还保持传统的社区共同使用，这种情况尤其在青藏高原和新疆较为普遍。由于其高山草场的地形地貌，牲畜需要在不同季节沿着不同海拔高度利用草场，决定了藏区和新疆的草场很难在实际中分户使用。由于与当地的自然生态环境不相符，草场承包到户政策不仅导致生态问题，也进一步对牧民的生计带来影响，详见本章第三节的具体案例。

第三节　民族地区的自然资源产权制度：以草场产权制度变革为例

我国民族地区不但生态资源丰富，更重要的是其生态位关键，因而成为国家重要的生态屏障，如中华水塔地处青藏高原，内蒙古地区是京津冀的生态屏障，众多少数民族聚集的云贵高原是世界生物多样性热点地区之一。因此，民族地区生态资源的产权制度，对于我国生态保护具有战略性的重要意义。同时，产权制度对于直接依赖自然资源为生的当地居民的民生具有重大影响，如解决不好，关乎民族地区社会稳定的问题。

在自然资源产权研究领域，强调民族地区，主要是因为民族地区通常

① Wunder, S. and S. Engel, et al., Taking stock: A comparative analysis of payments for environmental services programs in developed and developing countries. *Ecological economics*, 2008. 65 (4): 834-852.

也是生态资源丰富且具有多样性的地区，正是因为这样的生态资源环境特点，产生了民族地区丰富的、特殊的关于资源利用和管理的习俗、文化和制度。需要明确的是，不同的资源环境特点，决定了资源的不同利用方式，并在此基础上形成了不同的产权制度。图 1. 1. 3. 1 展示了不同降水条

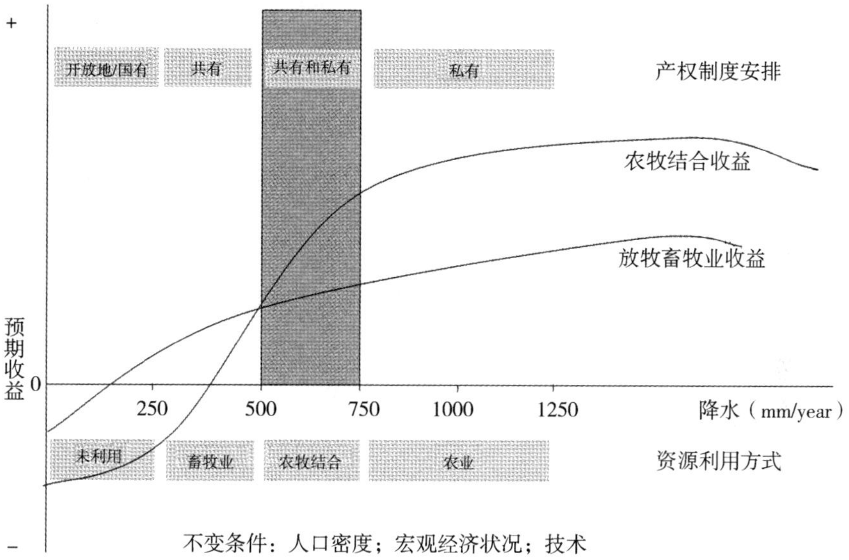

图 1. 1. 3. 1　不同降水条件下的产权制度安排、土地利用方式及收益变化①

资料来源：改编自：Scoones，1994. p. 24。

件下适宜的资源使用方式，以及与其相对应的产权制度安排。在年均降水少于 100 毫米的极度干旱地区，属于不适宜人类生活的区域，土地大多属于开放地或国有；在 250—500 毫米的干旱区，适合大范围的放牧畜牧业，适宜的产权制度安排是土地共有；在降水大于 750 毫米的湿润地区，适合农业种植，适宜的土地产权是私有；而降水介于 500—750 毫米的地区比较特殊，是干旱区与湿润区的过渡带，农、牧利用方式共存，该地的产权因此以共有（草地）和私有（耕地）共存的形式出现。在内蒙古的农牧交错带，同一村庄内，耕地严格执行承包到户、草场实际共有（尽管纸

① Scoones，I.，*Living with uncertainty*：*new directions in pastoral development in africa*. London：intermediate technology publications ltd.，1994. p. 24.

面上已经分到户）现象很普遍。因为草场面积太小，如通过拉围栏分到各户，则每户都无法放牧。

在不与国家层面的相关法律法规相冲突的前提下，民族地区的自然资源产权需要更多地考虑其特有的资源管理和利用的习俗制度。不适宜的产权模式，将导致生产成本上升、生计下降、生态资源退化。对于自然资源管理，并不存在唯一的最佳产权模式，只有适应所在地自然生态环境的，才是最适宜的产权制度安排。

前面所讨论的我国自然资源产权存在的问题，在民族地区也同样存在。与汉族地区相比，民族地区比较突出的问题，在于一些相关的政策和法规没有考虑民族地区所特有的自然环境特点，采取一刀切的方式，将汉族地区的政策经验简单照搬到民族地区。一个不可否认的事实是，在很长的历史时期内，相比于汉族地区，我国民族地区的生态环境、自然资源得到了较好的存留。个中原因，除了所处经济发展阶段的差异，主要与民族地区特有的顺从自然的生产方式及基于此产生的文化习俗等密不可分。但是，一些来自汉族地区的资源管理经验和政策，不加区别地在民族地区执行和推广，往往导致大范围生态环境和资源退化。典型的例子之一，就是牧区草场承包政策的实施。

一　草场承包到户产生的影响

我国草原面积约 4 亿公顷，占国土面积的 41.7%，是耕地面积的 3 倍、森林面积的 2 倍，绝大部分牧区分布在“胡焕庸线”西北。直接依赖草原畜牧业为生的牧民占全部农业人口的 2.5%，他们绝大多数是蒙古族、藏族、哈萨克族等传统游牧民族。在生态环境方面，长江、黄河、澜沧江等主要河流都发源于草原并流经牧区，因此中国草原地区在生态上具有特别重要的意义。然而据原农业部草原监理中心发布的《2016 年全国草原监测报告》，2016 年全国重点天然草原的平均牲畜超载率为 12.4%，“由于不适当的利用造成的草场生态问题依然严重”。近年来，在各项以恢复生态为目标的政策中，以草场生态补奖政策为代表的一系列草场生态恢复措施，已经成为中央财政第一大购买生态系统服务的支出。仅 2018 年，中央财政安排草原补奖政策资金达 187.6 亿元。[①] 但是“在一些草原

① 中华人民共和国中央人民政府官网，http://www.gov.cn/xinwen/2018-07/06/content_5304043.htm.

牧区，发展与保护的矛盾仍很突出”。①

草原地区的民族稳定和社会发展是各届政府长期以来的努力目标。然而一直以来，“牧区、牧业和牧民”被决策部门笼统地淹没在“农村、农业和农民”话语中，所出台的一系列政策，也并没有针对牧区的气候及环境资源特点和农区加以区别对待。照搬农区土地承包到户的产权模式，牧区在20世纪90年代初开始陆续推行草场承包到户的政策。如前所述，由于与所在地的生态环境不相符，高昂的产权界定和实施成本使得现实中存在很多“纸面上的承包”，尤其在青藏高原和新疆牧区，夏季草场大多仍然保留全村或小组共用。

笔者领导的研究小组，针对草场承包到户政策产生的影响进行了文献评估。② 通过已经发表的文献计量分析表明，从1989年到2012年，在生态、畜牧业生产、牧民生活、牧区社会发展方面，认为草场承包产生了正面影响的学术观点分别占到文章总数的28%、28%、33%和7%；而认为承包制度本身带来了负面影响的观点则分别占到40%、72%、65%和52%。显然，持有负面观点的学者占多数。而进一步地研究发现，造成上述负面影响的根本原因在于，草场承包到户使用与牧区特有的气候环境特点决定的大面积共同使用草场的需求之间，存在严重冲突。这一发现也得到之前的一些案例研究的佐证。③ 这也是现实中很多牧区尤其是青藏高原以及新疆牧区，仍然保留草场社区共用的产权模式的主要原因。

实际上，由于气候环境的特殊性，即便在市场化程度很高的美国，在其西部干旱地区，政府仍然保持比较高的公有土地比例，如内华达州土地面积的76%、犹他州土地面积的70%、爱达荷州土地面积的60%仍然保持由政府所有④，而且这个比例仅包括了美国土地管理局和林务署这两个主要涉及草场管理的政府部门管理的公有土地，如果加上国家公园局和印

① 原农业部草原监理中心：《2016年全国草原监测报告》，2017年。

② Gongbuzeren，Li，Y. B. and Li，W. J.，China's rangeland management policy debates：what have we learned?，*Rangeland ecology & management*. 2015. 68：305-314.

③ Banks，T.，“Property rights reform in rangeland of China：dilemmas on the road to the household ranch”. *World development*. 2003. 31（12）：2129-2142；李文军、张倩：《解读草原困境：对于干旱半干旱草原利用和管理若干问题的认识》，经济科学出版社2009年版；王晓毅：《从承包到“再集中”：中国北方草原环境保护政策分析》，《中国农村观察》2009年第3期；Li，W. and Huntsinger，L.，“China's grassland contract policy and its impacts on herder ability to benefit in inner mongolia：tragic feedbacks”. *Ecology and society*. 2011. 16（2）：1.

④ 见网页 http：//www. wildlandfire. com/docs/2007/western-states-data-public-land. htm.

第安保留地等公有土地，则公有土地的比例会更大。在草场使用方面，美国政府以放牧配额管理的方式将草场放牧权出租。而在欧洲具有悠久放牧历史的国家，数千年来保持草场社区共用的情形也不在少数，比如瑞士阿尔卑斯山的高山草地，自中世纪以来80%的夏季牧场一直是由当地社区共有，并由社区成员共同使用。①

实践中，我国经过20多年的草场承包到户使用政策的推进，草场由于破碎化使用带来了一系列问题，主要体现在牲畜不能大范围移动所带来的生产、生态风险，包括畜牧业生产成本提高、应对自然灾害的能力降低、牲畜在较小范围内反复踩踏造成的分布式过牧等生态问题。②

当然，不可否认的事实是，对于草场一直保持社区共有的牧区，在人口激增的今天，如果缺乏有效的监督制裁机制，同样面临资源过度利用的困境，从而导致“公地悲剧”。这也是内蒙古牧区在1980年年初将牲畜分到户10年后，陆续将草场进一步分到户的原因之一。

二 草场重新整合使用的途径：经营权流转及其面临的困境

面对上述问题，同时伴随城镇化以及畜牧业逐渐从生计型转向商业型，无论是学界还是政府部门，都意识到草场重新整合使用的重要性和必要性。

在此背景下，草场使用权的流转作为资源重新配置的重要途径，开始得到政策的鼓励。而2016年国务院《关于完善农村土地所有权承包权经营权分置办法的意见》，更是明确地将“经营权”从原来的合并在一个证上的“承包经营权”中进一步分离开，为其单独颁证，从而使得草场经营权流转合法化。同其他许多农村土地政策一样，该政策的出发点是针对农业区存在的农耕人口大量流失、耕地撂荒、耕地破碎化经营等问题制定的，因此从大的背景出发并不是针对牧区存在的问题。应用在牧区，该政策通常被解读的逻辑是，通过草场流转整合资源，能够获得经济上的规模效应，同时解决草场破碎化利用带来的生态问题，具体参见2017年内蒙古自治区《关于完善农村牧区土地草原所有权承包权经营权分置办法的

① Baur, I. and Binder, C. R., “Adapting to socioeconomic developments by changing rules in the governance of common property pastures in the Swiss Alps”. *Ecology and society*, 2013. 18 (4): 60.

② 李文军、张倩：《解读草原困境：对于干旱半干旱草原利用和管理若干问题的认识》，经济科学出版社2009年版。

实施意见》。

经营权流转是以明晰私有产权为前提、遵循市场逻辑的必然结果。根据经典产权学派的逻辑，私有化是解决自然资源“公地悲剧”的有效途径之一，只要产权界定清晰，且交易成本足够低，那么通过市场交易，自然资源配置的帕累托最优将自然达成。根据该理论，通过流转似乎应该可以达到草场面积重新整合，可以使牲畜在更大范围内恢复移动，从而克服由于草场承包到户不能移动所带来的生产、生态风险。然而我们已有的研究发现，由于牧区高度变异的气候环境特征导致的高昂交易成本，以及短期租赁行为导致的较高贴现率对流转草场造成的过度使用，使得草场流转难以达到上述目标。①

在生产效率方面，通过流转虽然能在一定程度上改善因为承包所导致的草场破碎化使用的局限性，在有限的空间内增加牲畜移动，但是依然无法从根本上提高牧民需要通过大尺度空间转场应对干旱高寒地区气候不确定性风险的能力。即便是牲畜养殖大户，虽然通过租入草场可以使得牲畜有更大的移动空间，但是由于租入草场带来生产成本的升高，一旦遇到灾年，自然灾害带来的不确定性风险反而被进一步放大。而在生态方面，由于短期流转行为带来的过牧激励以及监督的缺失，导致放牧压力向流转草场转移，在流转草场上存在严重过度放牧的行为。在降水变异剧烈且具有高度不确定性的干旱牧区，短期的租赁行为实乃租出、租入双方面对气候不确定性的共同选择。由于产草量与降水的高度相关性，而且双方都无法预测未来一年降水的好坏，那么可能出现的局面是：租出的一方认为如果来年降水变好，那么以今年的价格出租或许会变好的草场，无疑是不合算的；同样，租入方担心明年的降水会减少，这样以今年的价格来租入有可能变坏的草场，肯定不是最佳选择。因此，在牧区草场租期超出一年的很少，除非个别牧户因有其他生计来源家里人全部进城，不再继续从事畜牧业，因此选择将草场长期出租。

可见，草地经营权流转可能难以如预期的那样带来畜牧业规模经济效应，而由于环境气候的不确定性造成的较高的交易成本，使得牧区的草场流转带来的畜牧业生产效率提高并不明显，同时却可能带来更严重的生态问题。

---

① 赖玉珮、李文军：《草场流转对干旱半干旱地区草原生态和牧民生计影响研究：以呼伦贝尔市新巴尔虎右旗M嘎查为例》，《资源科学》2012年第6期。

对于已经承包到户的草场，草场经营权的流转不仅产生如上所述的生产、生态方面的问题，还面临一个逻辑悖论。草场流转的目标之一是为了整合因为承包到户而导致的破碎化的问题，通过流转使草场面积重新整合以便牲畜能够在较大空间内移动，来恢复草场生态、提高畜牧业规模化经营。然而牧户经营权流转的前提，却是首先要将使用权明晰承包到户，即实际上是一个将草场破碎化的过程。“明晰个人产权→草场破碎化使用→通过流转重新整合”，这种产权制度实际上是将原本完整的草场破碎化、再试图通过市场机制进行重新整合。

既然流转的政策目标之一是为了草场整合，那么，对于那些依然保持共同使用的草场，是否存在不需要先将草场分割到户、再通过流转来整合的制度路径？

三 牧民的创新：草场共同使用下的放牧配额管理及其产权意义

从2012年开始，我们研究组在四川和青海藏区的调研中发现，一些社区在保留传统的共同使用草场的习俗制度基础上，出现了新的明晰并保障成员个体权益的机制。在牧区，随着外部市场的进入，共用草场导致资源分配的不公平性问题逐渐显现，多数少畜户、无畜户要求明晰草场个人权属，然而同时又不想失去传统的社区共用草场下牲畜能够在较大空间移动和放牧的方式。因此，一些牧业村庄出现了基于社区的放牧配额管理。放牧配额管理是在维持草场社区共用的基础上，社区组织根据草场总的牲畜承载力，分配各户的放牧配额，由社区自我监督放牧配额的分配和执行。牧户之间通过村集体进行放牧配额的交易，或者通过贷畜①的手段等协调放牧配额。② 与草场分户使用的村庄对比研究发现，无论是生态还是生计方面，基于放牧配额管理的草场共同使用，均好于草场分户使用。③

---

① 贷畜：指超出放牧配额的牧户将牲畜以协商价格贷给未达配额的少畜户。一年后，少畜户将牲畜售出后将钱归还贷出户。

② 贡布泽仁、李文军：《草场管理中的市场机制与习俗制度的关系及其影响：青藏高原案例研究》，《自然资源学报》2016年第10期；Gongbuzeren，Zhuang，M. and Li，W. J.，Market based grazing land transfers and customary institutions in the management of rangelands：two case studies on the Qinghai-Tibetan Plateau. *Land use policy*，2016. 57：287-295。

③ Gongbuzeren，Huntersinger，L. and Li，W. J.，“Rebuilding pastoral social - ecological resilience on the Qinghai - Tibetan Plateau in response to changes in policy，economics，and climate”. *Ecology and society*，2018. 2，23（2）：21.

如前所述，当代产权理论，理念上的一个重大转变就是从之前仅重视“物”的所有权模型，转变为将该“物”的不同“效用”赋予不同的权利，这些权利可以有不同的主体，也即权利束模型。人类社会建立产权制度并不是目的，而是手段，是为了更好地配置和利用自然资源所提供的“效用”。从这个视角出发，我们可以发现目前关于草场流转的相关政策及理论研究，实际上关注的仍然是草场资源本身作为“物”的使用权配置，而对于牧民来说租赁草场的目的是用来放牧，亦即“放牧”是草场资源的主要功能和效用。亦即，草场经营权的流转实际上是将资源作为“物”的使用权的交易，而放牧配额的明确和使用则本质上是更直接地对草场“功能和效用”的配置管理。

放牧配额管理意味着，将作为“物”的某资源和该资源所提供的“服务和效用”分开。特别地，对于共有产权来说，把关注点从资源本身的产权属性转移到资源所产生的效用的配置，是一个思路上的转变。从上述分析可见，草场共同使用下的放牧配额的应用和管理，实际上涉及难以排他的资源系统的共有产权与该系统内可排他的资源效用的私人产权之间的关系。因此，放牧配额，从本质上可以理解为嵌套在共有产权下的私人产权。

从共有资源管理的角度，Ostrom 将共有资源定义为资源系统，是一种存量资源，比如草原生态系统；该系统由资源单元组成，资源单元可以看成是一种流量，是个人从资源系统占用或使用的量，比如牧民的牲畜在草场可以吃的饲草量、渔民在海洋系统中可捕捞鱼的数量。① 资源系统常常可以共同使用或由于排他困难而不得不共用，但是资源单元显然不能共同使用。Ostrom 在介绍西班牙韦尔塔的成功灌溉制度时，曾介绍阿里坎特水权及交易的案例；也曾提到尼泊尔的图洛库洛灌溉体系，“接近于分配私有和独立的用水产权”。② 水权实际上是对个人对于资源单元产权的一种明晰。③ 如果从资源单元的个体产权角度出发，则关于集体层面上的资源单元提取、监督、冲突解决机制、制裁等制定的规则，④ 或许可以理解成是为了保证个体所能使用的资源单元不受侵犯的制度。结合上述效益

---

① Ostrom, E., *Governing the commons*. Cambridge university press, 1990.

② Ostrom, E., *Governing the commons*. Cambridge university press, 1990.

③ Fennell, L. A., “Ostrom's law: Property rights in the commons”. *International Journal of the Commons*, 2011. 5 (1): 9-27.

④ Ostrom, E., *Governing the Commons*. Cambridge University Press, 1990.

配置理论视角，我们认为 Ostrom 所定义的资源单元，本质上关注的是资源系统存量提供的某种流量的效用，因此资源单元的确定本质上是一种私人产权的确定。因此，放牧配额、取水权、渔业捕捞配额等都可以视为嵌套在共有产权下的私人产权，如图 1.1.3.2 所示。

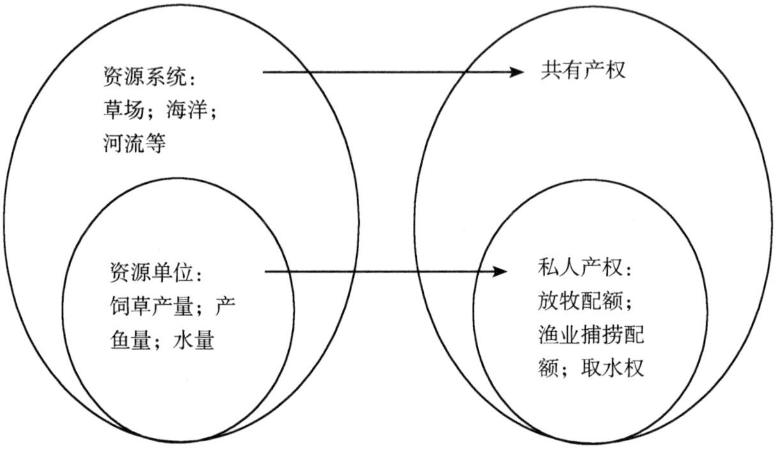

图 1.1.3.2　嵌套在共有产权下的私人产权

嵌套型产权制度的存在，说明在资源管理实践中，不存在唯一的、一元的产权制度，顺应自然的生态资源产权制度应该是弹性的、多元的体系。

第四节　小　结

本章得到以下三点结论：

第一，现代产权理论，大的趋势是淡化简单的所有权概念。自然资源产权制度的建立，倾向于根据资源不同效用界定具体不同的权利和义务，在此基础上进行不同权利主体的界定，以及权利主体之间的关于权利边界的界定。

第二，我国民族地区产权制度存在的主要问题，是试图在不同资源类型和生态环境地区建立和推广唯一的、一元化的产权制度。

第三，没有所谓最佳的产权制度，只有最适应所在地资源环境特点的产权制度安排。从资源有效配置和可持续利用角度，民族地区的自然资源产权制度，在不违背国家层面法律规定的前提下，应该最大限度地追求顺应所在地生态资源环境特点。鼓励民族地区建立多元化的、弹性的生态资源产权制度。不同生物区域，自然资源产权可以不同，比如农区耕地使用权私有、牧区草场使用权可以共有；同一地区，不同资源的产权也可以有不同的产权安排，比如农牧交错带耕地使用权私有、草场使用权共有；同一资源，资源系统和资源单位的产权安排也不尽相同，比如海洋生态系统公有、捕捞配额私有，草场资源系统共有、放牧配额私有等等。

第二章

生态补偿理论研究进展及其对民族地区的启示

范明明

生态补偿起源于环境经济学，在近20年的时间内被广泛用于生态系统保护的实践中。在我国亦是如此，尤其是近十年，生态补偿成为我国解决生态问题、平衡地区发展的重要手段。民族八省区作为重要生态功能区、生态脆弱区、资源富集区以及贫困地区的高度重叠区域，是我国生态补偿的重点区域。但是，实践效果与理论预期上的差距使得人们越来越意识到其理论的局限性，尤其在处理社会和生态系统二者关系的方面。生态补偿试图通过经济手段重塑资源利用者和生态系统之间的关系，形成保护生态系统的激励机制，但是由于其过度简化了生态和社会系统内部及二者之间关系的复杂性而很难达到预期的效果，甚至会造成二者关系的恶化从而导致对生态系统的进一步破坏。本章首先介绍了生态补偿理论的发展过程及其理论逻辑，对其概念及相关理论研究点进行了阐述；在此基础上，从理论层面对生态补偿的争议从三个方面进行了综述；最后对现有的研究进行了评述，认为“生态系统服务”能否提供取决于社会和生态系统内部及之间的关系是否被合理建立，并提出“社会生态系统服务”的概念，强调生态补偿的对象应该是社会生态系统作为一个整体所能提供的服务，其本质在于社会生态系统结构与功能的完整。

第一节　生态补偿理论

一　生态补偿的发展过程

生态补偿起源于环境经济学，并在近20年内被广泛运用，成为生态保护的重要手段之一。在国外相关的研究中，生态补偿通常用 Payment for Ecosystem Services（简称 PES）一词，或者 Payment for Environmental Services（简称 PES），即生态系统/环境服务付费，其中前者的运用更为广泛。本章中为与我国的政策语境一致，均采用“生态补偿”一词。总体来看，生态补偿理论的发展与构建过程基于以下三个阶段：生态系统服务概念的提出，生态系统服务价值评估，以及生态系统服务市场机制的构建。

生态系统服务（Ecosystem Services）的概念最早产生于 20 世纪 70 年代，其最初的目的是将生态系统功能构建为人类可获益的服务，从而引起公众对于生态系统及生物多样性保护的关注。[①] 生态系统服务概念的提出，将不同尺度的社会系统与生态系统连接起来，并且强调了社会系统对生态系统的依赖性。在这一阶段，生态系统服务的概念仅是用于更加形象地表征生态系统功能，而并没有在生态保护的实践领域内起到重要的影响。[②]

从 20 世纪末期开始，尤其是 Costanza 等人在 *Nature* 杂志上的文章首次评估了全球生态系统服务价值[③]，将生态系统服务的价值评估研究推向生态经济学研究的前沿，具有里程碑的意义。此外，随后的千年生态系统评估[④]、基于各国和各类生态系统的生态服务经济价值评估[⑤]，使生态系统的价值越来越多地以货币的形式体现在公众面前。生态系统功能非市场价值的货币化表示，引起了政策制定者对生态保护的极大关注，也为生态补偿在实际中的应用奠定了基础。

2000 年之后，在生态系统服务价值评估的基础上，生态补偿迅速成为生态系统及生物多样性保护的主要手段。[⑥] 生态补偿的逻辑是，在明晰

---

① Westman, W. E., How much are nature's services worth? *Science*, 1977, 197 (4307): 960-964.

② Norgaard, R. B., Ecosystem services: From eye - opening metaphor to complexity blinder. *Ecological Economics*, 2010, 69 (6): 1219-1227.

③ Costanza, R., d'Arge, R., deGroot, R., The value of the world's ecosystem services and natural capital, *Nature*, 1997, 387 (6630): 253-260.

④ Millennium Ecosystem Assessment (MA), Ecosystems and Human Well - being: The Assessment Series. Washington, DC: *Island* Press, 2005.

⑤ 欧阳志云、郑华：《生态系统服务的生态学机制研究进展》，《生态学报》2009 年第 11 期。

⑥ E Gómez-Baggethun, Groot, R. D., Lomas, P. L., et al., The history of ecosystem services in economic theory and practice: from early notions to markets and payment schemes, *Ecological economics*, 2010, 69 (6): 1209-1218.

产权的基础上，通过市场机制将生态系统服务货币化体现出来，可以促使资源使用者形成保护生态的激励和行为。① 如图 1. 2. 1. 1 所示，在现有的资源利用状态下，资源使用者的收益 A 大于保护状态下的收益 B，但是却给他人造成了诸如生物多样性减少、土地退化等多方面的其他成本。当采取保护行为的时候，虽然有利于他人成本的降低，但是资源使用者自身的收益减少，因此不会产生保护的动力。如果生态系统服务的受益者用收益 C 来弥补或者提高资源使用者在保护行为中的损失，那么就会形成保护生态的激励，从而达到生态和收益双赢的效果。生态补偿被当作一种保护生态系统的正面激励机制，通过生态系统服务的受益者向提供者支付费用，不仅能够鼓励资源使用者主动保护生态环境，而且社会整体所获得的生态服务价值高于支付费用，因此政策实施具有成本效益。②

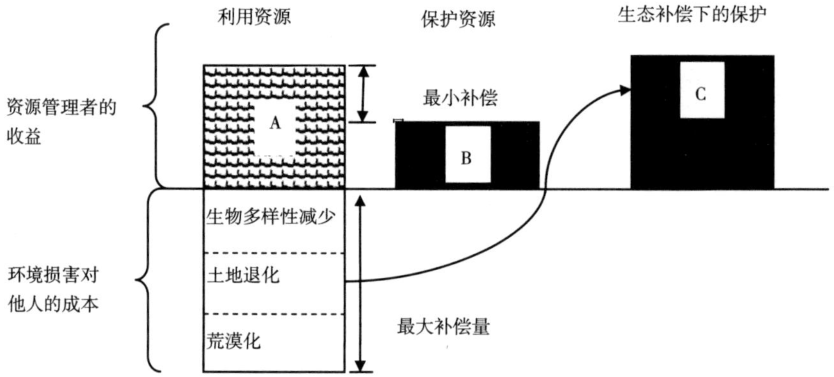

图 1. 2. 1. 1 生态补偿的逻辑

资料来源：Stefanie Engel，Stefano Pagiola，Sven Wunder，2008。

鉴于在理论分析上的诸多优势，生态补偿已经成为保护或者恢复生态系统功能的主要政策手段，被应用于森林生态系统服务、碳汇、生物多样

① Wunder，S.，*Payments for Environmental Services*：*Some nuts and bolts*，Indonesia：CIFOR Occasional paper，No. 42，2005，p. 6.

Engel，S.，Pagiola，S.，Wunder，S.，Designing payments for environmental services in theory and practice：An overview of the issues，*Ecological economics*，2008，65（4）：663-674.

② Farley，J.，Costanza，R.，Payments for ecosystem services：from local to global，*Ecological economics*，2010，69（11）：2060-2068.

性保护、流域生态系统服务等众多领域。[①] 1996 年哥斯达黎加森林法（修订）第 75 条规定，森林提供的环境服务应当得到支付，这些服务包括：温室气体减少、城乡及水电水源保护、生物多样性保护、自然景观保护[②]，1997 年哥斯达黎加建立了全国范围内的森林生态服务补偿体系，目的是恢复森林覆盖率，保护流域生态环境。进入 21 世纪之后，尤其是伴随着后京都议定书时代的到来，森林碳汇的生态补偿项目在美洲国家广泛开展，如在玻利维亚、墨西哥、厄瓜多尔、哥斯达黎加等地，通过明确生态补偿的提供方与购买方，既可以减少森林的砍伐，又可以确保森林管理社区的利益不受到损害。[③] 津巴布韦将生态补偿运用到当地的野生动物保护中，将发展生态旅游和狩猎活动的收入用于补偿当地社区在其中受到的损失。[④] 在流域的管理中，生态补偿也成为协调上下游关系的重要手段，美国纽约市政府为了满足环境联邦水环境标准的要求，不是直接建立污水处理厂，而是通过生态补偿的方式支付 Catskill 流域上游的农场主。[⑤]

综上所述，可以将生态补偿的发展过程总结为：通过生态系统服务的概念重构人和自然之间的关系，以货币化的衡量方式在社会活动中体现生态系统的价值，并最终将其纳入社会经济系统之中作为生态或者经济政策决策的依据。

---

① Landellmills, N., Porras, I. T., *Silver bullet or fools' gold*, London: international institute of environment & development, 2002, p. 11.

② Pagiola, S., Bishop, J., Landellmills, N., *Selling forest environmental services: market-based mechanisms for conservation and development*, Earthscan, 2002.

③ Asquith, N. M., Vargas, M. T., Wunder, S., Selling two environmental services: In-kind payments for bird habitat and watershed protection in Los Negros, Bolivia. *Ecological economics*, 2008, 65 (4): 675-684.

Pagiola, S., Payments for environmental services in Costa Rica. *Ecological economics*, 2006, 65 (4): 712-724.

Wunder, S, Alban, M., Decentralized payments for environmental services: the cases of Pimampiro and PROFAFOR in Ecuador. *Ecological economics*, 2008, 65 (4): 685-698.

Corbera, E., Soberanis, C. G., Brown, K., Institutional dimensions of Payments for Ecosystem Services: An analysis of Mexico's carbon forestry programme, *Ecological economics*, 2009, 68 (3): 743-761.

④ Frost, P., Bond, I., The CAMPFIRE programme in Zimbabwe: Payments for wildlife services. *Ecological economics*, 2008, 65 (4): 776-787.

⑤ 靳乐山、李小云、左停：《生态环境服务付费的国际经验及其对中国的启示》，《生态经济》2007 年第 12 期。

二 生态补偿：概念及讨论

各领域的学者对生态补偿的概念都进行过讨论，其概念最早出自环境经济学领域，也是目前为止被引用最多的定义，即“生态补偿是建立在某一清晰界定的生态系统服务的基础上，提供者和购买者之间的自由交易，它包括五个方面：（1）自愿交易；（2）对生态系统服务有清晰的定义；（3）存在至少一个买家；（4）存在至少一个生态系统服务提供者；（5）生态系统服务的有效提供”①。这一定义基于科斯经济学的基本理论解决外部性问题，强调了生态补偿的市场激励，生态系统服务的提供者和购买者之间进行自愿交易。

然而在实际操作过程之中，学者们发现 Wunder 所定义的纯粹市场机制过于理想，由于生态系统服务的外部性、生态过程及社会过程的复杂性，对于大多数的生态服务来说并不存在这样一个纯粹的市场。② 从生态系统服务生产的角度来看，由于气候、环境、人为干扰等多方面的作用，生态系统服务的提供具有很强的时空异质性和动态变化性，很难像其他商品一样保证稳定的供应③；从生态系统服务购买的角度来看，只有少数类似 CDM 项目的交易受益者是直接的购买者，而如生物多样性、气候调节等服务，受益者往往数量众多，因此只能是政府或者一些机构组织成为唯一的购买者④；从价格形成的角度来看，生态系统服务的价格并不能由经典经济学的供给和需求来决定，而很大程度上受到政策、财政、政治等方面的影响。⑤ Muradian 也从三个方面对 Wunder 的定义进行了质疑：经济

---

① Wunder, S., Payments for Environmental Services: Some nuts and bolts. Indonesia: *CIFOR Occasional* Paper, 2005, p. 6.

② Muradian, R., Rival, L., Between markets and hierarchies: The challenge of governing ecosystem services, *Ecosystem services*, 2012, 1 (1): 93-100.

Muradian, R., Arsel, M., Pellegrini, L., et al., Payments for ecosystem services and the fatal attraction of win-win solutions. *Conservation letters*, 2013, 6 (4): 274-279.

③ Fisher, B., Turner, R. K., Morling, P., Defining and classifying ecosystem services for decision making. *Ecological economics*, 2009, 68 (3): 643-653.

④ Kemkes, R. J., Farley, J., Koliba, C. J., Determining when payments are an effective policy approach to ecosystem service provision, *Ecological economics*. 2010, 69 (11): 2069-2074.

Muradian, R., Rival, L., Between markets and hierarchies: The challenge of governing ecosystem services, *Ecosystem Services*, 2012, 1 (1): 93-100.

⑤ Redford, K. H., Adams, W. M., Payment for ecosystem services and the challenge of saving nature. *Conservation biology*: *the journal of the society for Conservation Biology*, 2009, 23 (4): 785-787.

激励在很多情况下并不是生态系统服务提供的主要因素，还包括诸如信仰之类的内在激励；买家和提供者之间的交易往往不是直接进行的，如很多地区/国家作为购买者，不是进行交易而往往是提供一些社会服务或者基础建设；并不是所有的生态服务都能够明确定义。① 因此，Muradian 重新对这一概念进行了定义："在自然资源的管理过程中，为了使个人/集体的土地利用决策与社会利益达到一致，而在社会成员之间所进行的资源分配"。这一定义更加强调生态系统的可持续以及资源的正义分配，而不是将经济激励放在首位。

Vatn 从制度的角度进行分析，认为生态补偿虽然试图建立一种纯粹的市场机制，但是事实表明在此过程中，具体实施更加依赖社区或者国家的参与。例如，明晰生态系统服务提供者土地产权需要公共参与、降低交易成本通常只有通过国家担任购买者才能实现。因此，生态补偿可以看作为了达到生态系统服务的提供，社会成员之间采取的集体行动，其形式上是市场手段和政府命令控制手段的组合。②

而在我国，一般将生态补偿定义为是以保护和可持续利用生态系统服务为目的，以经济手段为主调节相关者利益关系的制度安排。③

可见，虽然各方学者对定义的侧重点有所不同，但是对于生态补偿的设计来说，可以总结为以下三个方面内容：（1）目标确定：所需的生态系统服务，即对于购买者/提供者来说，购买/提供的对象是清晰的；（2）利益相关者的确定：通过生态系统服务外部性的影响范围，确定参与的利益相关者，即生态系统服务的提供者和购买者；（3）实现途径：在生态系统服务提供者与购买者之间进行利益分配。

第二节　对生态补偿的理论争议

虽然生态补偿的逻辑简单清晰，并且相比以往的生态保护手段，生态

① Muradian, R., Corbera, E., Pascual, U., et al., Reconciling theory and practice: an alternative conceptual framework for understanding payments for environmental services. *Ecological economics*, 2010, 69 (6): 1202-1208.

② Vatn, A., An institutional analysis of payments for environmental services. *Ecological economics*, 2010, 69 (6): 1245-1252.

③ 中国生态补偿机制与政策研究课题组：《中国生态补偿机制与政策研究》，科学出版社 2007 年版。

补偿有诸多优点：在制度设计上更加简单；对于购买者经济上更加有效；对于生态系统服务的提供者来说，增加现金流，生计方式多样化；可以为生态保护提供更多的资金来源。但是，不少研究学者指出，正是因为这种处理社会和生态之间矛盾的简单化逻辑，生态补偿在很多情况下并不能激励或者产生保护生态的行为，反而会对生态系统以及资源使用者造成更多的负面影响。从生态补偿的发展过程来看，在生态系统服务概念的提出、生态系统服务的货币化价值评估以及生态补偿的具体实践中，都反映出如何理解社会和生态二者之间的关系，这种对于社会和生态系统关系的假设前提越来越受到众多学者的质疑。本节总结了对生态补偿质疑的相关观点，并将其总结为如下几点。

一 生态系统服务与生态系统功能的区别

针对“生态系统服务”，一些学者认为这是一个“以人类为中心”的概念，忽略了其他非人类所需的生态系统功能，在生态补偿项目中往往要求明确的生态系统服务，这会使生态系统面临潜在的风险。① 生态系统服务的产生最初是为了强调人类社会对生态系统的依赖性，生态系统服务往往是利于人类的、积极的、正面的，但是实际上，洪水、疾病、火烧等对于生态系统功能的维持具有重要作用，而往往不纳入“生态系统服务”的范畴内。因此，在生态系统服务的概念之中，社会和生态系统之间大多数情况还是一种利用与被利用的关系，一方面可以被人类利用的被称为“服务”，另一方面这种服务会因为人类的利用而受到损害。

正如 Boyd 所说，生态系统服务是受益依赖的（benefit dependent），人们对受益的偏好决定生态系统服务的范围。鉴于在理论分析上的诸多优势②，生态补偿已经成为保护或者恢复生态系统功能的主要政策手段，被应用于森林生态系统服务、碳汇、生物多样性保护、流域生态系统服务等众多领域。③ 比如，一条河流既可以提供清洁的水源，也可以作为游憩的场所，还可以作为水电能源的来源，这些都是对人类有益的服务功能，而

① Boyd, J., Banzhaf, S., What are ecosystem services? The need for standardized environmental accounting units. *Ecological economics*, 2007, 63 (2-3): 616-626.

② Boyd, J., Banzhaf, S., What are ecosystem services? The need for standardized environmental accounting units. *Ecological economics*, 2007, 63 (2-3): 616-626.

③ Landellmills, N., Porras, I. T., *Silver bullet or fools' gold*, London: International Institute of Environment & Development, 2002, p. 11.

最终如何管理这条河流取决于人们更偏好哪一种服务。而不同的管理方式对生态系统所造成的影响显然是不同的。因此，如图 1. 2. 2. 1 所示，生态系统服务并不是生态系统状态的客观体现，二者之间也没有直接的因果关系。但是，在生态补偿理论和应用的发展过程中，生态系统服务逐渐成为整个生态系统评价的指标，即生态系统服务的提供越多代表生态系统状态越理想。因此，当用经济手段激励仅人类所需的“生态系统服务”时，实际上是在试图通过对有限的变量的控制来为人类提供稳定的服务。①

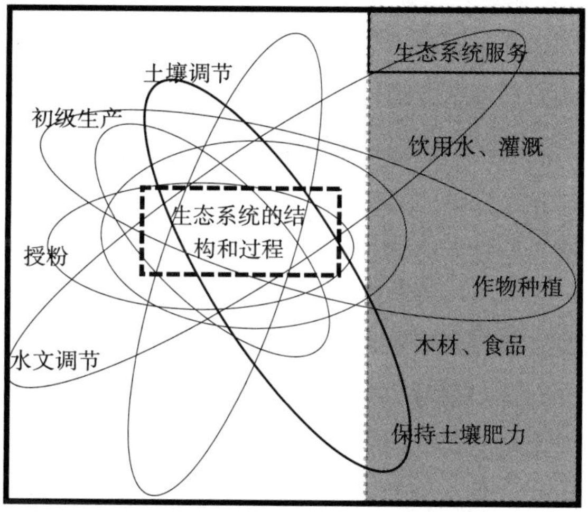

图 1. 2. 2. 1　生态系统服务与生态系统的结构和过程示意图

然而，成功控制单一变量极有可能导致系统在其他时空尺度变量的变化，从而对生态系统其他非人类需要的生态系统功能造成破坏②，以下一些案例也说明了追求单一或者某种生态系统服务对生态系统的影响。Peterson 等人通过模型模拟湖泊管理的时候发现，以淡水输出、灌溉、娱乐等生态服务为目标的管理模式，最终会导致该湖泊生态系统的崩溃。③ 比如，在强调某些生态系统的碳汇功能时，人们用固碳能力强的单

① Redford, K. H. , Adams, W. M. ,Payment for ecosystem services and the challenge of saving nature. *Conservation biology* : *the journal of the Society for Conservation Biology*, 2009, 23 (4): 785-787.

② Holling, C. S. , Meffe, G. K. , Command and control and the pathology of natural resource management. *Conservation biology*, 1996, 10 (2): 328-337.

③ Peterson, G. D. , Carpenter, S. R. et al. , Uncertainty and the management of multistate ecosystems: An apparently rational route to collapse. *Ecology*, 2003, 84 (6): 1403-1411.

一物种取代了原有的生物多样性，虽然提高了碳汇的服务功能，却不利于整体系统的持续。①

二 生态系统服务商品化对生态系统功能的损害风险

在如何体现生态系统对于社会系统的贡献方面，将生态系统服务进行了货币化的衡量，并以此为依据进行社会决策。但与此同时，生态补偿将生态系统服务简化为单一的货币化价值，进行物质化、商品化的交易，忽略了生产生态系统服务的基础——生态系统功能，有可能造成生态系统功能的损害和生物多样性的丧失。

以生态服务作为商品进行交换的模式，是一种“通过买卖进行保护”的逻辑，这并不能触碰到生态问题产生的本质。目前，生态环境的破坏很大程度上是由于经济全球化对于货币资本积累的崇拜，以至于忽略了生态系统中其他非货币化的价值所导致的。② 因此，将生态服务作为商品进行交易的时候，难免又陷入资本积累的怪圈中，在最大化生产可以用货币衡量的生态系统服务中，造成生态系统功能失衡。③

Peterson 等人从马克思的政治经济学角度，认为生态系统服务的商品化有可能会造成对生态系统功能的破坏④。马克思指出，自从工业革命以来，工人被雇佣在劳动力市场中，工人与资本家达成协议，同意出售劳动力/时间，以获取足够的工资使他们投入时间和能量。作为工资协议的一部分，工人的劳动力/时间被购买了，因此被雇佣者所拥有，用于生产某种东西。工人用自己的体力、通过工具将原材料变为产品，当产品在某个市场被赋予价格交换的时候就变成了商品。商品的价值由使用价值和抽象的货币表现的交换价值决定。商品由一个普适性的衡量单位——货币来等价，一个让交易变成可能的符号。马克思认为，为了利润出售商品，势必

① Chan, Kai, M. A., Pringle, Robert, M., Ranganathan, Jai, et al., When agendas collide: human welfare and biological conservation, *Conservation biology*, 2007, 21 (1): 59-68.

② Pokorny, B., Johnson, J., Medina, G. et al., Market-based conservation of the Amazonian forests: Revisiting win-win expectations. *Geoforum*, 2012, 43 (3): 387-401.

③ Peterson, Markus, J., Hall, Damon, M., Feldpausch-Parker, Andrea, M., et al., Obscuring ecosystem function with application of the ecosystem services concept. *Conservation biology*, 2010, 24 (1): 113-119.

④ Peterson, Markus, J., Hall, Damon, M., Feldpausch-Parker, Andrea, M., et al., Obscuring Ecosystem Function with Application of the Ecosystem Services Concept. *Conservation biology*, 2010, 24 (1): 113-119.

会造成对原材料、工具、劳动力的远离，以至于交换价格的可选择的价值不能被轻易计算。因此，市场价格掩盖了劳动力以及其他资源对于商品的贡献。当生态系统服务作为商品时，生态系统中的生物因素就成为劳动力。生态系统服务是作为生产商品所需的劳动力的替代物。因此，对于生态系统服务市场的讨论应该包括，提供服务的生物因素，或者“生态系统工人”通过将原材料（矿物质、纤维、能量、营养）转化为组织，所以他可以生存和繁殖，从而生产出人类所需的商品，或者生态系统服务。正如市场中的其他商品，生产的逻辑会掩盖“生态系统工人和原材料的痕迹”。对“生态系统工人”的忽视，以及用货币对其进行替代，与生态系统服务重构生态系统功能和生物多样性的初衷背道而驰。

生态系统服务的商品化过程简化了生态系统的内部组分和生态过程的复杂性，这种建立在不完全信息上的保护方式并不能达到目的。[①] 在生态补偿的实施过程中，一般以对自然资源（或者土地）的产权明晰为前提[②]，以便生态服务提供者和受益者之间的交易。从生态系统的角度来看，这种产权上的明晰将生态系统的功能和过程分割成了不同的交易单元，却忽略了某一单元内的生态功能或者过程是依赖于其他单元实现的，人为的物理意义上的分割有可能增强某一种生态系统服务的供给，却损害了生态系统的整体性。[③] 如在欧盟的农业环境计划中，将农场主作为公共物品的提供者进行补偿，以此来保护生物多样性，但是基于农场尺度的个体补偿，并没有实现将景观作为整体进行管理，因此一些学者提出了“聚集奖励”（Agglomeration bonus）的方式寻求重新整合个体牧场主的途径。[④] 生态经济学家将自然生态系统当作一个固定的存量，将生态系统服务比喻为使人类受益的流量，并且生态服务只是若干流量中的一部分[⑤]，

---

① Muradian, R., Rival, L., Between markets and hierarchies: The challenge of governing ecosystem services. *Ecosystem services*, 2012, 1 (1): 93-100.

② Vatn, A., An institutional analysis of payments for environmental services. *Ecological economics*, 2010, 69 (6): 1245-1252.

③ Kosoy, N., Corbera, E., Payments for ecosystem services as commodity fetishism. *Ecological economics*, 2010, 69 (6): 1228-1236.

④ Parkhurst, G. M., Shogren, J. F., Bastian, C., et al., Agglomeration bonus: an incentive mechanism to reunite fragmented habitat for biodiversity conservation. *Ecological economics*, 2002, 41 (2): 305-328.

⑤ E Gómez-Baggethun, Groot, R. D., Lomas, P. L., et al., The history of ecosystem services in economic theory and practice: from early notions to markets and payment schemes. *Ecological economics*, 2010, 69 (6): 1209-1218.

因此它只代表了生态系统在某一时间和空间上的产出，而不能代表生态系统的状态。①

三　经济激励对个体内在保护机制的“挤出/挤入效应”

生态补偿试图通过经济激励的方式，使社会群体产生保护生态或者停止生态破坏的行为，但是基于市场机制的经济激励所造成的社会结果是复杂的，尤其对于一些依赖自然资源生存的社区，外部经济激励可能对原有内在的保护和利用机制造成“挤出效应”，影响生态保护的效果。在长期依赖自然资源为生的社区，其内部所形成的社会规范、宗教文化、制度安排等均与资源的保护和利用密切相关，一些案例研究也证实这些内在的正式与非正式的规则使得这些地区避免了公地悲剧，保持了生态系统的长期可持续性。②

根据保护动机内在性的强弱和收益特点，Reeson 等人将公共物品或者服务的提供动机分为如图 1.2.2.2 所示的几种形式，分别是纯粹的利他

动机	收益	来源	社会背景	制度背景
纯粹的利他主义	无	内部	自我标准	个人价值
一般的利他主义	自我形象/社会和谐	↓	↓	↓
公平和信任	自我形象/社会和谐			
他人的认可	声誉			社会规范
互惠	相互回报	↓	↓	↓
正式激励	金钱/避免惩罚	外部	社会标准	正式制度

图 1.2.2.2　公共物品或者服务提供的激励机制类别及特点

主义、一般的利他主义、公平和信任、他人的认可、互惠、正式激励，并通过实验模拟的方式验证了在已存在内在保护动机的人群中增加外部经济激励，存在挤出内部机制的效应，对生态保护产生长期的负面影响。

① Admiraal, J. F., Wossink, A., Groot, W. T. D., et al., More than total economic value: How to combine economic valuation of biodiversity with ecological resilience. *Ecological economics*, 2013, 89 (4): 115-122.

② ［美］埃莉诺·奥斯特罗姆：《公共事务的治理之道》，余逊达、陈旭东译，上海三联书店 2000 年版。

Bowles 等人通过经济学实验的方式也证明了这一观点：市场机制鼓励竞争与个人主义，这种基于市场逻辑的制度能够塑造人的意识形态、价值观和行为方式，从而可能会破坏先前基于道德、文化、合作、互惠、社会关系的保护意愿等。[①] 内在机制嵌套在群体的社会生活中，具有持久性和自我约束能力，而现行的生态补偿激励往往来自社区外部，如政府、组织或者私人企业等，“挤出效应”会使得外部经济激励停止时，生态保护的行动无以为继，形成“no pay，no care”的现象。[②] 有的学者也将其称为“补偿逻辑的困境”，即只有当补偿金额越来越多的时候，保护生态并提供生态系统服务的行为才会持续。[③]

此外，将生态系统服务货币化并进行交易的过程，会形成复杂的社会响应，利益群体对于收益、公平、权力的感知变化会对生态保护的效果产生显著的影响。在生态服务的价格制定、交易等过程中，一般生态服务的购买者（企业、组织或者政府）具有绝对优势的信息和话语权。在这种情况下所形成的补偿机制，会使生态服务的提供者产生抵抗、消极、愤怒、质疑等不确定的反应，导致不理想的生态保护效果。

第三节　对民族地区自然资源管理的启示

一　现有研究评述

对于上述争议，本章认为其关键的意义在于，无论是社会系统还是生态系统，生态补偿在设计与实施的过程中需要了解目标系统复杂性，并且意识到生态补偿机制其简单逻辑背后的复杂社会生态系统关系。

实际上，本章认为生态补偿的有效实施有赖于两个层面问题的解决，首先是生态系统服务的生产问题，其次是生态系统服务的提供问题。第一个问题的解决，源于资源利用社区（通常是生态系统服务补偿对象）与生态系统之间的关系，取决于其内在的作用机制，这里我们称之为生态补

① Bowles，S.，Policies designed for self-interested citizens may undermine “the moral sentiments”：Evidence from economic experiments. *Science*，2008，320（5883）：1605-1609.

② Fisher，J.，No pay，no care? A case study exploring motivations for participation in payments for ecosystem services in Uganda. *Oryx*，2012，46（1）：45-54.

③ Wunder，S.，*Payments for Environmental Services*：*Some nuts and bolts*，Indonesia：*CIFOR Occasional* Paper，2005，p. 6.

偿需要解决的“一阶问题”（first-order）。第二个层面的问题，需要进一步处理资源利用社区和外部社会之间的关系，即通过怎样的外部干预可以促使社区保持某种理想的利用资源的状态，这里称之为生态补偿需要解决的“二阶问题”（second-order）。因此，生态补偿政策应该首先理解社会生态系统的内部作用机制，即目标社会生态系统如何产生所需的服务，然后通过外部经济激励的政策设计保持这种理想的状态，即解决二阶问题。但是，目前更多的学者关注的是二阶问题的解决方案，如补偿标准的确定、生态补偿成本效益等问题，而很少讨论其一阶问题。或者说将其一阶问题简化为人与资源之间利用与被利用的关系，即限制人类对资源的利用即可达到保护生态系统的目的，提供人类所需要的生态系统服务。而在有关生态补偿理论的争议中，则反映出越来越多的学者开始意识到目前研究及实践中的问题，社会生态系统内部的复杂性及对外部干预响应的多样性。

生态补偿作为解决生态问题外部性的手段，其重要意义已经被各领域学者及政策决策者们所肯定，尤其在欠发达地区，生态补偿的优势则更加明显。但需要注意的是，生态补偿作为一种解决外部性的手段，经常会将外部性的解决转化为一种简单化的外部干预，尤其是当政府作为补偿方和资本相结合时，这种外部干预的弊端就会更加显著，其结果就是忽视目标社会生态系统的复杂性与差异性。[①] 这种不当外部干预通常的表现是采取“一刀切”的做法处理纷繁复杂的社会和生态问题，而缺乏对内部资源使用者、生态过程及其相互作用关系的剖析。因此，生态补偿的目标虽然是通过经济手段激励资源使用者的保护行为，但是实际上却往往因为这种外部不当干预的视角，导致目标系统不能够被完全理解，如上文提及的补偿标准、补偿方式、补偿时限和范围等一般均由政府决定，补偿对象的参与程度很低。其结果通常是将目标系统内的关系和相互作用简单化，并可能导致与预期相反的效果。在这个问题上，斯科特在其《国家的视角：那些试图改善人类状况的项目是如何失败的》一书中做了详细的阐述，其中包括自然项目和社会项目，作者详细论述了以国家项目为代表的不当外部干预如何简化目标系统，最终导致了试图改善人类状况的项目失败。[②]

---

① 韩念勇：《草原的逻辑》，北京科学技术出版社 2011 年版。

② ［美］詹姆斯·C. 斯科特：《国家的视角：那些试图改善人类状况的项目是如何失败的》，胡晓毅译，社会科学文献出版社 2004 年版。

此外，现有关于生态补偿的争议一般局限在单纯的社会系统或者单纯的生态系统的讨论中，而缺乏将二者作为整体进行考虑。一直以来生态系统服务一般被理解为人类从生态系统所获得的直接或者间接的收益，这一概念引起了人们对于生态保护的重视，同时人类活动也一直被视为生态系统服务受损的主要原因，因此生态政策往往过度关注人类对生态系统造成的负面影响。但实际上，纯自然的、无人类干扰的生态系统很少存在，人类活动直接影响生态系统的结构、功能和动态，关注以往长期的人类活动影响对生态系统的塑造过程，对于生态系统的保护同样重要，尤其在民族地区这种人与自然之间的互动共生特点更加显著。因此，越来越多的学者开始提出一些新的表述，如"文化景观生态系统服务"（cultural landscapes ecosystem services）、"社会生态服务"（Social-ecological services），以表征人类活动对于生态系统服务产生的作用①。基于以上认识和分析，本章认为采用"社会生态系统服务"一词代替目前所使用的"生态系统服务"，能够在理论上避免由于仅强调生态系统而忽视社会系统及二者之间的关系导致的不当政策干预。

二　"社会生态系统服务补偿"的概念构建

这里的"社会生态系统服务"（Social Ecological Systen Service）是指人类能够从某些特定的社会生态系统（比如我国北方少数民族中普遍存在的游牧文化，"人—草—畜"所构成的草场社会生态系统，强调"社会"一词）中所获得的直接或者间接的收益。这一概念的提出，其目的不是否定传统生态系统服务的概念或者创造一个新的概念，而是通过此概念在生态补偿设计及实施的过程中对于认识和处理生态和社会之间关系，强调两个方面：第一，区别于以往单纯强调人类对生态系统负面干扰的生态治理思路，突出人类的文化、经济活动、观念等在维持生态系统结构和过程中的重要作用。如 Peterson 等人将生态系统中的生物与非生物因素比作"生态系统工人"，认为人在某些生态系统中也担任了生产生态系统服

① Hunstsinger, L., Oviedo, J. L., Ecosystem services are social-ecological services in a traditional pastoral system: The case of California's mediterranean Rangelands, *Ecology & Society*, 2014, 19 (1): 1708-3087.

Redman, C. L., Grover, J. M., Kuby, L. H., Integrating social science into the long-term ecological research (LTER) Network: Social dimensions of ecological change and ecological dimensions of social change. *Ecosystems*, 2004, 7 (2): 161-171.

务的功能角色，在类似的生态系统中，人不仅是生态系统服务的受益者，也是生态系统服务的生产者。①第二，突出社会生态系统自身动态及对政策响应的复杂性，生态补偿从理论上解决了社会生态系统服务产生的外部性问题，即通过外部资金、实物等补偿的方式购买服务，却缺乏对如何产生生态系统服务的内部机制的研究，即社会及生态系统的相互作用是怎样的。

生态系统服务的可持续提供本质上反映了生态系统内部结构、生态过程和生境完整性。与之类似，社会生态系统服务的本质在于社会生态系统内部的结构、结构要素之间的相互作用，并最终通过服务的方式体现出来，而人往往在其中起到了关键的作用。由人类所组成的社会系统与生态系统嵌套在一起，相互作用之下共同决定了整体系统的状态，以及人类所需的服务的产生。因此，如果以社会生态系统服务作为生态补偿的目标，必须要了解社会生态系统的结构、反馈关系、相互作用机制。

以北方游牧民族区域为例，传统草原畜牧业是干旱区最主要、最普遍的生产方式，人、草、畜三者构成了该系统的主要结构，"逐水草而居"概括了社会生态系统的特点和作用机制，其中"水草"代表了干旱区草场的自然生态特点，而"逐"代表了社会系统与生态系统之间的作用方式。在大多数自然资源利用的过程中，人与资源之间的关系是利用与被利用的关系，比如渔业捕捞、森林砍伐、水资源利用（水资源量的使用与污染排放）等，在这些人类活动过程中，自然资源因人类的消耗而受到影响，反之限制人类活动有助于生态系统保持在一个健康的状态，因此旨在限制人类活动的政策往往对生态系统的恢复有直接的正面影响。但是，与这些自然资源的利用过程不同，牧民并非草场资源的直接利用者，而是通过牲畜与草场发生作用，一方面畜牧业是一项人类的社会经济活动，另一方面牲畜的采食也是一项生态过程。在部分学者的研究中认为，家畜及野生动物的采食对于维持草场生态系统的健康至关重要，牲畜和牧草的关系不是简单的采食与被采食的关系，而是在一定范围内（理想的载畜量范围内）的共生和相互促进的关系，过度放牧确实会造成草场的退化，但是欠牧同样会引发草场生态健康问题。

---

① Peterson, Markus, J., Hall, Damon, M., Feldpausch-Parker, Andrea, M., et al., Obscuring ecosystem function with application of the ecosystem services concept. *Conservation biology*, 2010, 24 (1): 113-119.

因此，本章提出草场生态治理过程中，“人—草—畜”（草原畜牧业）是维持生态系统可持续的基本结构。因此，生态系统并非处于完全无干扰的状态，即并非由纯粹的生态系统产生出所需的服务功能，而是考虑社会系统在其中的作用，是一种“社会生态系统服务”。在这一社会生态系统中，具体的牲畜和植被的反馈关系、人对牲畜的管理和牲畜对牧民的经济支撑作用，以及牧民对草场的管理等内部的作用机制等是更为本质的关系，是“服务”产生的基础。这些观点虽然在以往的研究中有所体现，却缺乏系统的论述与证据的支撑。目前的生态补偿政策，将禁牧作为恢复草原退化严重地区的主要措施，其假设是认为排除牧民及牲畜的干扰，即可以恢复草场生态。那么，这样的政策如何作用于目标的社会生态系统，以及产生怎样的影响机制？对于这一问题的研究有助于我们进一步理解草场社会生态系统内部的关系，尤其突出牧民及牲畜这些社会因素在维持草场生态健康中的作用。与生态系统服务的补偿不同，以社会生态系统服务作为补偿的对象不是排除人为因素对生态系统的干扰，而是考虑如何维持人利用资源的活动，保持一种理想的人与自然的反馈状态，因此会形成不同的政策思路。

第三章

生态屏障与生态安全

袁晓仙

第一节　生态屏障与生态安全的含义

中国的生态屏障与生态安全的研究和建设是新时期国家实现人与自然和谐共生、人与人平等发展、人与社会全面繁荣的关键保障和重大任务。生态安全和生态屏障是中国应对国内外严峻的生态危机和全球性环境问题的重要手段，生态安全是维护国家整体安全和边疆稳定的基础和目标，生态屏障是实现生态安全的具体举措。中国的生态安全与生态屏障建设经历了从传统到非传统内容的丰富和扩张，涉及国防、消防、灾害防治、粮食/食品安全、公共卫生、金融信息、产业生产、企业管理、交通、网络、动植物检疫和生态环境保护等一系列关系民生福祉和社会稳定的重要内容。中国边疆民族地区是生态安全和生态屏障建设的关键区域，是全面构筑面向西亚、中亚、东北亚、东亚、南亚、东南亚的跨界生态安全防线，对于促进区域和跨区域国际合作环境及区域国家安全具有重大意义。

一　生态屏障与生态安全的概念

（一）生态屏障

生态屏障是在特定区域内具有可操作性、可见性的生态环境保护举措，其概念的产生是对中国长期生态环境建设的经验总结和完善，也是生态学理论和思想深入社会生产实践活动的结果。如“两屏三带”“国家生态安全屏障综合试验区”“跨境生物多样性保护”“边境有害生物检疫体系”等均是生态安全屏障的具体实践。中国的生态环境保护事业经历了自上而下的推动，从局部到整体的扩展，从单一到多元的完善，从短期到长期的发展演变，始终处于不断探索和进步的“动态”过程。生态屏障的提出是基于生态学理论进而捍卫生态安全的关键措施，是实现区域与国家长久地可持续发展的重要途径。

“屏”是遮挡、抑止、排除、装饰之义，是指像屏风一样的遮挡物，如大自然中的山岭、岛屿、丛林等是天然的屏障；“障”与阻隔、阻塞、险阻有关，是用作遮蔽、防卫、防护的东西，如大自然中的高山峡谷、河流、海洋、莽莽丛林等发挥着天然的阻塞和防卫作用。概言之，“屏障”指一种能够发挥阻隔、隔离、防卫、保护的遮蔽、阻挡之物，属于一种发挥“庇护、保护、防御”的功能物。“生态”是指生物在特定环境下，生物自身与其他生物之间及与所处的环境之间存在健康、和谐的关系，即生态对应着特定的、复杂的、相连的生态系统或环境。因此，生态屏障是指处于某一特定区域的具有某些特殊防护功能的复合生态系统，其结构和功能符合人类生存和发展的生态要求。① 生态屏障所指的特定区域应是处于一个跨界或边界的过渡地带，对外来的危险和威胁能够发挥阻隔、防御作用，从而达到捍卫和稳定内部安全的目的。同时，生态屏障作为一种集“人—自然—社会”的复合生态系统，除了维持特定区域下自然环境中生物及生态系统的健康和稳定状态，同时还需要具备支持特定区域下的人及其社会系统实现长久的甚至是永久的可持续发展的属性和功能。可见，生态屏障明确提出生态系统结构和功能对人类可持续发展的生态要求，然而人类社会是处于一个持续动态的发展过程中，其生存和发展需求也在不断变化，但人与自然相互依存的整体性关系表明，生态系统的结构完整和功能正常是满足人类社会发展需求的基础条件，人类需要发挥主观能动作用主动地恢复和保护自然界中生态系统本身的结构完整和功能正常，方能从自然界生态系统中获取发展所需的资源。因此，建设生态屏障不仅是建设一条阻滞自然灾害的防线，更重要的是建立一个全新的发展观，一种尊重自然、涵盖整个自然和生命的价值观和道德标准。②

（二）生态安全

“安全”是指不受威胁、不处于危险、未有不可逆损失的状态。人类

① 王玉宽等：《对生态屏障概念内涵与价值的认识》，《山地学报》2005 年第 4 期。

② 王玉宽等：《对生态屏障概念内涵与价值的认识》，《山地学报》2005 年第 4 期。

是自然界的一部分，共处于复杂的生态系统之中。生态安全聚焦于人类与自然界的共生共存关系，是指人类整体的生存发展环境与自然界共处于能够控制危险局面而不受到不可逆损失的状态和条件，也是指人类与自然的互动关系能够维持“人—自然—社会”这一复合生态系统的结构和功能始终发挥着满足人与自然可持续发展需求的作用。生态安全是新时期生态文明建设中捍卫国家安全的重要组成部分，捍卫和巩固生态安全是扭转和改善生态环境状况不断恶化的局面，进而保证人类社会获取实现长远的可持续发展的生存空间和资源条件，达到国泰民安、生态健康和社会稳定的目的。

在学术界，“生态安全”一词具有广泛的外延和丰富的内涵。生态安全是指人与自然这一整体免受不利因素危害的存在状态及其保障条件，并使得生态系统的脆弱性不断得到改善。广义的生态安全是指人的生活、健康、安乐、基本权利、生活保障来源、必要资源、社会秩序和人类适应环境变化的能力等方面不受威胁的状态，包括自然生态安全、经济生态安全和社会生态安全，组成一个复合人工生态安全系统；狭义的生态安全指自然和半自然生态系统的安全，即生态系统的完整性和健康水平的整体反映，① 即保护健康的生态系统和维护生态系统的恢复力，最大程度减少自然环境自身所承受的损害。因此，生态安全的本质是最大程度规避生态风险和最大程度改善生态脆弱性，其底线目标：一是防止由于生态环境的退化对经济基础构成威胁，主要指环境质量状况低劣，自然资源的减少和退化削弱了经济可持续发展的支撑能力；二是防止由于环境破坏和自然资源短缺引发人民群众的不满，特别是环境难民的大量产生影响社会安定，从而导致国家的动荡。② 由此可见，生态安全以恢复生态系统的健康状态减少生态系统的脆弱性，降低不可对抗风险发生的概率，从而使其发挥更长久、更多元的服务功能，最终目的是实现人类与自然界万物长久的可持续发展。

二　生态屏障与生态安全的特点

生态屏障与生态安全的特点与其概念来源，以及建设实践过程中所采

---

① 肖笃宁、陈文波、郭福良等：《论生态安全的基本概念和研究内容》，《应用生态学报》2002 年第 3 期；何建华：《生态安全基本概念和研究内容》，《山西水利》2006 年第 1 期。

② 曹鼎新：《生态安全研究进展》，《江西化工》2008 年第 4 期。

取的措施和所要达到的目标紧密相关。基于生态学理论的生态屏障与生态安全的特点分析，不断丰富生态屏障和生态安全的价值内涵，并不断调整生态屏障和生态安全落地实践的要求和标准，以便达到生态屏障长久持续地捍卫生态安全的目的。

（一）生态屏障的特点

生态屏障的范围可大可小，且生态系统及其功能彼此交错。从生态屏障定义来看，生态屏障作为特定区域内具备某些特殊防护功能的复合生态系统，具备生态系统的典型属性和特征。生态系统是自然界中特定空间内的生物与其环境构成相互影响、相互制约并不断实现能量循环的统一整体。由于生态系统的范围可大可小，不同层次的系统中的生物又存在复杂的食物链和能量网的关系，使得不同层次的生态系统彼此交错。因此，生态屏障尽管是在特定区域范围内，其屏障空间和范围也因对应的生态系统的大小、类型而不同，并具有彼此相互影响、相互交错的特点。

生态屏障的功能既单一又多元，始终处于具有时序性的动态演变过程。由于生态系统的大小、类型存在不同的划分标准，特定空间内的生态屏障需依据生态系统类型和所能提供的主要服务功能进行建设。但是由于生态系统及其功能相互影响、彼此交错，生态系统恢复的过程是从无到有，从单一到多元，从局部到整体的演变。例如，针对水源、水域的生态屏障，首先是解决水污染、改善水质，其次是涵养水源、增加水量。在这个过程中，前一阶段是对应水域中的污染有毒物质的处理，后一阶段是对应水域周边的植被覆盖率和空气湿度的改善，而整个过程正向演变的结果是水域及其周边生物多样性的增加，生态系统的脆弱性减小并趋于稳定，达到良好状态的时候能够发挥抵御生态风险的调节作用。

生态屏障是人类遵循自然规律主动开展适度的生态系统修复或重建的过程。生态屏障建设具备人类为了满足生存和可持续发展的某些特定需求，而对既有的自然生态系统进行适度的修复，甚至是重建新的人工生态系统，但其前提并不是最大程度干扰或改变原有生态系统的结构，而是遵循自然规律，恢复生态系统的结构。例如，农田生态系统是基于土壤生态学原理，采取适当的人为干预使土质不受污染，通过恢复植被和微生物提高土壤肥力，保持水土，涵养水源。

生态屏障是为满足人类的特定需求而定向构建的复合生态系统，根据区域生态环境问题和人类生存发展需求，建设多功能目标的生态屏障。由于区域自然地理差异性和人类需求多元化，使得生态屏障还具有定向目标性、经济复合性、区域分异性、功能动态性等特征。[①] 这就要求生态屏障建设充分考虑其区域分异性和功能动态性，根据更广度的空间范围和长时段的可持续发展需求进行规划设计和保护建设，摒弃短视和急功近利的需求，辅以适度人工干预措施，使生态屏障系统和功能持续稳定地发挥正向演化。

（二）生态安全的特点

生态安全的本质是最大限度地规避风险性和最大限度地改善脆弱性。因此，生态安全的特征与生态风险和生态脆弱性相关，而生态风险和生态脆弱性又与区域自然地理环境和社会经济体系紧密关联。

生态安全与生态风险共存。生态系统是生物及其环境构成的统一整体，这个“整体”本身的存在是为了对抗和抵御生态风险，一旦系统之间的动态平衡关系遭到破坏，能够进行自我调节，恢复稳定性。而生态系统能够进行自我调节的前期是系统内部的结构完整或者相对完整，其功能才能正常发挥作用，如果其结构缺失严重，则可能产生不可逆的风险，哪怕是进行长时间的正向人工干预和修复，也不可能恢复原有的生态系统。因此，生态安全的提出就是正视生态风险无法绝对避免，在风险存在的同时，通过适当的人工干预进行修复或重建，不断提高生态系统对抗风险的自我调节能力和抵御风险的稳定性。

生态安全与生态脆弱性共存。生态脆弱性是生态风险始终存在的原因，而生态脆弱性主要体现在两个方面：生态系统本身生物多样性的状态，生态系统的稳定性与生物多样性呈正相关关系，系统生物多样性越复杂则系统网络联结越紧密，其自我调节能力越强，抵抗风险的能力越强；反之，系统单一，生物多样性稀少，则自我调节能力越弱，一旦其中一个环节遭到破坏，则难以联结形成自我调节能力，脆弱性也就越强，越难以抵御风险。

生态安全与区域联动关联。生态风险和生态脆弱性来源于生态系统的整体性，即从区域到整体，从一国到全球，从陆域到水域，不同层次不同类型的生态系统始终是统一的整体。正如自然灾害没有国界和边界，灾害

---

① 王玉宽、邓玉林、彭培好、范建容：《关于生态屏障功能与特点的探讨》，《水土保持》2005年第4期。

及潜在灾害链也会随着不同区域之间的联动关系进行蔓延和渗透，从而威胁到整体的安全。因此，生态安全的建设是一个跨区域、跨界的合作行动，构建全方位的生态安全防御机制符合各区域、各国的共同利益和长远发展。

生态屏障和生态安全主要是针对生态风险区、生态脆弱区、生态破坏区的研究与建设，其设计规划、开展进度、评价标准应针对特定区域的生态环境状况和社会经济条件的客观实际情况，在区域范围和建设内容上要制定目标明确，具有层级性、递进性、时序性的规划，在其建设过程中逐级实施，不断调整。

三　生态安全屏障的作用

如前所述，生态安全作为基础性的国家安全，其目的是保证人与自然这一整体免受不利因素造成不可逆的危害，并不断改善生态系统的脆弱性，完善生态系统服务功能，能够长久地支持人与自然的可持续发展。因此，生态安全屏障功能是指处于某一区域特定位置的复合生态系统，其结构、功能及其生态过程中所形成的对生态系统内、外人类赖以生存的环境和资源的保护效应①，即提高抵御灾害风险的能力和保障可持续发展的条件。

生态安全屏障是应对各种灾害的有效途径。新时期生态文明建设的生态安全战略在生态脆弱区，尤其是边疆民族地区的生态屏障建设和环境保护工程，其最直接和最首要的目的是提高应对各种常发性、突发性灾害的能力。可以说，每一种类型的生态安全屏障都是为了解决一系列相关的灾害。例如，内蒙古防沙带“防沙”的目的是解决土地沙化、荒漠化等地质灾害，进而改善水源稀缺、水体污染等水污染问题；云南边境地区跨境生物多样性保护是解决生物多样性锐减、生物入侵等生物灾害问题，凡此类似的，生态安全屏障是对地质灾害、气象灾害、生物灾害、公共卫生疾病、重大工程性灾害等各种自然灾害和人为灾害的预防、应对和重建。因此，生态安全屏障具有的净化、调节与阻滞、保持土壤、涵养水源、生物

① 王玉宽、邓玉林、彭培好、范建容：《关于生态屏障功能与特点的探讨》，《水土保持》2005年第4期。

多样性保育等功能和作用[①]，其最终目的都是提高人类应对各种常发性和突发性的自然或人为灾害的能力。

生态安全屏障是完善生态系统服务功能的关键举措。无论是自然的生态系统还是人为创建的生态系统，作为生态屏障的生态系统是一个开放式的、长期稳定的功能系统，是一个集生产、消费和分解为一体的跨区域循环和可持续的能量流和物质流，不仅涵盖不同的自然地理空间格局，而且发挥着更广泛的生态服务功能。生态安全屏障的复合系统除了其自身能维持自我调节和生态平衡之外，还应当且必须可持续地对它所处的生态功能地位输出物质和能量。在保证基本安全不受威胁的基础上，更深一层次的目的是恢复和维持“人—自然—社会”这一复合生态系统发挥可持续性提供资源、自我调节和稳定的服务功能，并间接促进人类社会生态中生态经济、生态产业、生态文化的丰富和完善。

四　中国十大生态安全屏障

2010 年国务院发布《全国主体功能区规划》中的限制开发区域和禁止开发区域是农产品主产区和重点生态功能区，其主体功能是提供农产品和生态产品，其他功能则是提供服务产品和工业品及生态防护功能。由青藏高原生态屏障、黄土高原—川滇生态屏障、东北森林带、北方防沙带、南方丘陵山地带组成的“两屏三带”，以及以大江大河重要水系为骨架，以其他国家重点生态功能区为重要支撑，以点状分布的国家禁止开发区域为重要组成的生态安全战略格局基本构成了中国生态安全屏障区域。[②] 从自然地理环境和资源分布特征来看，中国生态安全屏障集中分布在处于边疆地带的江河源头区、水源区、森林区和生物多样性保护区，生态地位均非常重要，属于生物多样性丰富但生态环境脆弱亟须限制人类开发并加强保护的限制开发区域和禁止开发区域。

依据国家重点生态功能区主体功能定位，中国生态安全屏障主要有水源涵养型、水土保持型、防风固沙型和生物多样性维护型四类，其首要任

---

① 王玉宽、邓玉林、彭培好、范建容：《关于生态屏障功能与特点的探讨》，《水土保持》2005 年第 4 期。

② 中央政府门户网站：《国务院关于印发全国主体功能区规划的通知·国发〔2010〕46》（《全国主体功能区规划——构建高效、协调、可持续的国土空间开发格局》），资料来源：http：//www. gov. cn/zwgk/2011-06/08/content_ 1879180. htm.

务是保护和修复生态环境，因地制宜地发展不影响主体功能定位的适宜产业，引导超载人口逐步有序转移。[①] 中国十大国土生态安全屏障包括东北森林屏障、北方防风固沙屏障、东部沿海防护林屏障、西部高原生态屏障、长江流域生态屏障、黄河流域生态屏障、珠江流域生态屏障、中小河流及库区生态屏障、平原农区生态屏障和城市森林生态屏障。[②] 从生态系统所涵盖的自然资源类型来看，建设范围覆盖全国主要的生态环境重点保护地区和生态脆弱地区的森林、草原、河流、水源、湿地、荒漠等主要自然生态系统，也包括以人类聚居空间为主的农村、城市等人工生态系统。

第二节　生态安全屏障与区域民族地理

中国生态安全屏障建设成功与否需要综合考虑和利用边疆民族地区地理环境和社会经济条件的特殊性，结合生态安全屏障主体功能和区域社会综合发展的需求，制定尊重区域生态环境的客观事实和差异性的地方生态安全屏障建设的实践模式。

一　区位特点

（一）复杂性

中国生态安全屏障中的“两屏三带”和大江大河水系源区大多集中于中国少数民族聚居的东北、西北、北方和西南等边疆地区，是水源、森林、湿地、荒漠、生物多样性的集中区域，也是生态风险和生态脆弱性的集中区域，基本属于重点生态功能区和限制及禁止开发区。

然而，中国少数民族聚居的边疆区域社会经济发展水平相对滞后，人均收入较少，尤其是西部地区是贫困人口高度集中的区域，也是中国扶贫的重点区域。环境保护和经济发展在短期内的平衡难以有效解决，加剧了中国边疆生态安全屏障建设的复杂性和困难性。例如，西部地区的甘肃、云南、新疆、内蒙古等地区作为国家生态安全屏障区，是中国生态系统最

---

① 中央政府门户网站：《国务院关于印发全国主体功能区规划的通知·国发〔2010〕46》（《全国主体功能区规划——构建高效、协调、可持续的国土空间开发格局》），资料来源：http：//www.gov.cn/zwgk/2011-06/08/content_1879180.htm.

② 人民日报海外版：《中国将构建北方防风固沙等十大生态屏障》，转载自《中国新闻网》，资料来源:http：//www.chinanews.com/gn/2011/01-06/2768353.shtml.

脆弱、最复杂的地区之一，其脆弱性和复杂性与生态资源的稀缺性、单一性和多样性并存。例如西藏高原和云南是世界生物多样性的种质资源库，这就意味着稀缺而又多元的物种的生存环境是十分特殊的，其生态链的某一环如果遭到破坏，可能就会产生不可逆的物种稀缺甚至濒危、绝种；同时，这些地区也是地质灾害和气象灾害频发的重点区域，生产条件恶劣导致因灾致贫，以及脱贫之后又返贫的现象十分普遍。由此可见，生存环境严峻、自然灾害频发和民生贫困问题集中体现了环境保护和经济发展的矛盾，也加剧了生态安全屏障建设的难度。

（二）跨境性

中国生态安全屏障中“两屏三带”的青藏高原生态屏障、黄土高原—川滇生态屏障、东北森林带、北方防沙带及大江大河水系，或者说“中国十大生态安全屏障”中的东北森林屏障、北方防风固沙屏障、东部沿海防护林屏障、西部高原生态屏障，都是位于中国边境地带，甚至其山川、森林等自然生态系统都具有高度的整体关联性和跨境性，无论是境内还是境内的某一局部的生态系统遭到破坏，其影响必将扩及周边区域，甚至是境外区域，因此，边境地区的生态安全屏障建设需要开展跨境国际合作。例如，云南位于中国西南部，其境内的怒江、保山、西双版纳、普洱、红河、文山等16个地州市与境外的缅甸、老挝和越南三个国家接壤，而发源于中国青藏高原并流经云南出境的雅鲁藏布江—布拉马普特拉河、怒江—萨尔温江、澜沧江—湄公河、红河是东南亚半岛国家关系国计民生的重要水系。类似地，与境外山川相连一体的还有西北和东北地区。

跨境的山川峡谷和生态系统既是屏障也是通道，边境地区生态系统和生态环境的关联性决定了某一局部的生态系统一旦失衡，其生态危害可能顺着相连的山川河谷和生态系统蔓延到更广阔的区域，而国家政治界限的存在某种程度上可能使得作为整体性保护的自然生态系统无法实现全方位的保护，这就加剧了中国边境生态安全屏障建设的挑战。例如，全球化背景下，边境地区频繁的经济商贸、人流来往等，以及自然河流山谷的流通性，加剧了边境地区环境污染和有害生物入侵的现象，因此加强跨界区域生物多样性保护和有害生物灾害防治工程及管理，对维护跨境生态安全具有重大意义。

（三）重合性

中国生态安全屏障的区域特殊性是优势资源和劣势资源的重合，是挑战与机遇的重合。中国生态安全屏障地域辽阔，资源丰富，是中国水资源、动植物资源和矿藏资源最为集中的区域，同时也是生态环境质量总体良好偏优的区域，尤其是空气质量和植被覆盖率常年良好，具备发展生物药业、生态旅游、生态农业等生态产业的基础资源优势。同时，边疆民族地区生态安全屏障大多处于众多生态系统交错的地带，垂直立体的气候水热条件、复杂的地形地貌等促成了连通性微弱、阻隔性较强的地理交通格局，生物多样性意味着多元而又有限的生存空间和资源条件，使得每一种资源可利用的程度都是有限的。以云南的水资源和土地资源为例，其水资源丰富但是利用率普遍较低，尤其是灌溉和航运；以碎片式山地为主的土地资源难以实现集约化的农业生产；等等。诸如此类的还包括生物药业资源、旅游业等，都存在季节性和有限量的问题，方能维持区域环境承载力，使生态系统保持稳定性。这也就是中国边疆地区生态安全屏障建设存在的机遇与挑战并存的特点。

中国生态安全屏障建设的落实任务最终需要落实到特定区域整个地方社会和群体公民的全面参与。中国生态安全屏障建设的重点区域大多位于边疆多民族聚居地，也是中国区域自然地理环境极具多样性和单一性、稳定性和脆弱性并存的区域。因此，生态安全屏障的规划与建设必须综合考虑特定区域的自然地理环境和民族社会经济的特殊性及优劣性，利用区域自然资源的优势，发挥地方性民族群体的文化和活力，使边疆民族社会的综合性可持续发展需求与国家生态安全屏障的建设目标相融合，更广泛地调动地方参与生态安全屏障建设的广度和深度，实现国家生态安全和边疆民族社会稳定繁荣的双赢。

二 区域优势

（一）自然资源和生态系统优越性

中国生态安全屏障区域是国家重点生态功能区分布的主体范围，是自然资源种类和总量最为丰富的区域，也是生态环境状况较为良好的区域。就自然资源种类来说，气候类型多样，不同的气候带对应着不同的地貌类型和生态系统，但同样也产生了丰富而又极具稀缺性的水资源、动植物资源、矿藏资源和生物能源等，从而形成了生物多样性和种质资源库；而不同区域基于气候条件和地貌类型又产生了不同主体功能的生态安全屏障，以便解决不同的区域性环境问题。以森林生态系统为主的东北森林带是寒温带季风区的动植物的栖息地，南方丘陵山地带中的海南岛中部山区热带雨林是热带和亚热带季风气候区中种植区的栖息地，北方防沙带则是温带季风区中森林—草原类型的动植物的栖息地。这些不同区域中气候类型、地形地貌的差异性对应着的必然是不同的生态系统、生物资源和地质景观，而由此形成的生物多样性、种质资源的稀缺性，以及融合了地方本土性文化的民居建筑、民族风情等，则是发展生态产业、生态旅游业和自然博物馆的重要基础性资源，因此，恢复和维持这些不同区域内独特的生态系统健康状况，丰富和完善生态系统服务功能是生态安全屏障建设的基础和目标。

（二）社会人文资源优势

中国生态安全屏障是边疆少数民族聚居的集中区域，如青藏高原生态屏障区、川滇生态屏障区以氐羌族系为主，南方丘陵山地带则以百越族系为主，而沿着云南大江大河水系居住的民族则是囊括了氐羌、百越和百濮三大族系，北方防沙带则是以游牧民族为主。不同的族系又包含着不同的民族，各民族在特定的区域自然地理和资源条件下，在长期的生产生活中形成了不同的生计方式和生态文化，许多长久流传下来的生计方式和生态文化蕴含着人类认识自然、适应自然和改造自然，以及应对自然灾害的生态智慧和经验，例如轮耕休牧、万物有灵、自然崇拜等，以及饮食结构、民居建筑等，无不蕴含着尊重自然、利用和保护自然界生态资源、与自然和谐相处的“共生”意识；另外，东南沿海一带的土著民也具有应对海洋极端气候和海洋灾害的传统经验等。这些不同的山地民族、游牧民族和渔猎民族因其生产生活与自然环境和自然资源息息相关，对于改善生态环境和获取生态系统有着更强烈的需求，也有更自觉的文化约束。同时，由于边疆民族地区的大多数民族还具有跨境民族的性质，与境外的少数民族有相同的文化和信仰，这些都可以作为挖掘传统生态文化和灾害文化的本土性文化资源，以丰富和完善生态安全屏障的内涵和价值，也可以作为推进跨境生态环境保护的文化共识和合作基础。

三　限制条件

（一）生态系统脆弱与灾害高发

中国是世界上生态环境脆弱区分布面积最大、脆弱生态环境类型最多、环境脆弱性表现最明显的国家之一。[①] 这种脆弱性在中国生态安全屏障区域尤为显著。生态环境脆弱性体现为生态系统单一、对外来干扰具有极高的敏感性，在外来威胁下其自我调节能力难以达到稳定状态。例如，由于西藏高原的高海拔、低气温特性，决定了高原生态环境系统具有整体脆弱的特点，资源的恢复与更新速度缓慢，主要表现为生态系统对外力作用的不稳定性和敏感性。在相同外力作用下，西藏高原生态系统变异及由此出现各种生态环境问题的概率更高，造成的危害及潜在损失更严重。研究表明，如果把西藏高原生态环境脆弱度分为五个等级，中度及以上脆弱的区域面积达 1.03×106 平方公里，占西藏面积的 86.1%，这其中又有超过六成的面积为极度脆弱和高度脆弱区，主要分布于羌塘高原和藏东及藏东南高山峡谷区。[②] 与此区域相连的滇藏交界区的“三江并流”区，以及甘青高原的河源峡谷地带均存在具有相同生态环境系统高度敏感和脆弱的状态。

自然生态系统脆弱性的结果是区域灾害的频发。以西藏为例，生态环境系统高度敏感和脆弱的直接性后果是西藏高原尽管是在受人类影响总体较低的状态下，对于全球气候带来的影响却高度敏感，加之西藏地质构造复杂且具有干湿季分明、降雨集中等气候特点，导致全区泥石流、崩塌、滑坡、冻胀融沉、碎石流和冰湖溃决等地质灾害易发区面积达 40 多万平方公里，灾害点多达 5000—7000 处，成为中国地质灾害最严重的地区之一，每年造成的直接经济损失达亿元以上。[③] 同样地，甘肃省 42 万平方公里的国土面积中，45%荒漠化，28%沙化，50.5%位于自然灾害高发区，风沙线长达 1600 多公里，全省已查明地质灾害隐患点多达 10629 处。[④] 而西南云南边疆、东南沿海一带的生物灾害也同样是由于生态环境系统脆弱性而引发的灾害，严重威胁到区域生态多样性稳定和生态安全建设。

（二）社会经济环境的脆弱性

中国生态安全屏障区域集中分布的中国边疆民族地区是人口经济贫困

① 王晓峰：《“两屏三带”生态系统格局变化及其影响因素》，《生态学杂志》2019 年第 7 期。

② 王娜：《对构建西藏生态安全屏障的几点思考》，《西藏发展论坛》2011 年第 3 期。

③ 王娜：《对构建西藏生态安全屏障的几点思考》，《西藏发展论坛》2011 年第 3 期。

④ 林铎：《大力筑牢西部生态安全屏障》，《中国环境报》2017 年 12 月 8 日。

重区，尤其是西部地区，包括内蒙古、新疆、青海、西藏、云南、宁夏等少数民族聚居地区是农村贫困人口深度贫困地区。[①] 也就是说，“两屏三带”中的“两屏”，即青藏高原生态屏障、黄土高原—川滇生态屏障，以及大江大河水系源区的西部高原地区是中国农村贫困人口的集中区域，而西藏、甘肃、青海、云南、新疆等边疆省份更是深度贫困区。这是中国西部地区社会经济环境整体脆弱性的反映。具体来说，处于中国生态安全屏障区域的边疆少数民族聚居区的社会经济环境整体的脆弱性是社会整体发展水平的相对滞后性所导致的结果，其具体表现在三个方面：一是资金长期缺乏，政府财政收入、企业税收收入和个人年均收入较低，导致其投入生产建设的资金较少，或者难以为继，即使是具有发展前景的生态产业，当地政府、企业和个人均很难独立承担长期性的投资和建设；二是贫困人口基数大，贫困人口因受教育水平、社会资本有限等影响，广大的家庭和个人难以独自对抗频繁的自然灾害带来的损失，更无力转向生态致富的层面；三是生态工程性的基础设施建设薄弱，生态系统管理体系不完善也使得已经或正在进行的生态环境保护工程难以在短期内发挥生态系统服务功能，如生态旅游业的发展相对滞后。相比东、中部地区，西部地区的贫困基数大，脱贫难，易返贫的现象十分显著。未来，这些生态区位对全国乃至世界的生态安全和可持续发展具有重要意义，但同时也面临生态环境保护和社会经济发展的尖锐矛盾。少数民族聚居地，政府应制定政策倾斜支持，完善长期性的生态补偿机制，不断改善生态系统脆弱性状态，推动边境民族地区的产业转型是保障中国边疆生态安全的关键。

第三节 生态安全屏障的制度建设

生态安全屏障建设是一个长期改善某一特定区域“复合生态系统”，不断提高系统稳定性和改善系统脆弱性的动态过程，以便不断提高对抗风险、获取保证安全和发展的资源和条件。这就意味着生态安全屏障建设需要有不断完善的制度体系给予支持、管理、监督和评价。

---

① 郑有贵：《深度贫困地区为何脱贫难——深度贫困地区经济发展的几个障碍》，《人民论坛》2019年2月18日。

一　生态安全屏障建设的保障条件

（一）政策倾斜的资金项目支持

生态安全屏障建设过程中短期范围内的综合示范区建设、生态移民、生态补偿、生态工程建设，以及长期规划中的生态安全综合数据库建设、技术人才的引进和培养等，都需要长期性的资金支持。国家和政府应对关键区域的生态安全屏障建设项目给予长期性的政策倾斜的资金项目支持，以保证项目得以持续、稳定开展，从而不断巩固和发挥生态系统服务功能。

（二）建立完备的生态安全屏障建设机制

生态安全屏障的目的是最大限度地规避风险和最大限度地确保安全，这就要求其对特定区域内可能发生的风险有超前的预测能力，对于已经发生的风险和灾害，有持续地减灾和重建能力。建立长期连贯有序的管理机制，其内容应该囊括预防和检测机制、自然资源有偿使用和生态补偿机制、生态安全的监督考核和问责机制、生态环境资源开发与管理机制、生态安全屏障建设的评价机制等，提高生态系统精细化管理水平，使生态安全屏障建设始终处于发展的动态过程。

（三）构建生态安全法律保障体系

法律是捍卫生态安全屏障建设合法性地位的强制性措施，也是检验和监督生态安全屏障建设成效的试金石。构建生态安全法律保障体系包括：完善具有中国特色的生态安全法律法规，做到生态安全有法可依；加强执法工作，对于事关区域和国家公共安全及稳定的重大事件，开展多部门联合执法，以便在最短时间内控制危险状态的蔓延；提高生态环境违法成本，对于引发区域重大公共安全事故或生态破坏事件并造成严重后果的个人和群体，应依法追究法律责任。此外，为了保证生态安全法律保障体系的有效执行和贯彻，应加强行政机关在生态方面的行政执法能力，加强行政执法主体的生态素养。同时，完善民主监督制度，动员广大干部群众积极主动地监督危害国家生态安全的行为，并对举报危害生态安全行为的人给予适当奖励，形成良好的社会法治环境。

二 生态安全屏障建设的动力机制

（一）构建政府引导、市场主导和公民参与的生态经济发展模式

市场是最具有持久性活力的实践方式。生态安全屏障建设的广度、深度和持久性需要联合多方力量共同参与。在保障政府的引导作用的前提下，应制定政策支持，采用多元化的投融资机制、科学的商业化经营机制、有效的生态补偿机制等，吸引市场中的社会资本和企业参与到生态安全建设项目中，如节能量、碳排放权、排污权、水权交易试点，充分发挥市场主导作用，提高市场经营管理水平，既能投资也能收利。尤其是积极鼓励和引导工商资本投资生态产业发展，推动农林牧副渔产业向规模化、基地化、集约化方向发展，推进地理标志产品、生态产品、绿色食品认定等生态产业品牌建设，着力打造培育一批具有区域特色的生态产业名牌产品，调动全社会参与生态保护和建设的积极性。

（二）构建生态安全研究和建设科技人才体系

生态安全风险预测、评估、应对和重建是一项系统工程，需要科研人员掌握足够的数据，并运用科学的方法和理论进行搜集、测量、分析、评估和预测，以便得出科学的结论指导实践工作。因此，构建生态安全研究和建设的科技人才体系，用于开展生态安全研究项目，如生态系统健康诊断、生态风险监测技术、区域生态风险评估、生态安全数据库建设、生态景观安全格局、生态安全示范项目和产业化等，不断培养人才，提高技术，形成具有指导性的科研成果。

（三）建立生态安全文化建设机制

生态安全屏障建设是人类自然观、生态观从观念认知到实践作为的转变。生态安全文化建设主要是面向社会公众，提高全社会、全民安全生产、安全管理的重要措施，是深入公众日常生活中的文化自觉。生态安全文化不仅是要构建现代安全文化体系，即安全和危害行为的形象塑造和识别，对涉及公共安全和环境安全的设备和区域进行定期/不定期巡查巡检，对区域常发性和突发性重大灾害定期开展应急预案演练，宣传和普及生态安全和环境保护法律法规及各类标准的识别，进行技术培训和安全教育等，不断提高公众日常的安全自觉行为；同时，还要对传统民族文化中的生态文化、灾害文化和独具特色的生计模式等进行保护和科学引导，将其

纳入边疆生态安全屏障建设的政策体系中，不断丰富生态安全的文化内涵。

三　生态安全屏障建设的国际合作机制

(一) 国家与政府之间的跨境环境保护合作机制

中国生态安全屏障集中的边疆区域生态系统是一个对外开放的系统，始终处于受外部干扰和内部演化的动态演化过程中，其生态系统失衡的结果是由内而外蔓延，并最终影响到区域整体的安全。因此，处于同一或相连生态安全屏障区域内的各个国家之间，应该成立双边或多边的生态安全建设机制，对区域内涉及重大公共安全和环境灾害的事件或者工程开展广泛的合作。例如，跨境的水土污染和防治、跨境生物多样性保护、公共卫生、跨境生物灾害和生物安全检疫及预防、防治等，成立生态安全屏障建设的合作平台，形成专门的科研团队和协调管理机构，共享监测数据和研究成果，以应对共同的生态安全问题。

(二) 企业之间的生态产业合作机制

中国生态安全屏障是生物多样性集中、生态环境状况良好的重点生态功能区，尤其是边疆跨境区域各国拥有极其相似而又各有差异的自然资源和人文资源，如丰富的动植物资源、独特的地质地貌景观、浓厚的地方性民族风情等构成了发展生态产业的重要基础性资源，是边境企业开展合作的重要领域，如生物医药业、生态旅游业、生态农业、生态工业和生态服务业等，这些生态经济产业的发展是持续维持生态安全屏障建设的条件，也是生态安全建设的目的。

(三) 民间社会之间的生态安全文化合作机制

跨境民族和多民族文化是中国边境生态安全屏障区域建设生态安全建设的主体和内容，应充分利用跨境民族的文化共识开展区域生态安全文化的教育、普及和培训，开展环保日/安全日/灾难日的宣传活动、特定群体的团体性出境参观学习，如农民、牧民、渔民等，发动基层中与生态环境和生态灾害息息相关的群体参与生态安全的自觉意识和行动，通过参观和学习，传播具有正向影响力和适宜性的生态安全建设模式，把广大群众纳入区域生态安全建设的队伍。

第四章

民族地区退耕还林工程的进展、评价与建议

——基于2015年民族地区退耕户调查数据的分析[①]

张　姗

第一节　前　言

为了保护环境与修复生态，自20世纪起我国就开始实施了一系列生态工程，比如天然林资源保护、退耕还林还草、退牧还草、防护林体系建设、河湖与湿地保护修复、防沙治沙、水土保持、石漠化治理、野生动植物保护及自然保护区建设等。[②] 其中，退耕还林工程，不仅包括退耕地还林、还草和还湖，还包括相应地在宜林荒山荒地上进行造林作业，主要解决我国重点地区的水土流失问题，是我国林业建设领域中，涉及面最广、群众参与度最高、工序最复杂、政策性最强的生态建设工程项目。[③] 1998年，松花江、长江、珠江等多条流域遭受百年不遇的特大洪水，解决水土流失和滥砍滥伐等问题变得迫在眉睫，党中央、国务院做出了实施退耕还林工程的重大决策。1999年，四川、陕西、甘肃三省率先开始了退耕还林试点。2000年试点范围扩大至以长江上游、黄河上中游为重点的17个省（区、市）以及新疆生产建设兵团。2001年试点区域继续扩大至中西部地区的20个省（区、市）和新疆生产建设兵团，并被列为西部大开发

---

① 本章在《民族地区退耕还林生态工程的问题与建议——基于2015年民族地区退耕户的调查》（张姗，《昆明学院学报》2019年第1期）基础上修改完成，特此说明。

② 张姗：《民族地区生态文明建设报告》，《民族发展蓝皮书——中国民族发展报告（2017）》，社会科学文献出版社2017年版，第158页。

③ 参考中国国家统计局国家数据网对“退耕还林”一词的指标解释：http：//data.stats.gov.cn/index.htm.

的重要内容之一。2002 年，退耕还林工程在全国范围内正式启动。2003 年，《退耕还林条例》开始实施。2007 年，退耕还林工程由全面推进转入成果巩固阶段。2014 年国务院批准实施《新一轮退耕还林还草总体方案》，标志着退耕还林工程开始进入新的阶段。根据国家林业局统计公布的数据，截至 2015 年全国退耕还林工程总共完成造林面积 2593.27 万公顷，其中退耕地造林 844.16 万公顷；实际完成投资总计 32668426 万元，其中国家投资（包括中央投资与地方投资）28748482 万元。①

作为实施退耕还林工程的重点地区，我国民族地区实施退耕还林已有十余年的时间。从学界现有的研究成果来看，经济学、生态学、资源环境学等多门学科均对民族地区的退耕还林工程进行了关注，尤其以退耕还林工程效益的评估研究最为集中与突出。② 此类研究大多是通过监测及统计数据，从退耕还林工程整体的经济、生态效益方面进行研究，而退耕还林工程的参与主体——退耕还林家庭（以下简称“退耕户”）的评价与意愿在研究中体现较少。因此，对退耕户的参与评价和持续意愿进行深入了解，不仅具有一定的学术意义，而且符合为新一轮退耕还林工程提供政策建议与意见的现实需求。2013—2018 年，中国社会科学院民族学与人类学研究所进行了国家社科基金重大委托项目、中国社会科学院创新工程重大专项——“21 世纪初中国少数民族地区经济社会发展综合调查”，针对民族地区经济社会的发展新情况，连续六年在民族地区开展了入户调查，其中 2015 年的调查地区包括民族八省区中的内蒙古、云南、西藏、宁夏、新疆（见表 1.4.1.1），收回有效问卷 3777 份，含退耕户填写的问卷 1549 份。③ 本章将基于这些问卷结果

① 以上数据根据《中国林业统计年鉴 2015》（国家林业局，中国林业出版社 2016 年版）第 440—444 页内容整理计算而得。

② 学界关于退耕还林工程效益特别是生态效益的研究成果颇丰，既有关于工程实施地区的具体案例研究，比如张景忠、王云毅《内蒙古达拉特旗风沙区退耕还林还草生态效益评价》（《西部资源》2017 年第 2 期），刘胜涛、牛香、王兵等《陕西省退耕还林工程生态效益评估》（《生态学报》2018 年第 16 期）；也有从国家层面进行的整体研究，比如国家林业局已经连续几年分别出版了《退耕还林工程生态效益监测国家报告》（2013 年、2014 年、2015 年、2016 年）（中国林业出版社 2014—2018 年版）。

③ 为了深入了解人们对少数民族地区经济社会发展状况的意见看法，“21 世纪初中国少数民族地区经济社会发展综合调查”家庭问卷涵盖内容丰富，包括：受访者基本情况，就业、收入、消费情况，资源环境与生态保护，公共服务与政府管理，民族交往与民族文化等五个部分的上百道题目，其中资源环境与生态保护部分包含退耕还林、生态移民、生态环境保护三项内容。目前，所有收回的家庭问卷均由中国社会科学院民族学与人类学研究所大调查办公室统一加密保存，课题组成员在同意签署保密协议的前提下可申请使用。

与统计数据，了解退耕户对目前退耕还林工程的评价、职业培训的参与情况以及未来继续参与退耕还林工程的意愿，总结民族地区退耕还林工程的主要成绩，发现其存在的主要问题，以期对其新一轮退耕还林工作的开展提供相应的数据参考与政策建议。

表 1.4.1.1　　2015 年民族地区受访退耕户的基本特征　　单位:%

<table>
<tr><td rowspan="5">地区</td><td>内蒙古</td><td>17.3</td><td rowspan="4">年龄</td><td>30 岁及以下</td><td>28.0</td></tr>
<tr><td>云南</td><td>37.3</td><td>31—45 岁</td><td>35.9</td></tr>
<tr><td>西藏</td><td>1.6</td><td>46—60 岁</td><td>27.4</td></tr>
<tr><td>宁夏</td><td>21.1</td><td>61 岁及以上</td><td>8.7</td></tr>
<tr><td>新疆</td><td>22.7</td><td rowspan="4">政治面貌</td><td>中共党员</td><td>23.8</td></tr>
<tr><td rowspan="7">户口</td><td>农业</td><td>71.2</td><td>团员</td><td>9.3</td></tr>
<tr><td>非农业</td><td>21.0</td><td>民主党派</td><td>0.1</td></tr>
<tr><td>居民户口（之前是农业户口）</td><td>5.5</td><td>群众</td><td>66.8</td></tr>
<tr><td rowspan="2">居民户口（之前是非农业户口）</td><td rowspan="2">2.2</td><td rowspan="4">受教育程度</td><td>未上学</td><td>15.4</td></tr>
<tr><td>小学及初中</td><td>48.6</td></tr>
<tr><td rowspan="2">其他</td><td rowspan="2">0.1</td><td>高中、中专、职高</td><td>14.0</td></tr>
<tr><td>大学及以上</td><td>22.0</td></tr>
</table>

第二节　2015 年民族地区退耕还林工程实施情况

根据中国林业局公布的统计数据，2015 年民族八省区实施退耕还林工程总面积为 271825 公顷，具体包括 168576 公顷退耕地造林，102916 公顷荒山荒地造林，333 公顷当年新封山（沙）育林，共占当年全国退耕还林工程总面积的 51.8%，即民族地区承担了全国一半以上的退耕还林工程。其中，2015 年云南退耕还林工程总面积在民族八省区中位居第一，其次分别为贵州、新疆、内蒙古、广西，而宁夏、青海、西藏三省区退耕还林工程总面积均为 0。从退耕还林工程的林业投资完成情况来看，2015 年民族地区退耕还林工程的全部林业投资完成额是 886036 万元，其中国家投资中的中央投资为 795607 万元，地方投资为 17429 万元[①]，民族地区

① 退耕还林工程的全部林业投资完成额除了国家投资（包含中央投资与地方投资）之外，还有一些其他来源投资。

退耕还林工程全部林业投资完成额占全国的 32.2%。从省区维度来看，贵州的全部林业投资完成额排在首位，为 253900 万元，其次分别是内蒙古、云南、新疆、青海、广西、西藏，而宁夏未进行新的退耕还林工程林业投资，详见表 1.4.2.1。需要解释的是，青海与西藏虽然未开展新的退耕还林工程，却有相关林业投资，投资内容与其他省区一样，主要用于种苗费、完善政策补助资金、新一轮退耕还林补助资金、巩固退耕还林成果专项资金等方面。

表 1.4.2.1　2015 年民族地区及全国退耕还林工程建设情况①

地区	退耕地造林面积/hm^2	荒山荒地造林面积/hm^2	当年新封山（沙）育林面积/hm^2	退耕还林工程总面积/hm^2	中央投资/万元	地方投资/万元	全部林业投资完成额/万元
内蒙古	3334	15282	333	18949	184424	6	201839
宁夏	0	0	0	0	0	0	0
青海	0	0	0	0	67108	0	67108
西藏	0	0	0	0	7496	0	7496
新疆	40530	2787	0	43317	99498	1385	105677
广西	9934	1383	0	11317	38650	294	48678
云南	68111	81244	0	149355	153115	7160	201338
贵州	46667	2220	0	48887	245316	8584	253900
民族地区总和	168576	102916	333	271825	795607	17429	886036
全国	446280	189410	333	524701	2408772	111961	2752809
民族地区全国占比	37.8%	54.3%	100.0%	51.8%	33.0%	15.6%	32.2%

第三节　民族地区退耕还林工程的主要成绩

一　退耕还林工程覆盖范围广，被调查地区均有实施

如表 1.4.3.1 所示，在 3777 户受访家庭中，有 1549 户参与过退耕还

① 本表格根据国家林业局编《中国林业统计年鉴 2015》（中国林业出版社 2016 年版）第 28—31 页表格计算制作而成。因篇幅限制，本表格只列出了全部林业投资完成额度中的中央投资与地方投资两类大项，种苗费、完善政策补助资金、新一轮退耕还林补助资金、巩固退耕还林成果专项资金等具体内容未在表格中列出，特此说明。

林工程，具体包括内蒙古 268 户、云南 578 户、西藏 25 户、宁夏 326 户、新疆 352 户，即被调查地区均有实施过退耕还林工程。从省区维度来看，72.4%的宁夏受访者参与过退耕还林工程，参与率最高，云南、新疆、内蒙古受访者的参与率分别为 45.8%、44.1%、31.4%，而西藏受访者的参与率较低，为 6.1%。另外，需要指出的是，此次接受调查的受访者包括了 22 个民族①，从而说明了退耕还林工程是一项各民族共同参与、覆盖范围十分广泛的生态工程。

表 1.4.3.1　　2015 年受访家庭是否参与过退耕还林工程

地区	受访家庭（户）	参与过退耕还林家庭（户）/比例	未参与过退耕还林家庭（户）/比例
内蒙古	853	268	585
		31.4%	68.6%
云南	1263	578	685
		45.8%	54.2%
西藏	412	25	387
		6.1%	93.9%
宁夏	450	326	124
		72.4%	27.6%
新疆	799	352	447
		44.1%	55.9%
合计	3777	1549	2228
		41.0%	59.0%

二　超过 90%的受访者对退耕还林工程的环境效益持肯定态度

作为一项生态修复工程，实现环境效益是退耕还林的首要目标。从退耕户的整体评价来看，47.3%的受访者认为土地或草场退化已经得到了遏制，43.6%的受访者认为目前尚没有明显改观，但如果实施时间增长肯定会有好的效果，即 90.9% 的受访者对退耕还林的环境效益持肯定态度，

① 受访者的民族身份包括：汉族、蒙古族、回族、藏族、维吾尔族、彝族、侗族、瑶族、白族、土家族、哈尼族、哈萨克族、傣族、傈僳族、拉祜族、东乡族、纳西族、达斡尔族、布朗族、普米族、怒族、独龙族等 22 个民族。

只有9.1%的受访者持否定态度，认为无论退耕还林实施时间长短，环境都不会有所改变。从省区维度来看，62.5%的宁夏受访者与56.4%的内蒙古受访者认为退耕还林环保效果显著，土地或草场退化已经得到了遏制；与之形成对比的是西藏受访者中仅有8.0%的人认为退耕还林的环境效益已经得到了体现，但这并不意味着西藏受访者就不认可退耕还林工程的环境效益，相反西藏受访者的认可度仅次于宁夏受访者，只是88.0%的西藏受访者认为目前退耕还林的实施时间太短没有明显改观，时间长了肯定会有好的效果，详见表1.4.3.2。这一结果也从侧面说明了由于自然环境与实施情况的差异，退耕还林工程在各地呈现出环境效益所需要的时间长度也有所不同。

表1.4.3.2　2015年受访退耕户对退耕还林工程环境效益的评价

地区	受访退耕户	认为已经遏制了土地或草场退化的退耕户/比例	认为时间太短没有明显改观，但时间长了肯定会有好的效果的退耕户/比例	认为无论时间长短，环境都不会有所改变的退耕户/比例
内蒙古	257	145	65	47
		56.4%	25.3%	18.3%
云南	553	226	290	37
		40.9%	52.4%	6.7%
西藏	25	2	22	1
		8.0%	88.0%	4.0%
宁夏	315	197	110	8
		62.5%	34.9%	2.5%
新疆	317	124	153	40
		39.1%	48.3%	12.6%
合计	1467	694	640	133
		47.3%	43.6%	9.1%

三　超过80%的受访者支持继续实施退耕还林工程

2014年以后，新一轮的退耕还林工程在全国范围内开始实施，在总结过往经验教训的基础上，其总体思路有了较大转变，其中比较明显的一个变化就是充分尊重农民自身的意愿，坚持“农民自愿，政府引导”的基本原则。由表4-5可见，对于今后退耕还林政策的期待与参与意愿，

55.8%的受访者认为应该扩大面积和提高补助标准，24.6%的受访者认为应该保持现状，15.7%的受访者表示不清楚，只有3.9%的受访者选择停止执行，这一结果说明大部分的受访者赞成退耕还林工程应该继续实施。从省区维度来看，西藏受访者中认为应该扩大面积和提高补助标准的比例最高，为70.8%，其次分别为宁夏的59.3%，内蒙古的55.7%，新疆的54.6%，云南的53.7%，即各省区受访者中支持退耕还林工程应该进一步推进的比例均超过了50%。与之形成对比的是，无论是整体还是各省区，认为退耕还林工程应该停止执行的受访者比例均不高，即便此项占比最高的新疆受访者中，也只有6.6%的人认为应该停止（见表1.4.3.3）。

表1.4.3.3　2015年受访退耕户对退耕还林工程的政策期待与参与意愿

地区	受访退耕户	认为应扩大面积和提高补助标准的退耕户/比例	认为应保持现状的退耕户/比例	认为应停止执行的退耕户/比例	表示不清楚的退耕户/比例
内蒙古	253	141	71	10	31
		55.7%	28.1%	4.0%	12.3%
云南	540	290	139	17	94
		53.7%	25.7%	3.1%	17.4%
西藏	24	17	2	1	4
		70.8%	8.3%	4.2%	16.7%
宁夏	317	188	82	8	39
		59.3%	25.9%	2.5%	12.3%
新疆	335	183	67	22	63
		54.6%	20.0%	6.6%	18.8%
合计	1469	819	361	58	231
		55.8%	24.6%	3.9%	15.7%

第四节　民族地区退耕还林工程面临的主要问题

一　部分省区受访者对退耕还林工程环境效益持否定态度的比例引人注意

从整体来看，虽然绝大部分受访者对退耕还林工程的环境效益持肯定态度，但是仍有 9.1%的受访者持否定态度，特别是分布比例较高的地区，比如 12.6%的新疆受访者与 18.3%的内蒙古受访者对退耕还林的环境效益持否定态度，当地有关部门应深入了解其否定的原因及根源，以便在其后的政策制定与实施过程中进行适当调整。

二　退耕还林工程的经济效益体现相对不明显

由于退耕还林工程涉及的区域广、人口多，从工程实施的可持续性出发，实现其环境效益不能以影响退耕户家庭经济生活水平为代价。为此，国家通过大量资金投入，为退耕户提供补贴，并要求当地部门对其进行技术培训，增加其收入来源。如表 1.4.4.1 所示，从调查结果来看，退耕后自家收入有所提高的受访者占比 31.3%，退耕后自家收入没有变化的受访者占比 29.9%，退耕后自家收入下降的受访者占比 18.4%，另外，表示不清楚的受访者占比 20.4%。从省区维度来看，西藏受访者呈现出明显的两极趋势，认为退耕后自家收入下降与提高的占比均为各省区首位，分别为 32.0%、40.0%；宁夏受访者中认为退耕还林对自家收入没有影响的比例最高，为 38.4%；新疆受访者中对退耕还林影响表示不清楚的占比最高，为 33.7%。

表 1.4.4.1　2015 年受访退耕户对退耕还林工程经济效益的评价

地区	受访退耕户	认为退耕后自家收入没有变化的退耕户/比例	认为退耕后自家收入下降的退耕户/比例	认为退耕后自家收入有所提高的退耕户/比例	表示不清楚的退耕户/比例
内蒙古	263	74	69	88	32
		28.1%	26.2%	33.5%	12.2%
云南	530	150	83	176	121
		28.3%	15.7%	33.2%	22.8%
西藏	25	3	8	10	4
		12.0%	32.0%	40.0%	16.0%
宁夏	320	123	42	114	41
		38.4%	13.1%	35.6%	12.8%
新疆	255	66	55	48	86
		25.9%	21.6%	18.8%	33.7%
合计	1393	416	257	436	284
		29.9%	18.4%	31.3%	20.4%

三 退耕还林工程政策宣传与配套项目实施力度有待提高

如表 1. 4. 4. 2 所示，关于退耕还林工程的政策期待与参与意愿，有15. 7%的受访者表示不清楚，具体到接受调查的各省区，表示不清楚的受访者比例均超过 10%，其中新疆受访者中表示不清楚的占比最高，为18. 8%，进而说明当地政府与相关部门对于退耕还林工程的政策宣传工作还有待改进和提高。此外，为保证退耕还林工程的实施效果，保障和提高退耕户的经济收入水平，在工程实施伊始，中央就要求各地政府及相关部门对退耕户定期进行技术指导与培训。从调查结果来看，关于受访退耕户参与职业技术培训的实际情况并不乐观，37. 1%的受访者表示不清楚或者没参加（见表 1. 4. 4. 2）。至于培训内容，在参加了职业培训的受访者中，21. 3%的人参加了畜牧业、养殖业培训，21. 2%的人参加了种植业培训，14. 7%的人参加了造林种草培训，仅有 5. 8%的人参与了劳务（外出务工）培训。各省区退耕户参与职业培训率差别较大，其中，内蒙古受访者的情况引人关注，72. 9%的人表示不知晓或者没参加职业技术培训；西藏受访者中此项占比也较高，为 43. 8%；此项占比最低的为云南受访者，为 23. 7%。在职业培训项目的选择方面，省域差异与地方特色也比较明显，内蒙古受访者参与率最高的培训项目是畜牧业、养殖业培训；云南受访者参与率最高的培训项目是种植业培训；西藏受访者参与率最高的培训项目为造林种草培训；宁夏与新疆受访者中，参与率最高的培训项目均为畜牧业、养殖业培训，同时两省受访者中参与种植业培训的比例也均超过 20%。

表 1. 4. 4. 2 2015 年受访退耕户参与职业技术培训的情况

地区	受访退耕户	参与种植业培训的退耕户/比例	参与造林种草培训的退耕户/比例	参与畜牧业、养殖业培训的退耕户/比例	参与劳务（外出务工）培训的退耕户/比例	不清楚或者没参加培训的退耕户/比例
内蒙古	251	10	9	45	4	183
		4. 0%	3. 6%	17. 9%	1. 6%	72. 9%
云南	465	145	98	85	27	110
		31. 2%	21. 1%	18. 3%	5. 8%	23. 7%
西藏	16	1	6	0	2	7
		6. 3%	37. 5%	0. 0%	12. 5%	43. 8%

续表

地区	受访退耕户	参与种植业培训的退耕户/比例	参与造林种草培训的退耕户/比例	参与畜牧业、养殖业培训的退耕户/比例	参与劳务（外出务工）培训的退耕户/比例	不清楚或者没参加培训的退耕户/比例
宁夏	239	52	25	69	18	75
		21.8%	10.5%	28.9%	7.5%	31.4%
新疆	257	52	42	63	20	80
		20.2%	16.3%	24.5%	7.8%	31.1%
合计	1228	260	180	262	71	455
		21.2%	14.7%	21.3%	5.8%	37.1%

第五节　小结与建议

一　小结

“山水林田湖是一个生命共同体，人的命脉在田，田的命脉在水，水的命脉在山，山的命脉在土，土的命脉在树。森林是陆地生态系统的主体和重要资源，是人类生存发展的重要生态保障。”① 2015 年，民族地区利用全国 1/3 的林业投资，承担了全国 1/2 以上的退耕还林工程。作为保护国土生态安全的“生态工程”以及强农惠农的“民心工程”，退耕还林在实现生态环境改善的同时，还兼具提高退耕户收入的经济目标。本章通过对内蒙古、云南、西藏、宁夏、新疆五省区民族地区退耕户的调查得知：退耕还林工程的环境效益突出，获得了 90.9%受访者的认可；与之相比，其经济效益体现得并不是很明显，选择退耕还林后自家收入有所提高的受访者只占 31.3%。作为退耕还林工程的配套措施，职业培训对于退耕户开展多种经营、提高经济收入至关重要，但是从受访结果来看，实际情况并不乐观，37.1%的受访者表示不清楚或者没参加过相关职业培训。关于职业培训项目的具体内容，受访省区具有地域特色与地区差异。对于新一轮的退耕还林工程，绝大部分受访退耕户都愿意继续参与，仅有 3.9%的

① 习近平：《关于〈中共中央关于全面深化改革若干重大问题的决定〉的说明》，《人民日报》2013 年 11 月 16 日，第 1 版。

受访者认为应该停止执行，但是各省区均有超过10%的受访者表示对于新一轮退耕还林的相关政策不清楚，进而说明地方政府在落实中央工作精神、宣传新一轮退耕还林工程政策方面的工作还有待进一步提高。只有切实做好对广大群众的宣传工作，让其更加深入全面地了解退耕还林工程的内容、意义以及最新政策，新一轮退耕还林工程才能更加有效持续地进行。

二　建议

（一）退耕还林环境效益体现缓慢，要做好打持久战的心理准备

森林资源及生态系统的修复需要漫长的时间，虽然退耕还林工程已经实施了十几年，其具有的环境效益也得到了绝大部分受访者的认可，但认为其环境效益已经体现的受访者却不足总数的一半，再次印证了生态工程具有建设周期长且效益体现慢的特点。调查中发现，有些部门为了政绩，有些农户为了补贴，变相“加快”森林恢复速度，仅仅从数字上完成退耕还林任务，实际效果却大打折扣。民族地区既是我国森林资源的集中分布地区，也是森林资源破坏最为严重的地区，遗留的环境问题众多，生态保护任务艰巨，再加之经济发展相对落后，因此必须做好打持久战的心理准备。

（二）落实退耕还林工作的政策宣传，提高人民群众的政策知晓度

调查发现有相当比例的受访家庭对于退耕还林工程的相关政策并不了解。作为退耕还林工程的实施主体，退耕户对相关政策的知晓情况直接影响到工程的进展程度及落实效果，尤其是在新一轮退耕还林工程开展之后，“退不退耕，还林还是还草，种什么品种，由农民自己决定”①，退耕户清晰与明确的意愿变得更加重要。退耕还林并不是将耕地换为林地，退耕户弃耕造林然后领取补助这么简单，退耕还林的意义与目标也不只是单纯地改善环境。在全面脱贫与生态文明建设的大背景下，退耕还林工程与美丽乡村建设、林业经济发展、农民脱贫致富、全面建设小康社会等诸多工程密切相关。地方政府应该切实领会与贯彻落实中央精神，提高退耕还林政策的宣传力度，提高广大人民群众对退耕还林工程内容与意义的了解程度，进而保证新一轮退耕还林工程的实施成效。

① 《国家发展改革委有关负责人关于启动新一轮退耕还林还草答记者问》，http：//www. ndrc. gov. cn/xxgk/jd/jd/201409/t20140927_ 1183169. html，国家发展改革委官方网站。

（三）落实对退耕户的生态补偿政策，对弱势人群进行重点帮扶

民族地区长期以来承担着资源输出与生态保护的重要任务，以退耕还林为例，2015 年民族地区承担了全国 1/2 以上的退耕还林工程。落实资源有偿使用与生态保护补助奖励政策，不仅要求对退耕还林地区进行整体补偿，对于退耕户也要落实各项配套补偿优惠政策。在此次调查中，大部分受访者并未感受到退耕还林工程带来的经济效益。不少民族地区本身也是经济贫困地区，许多农户生计方式单一，除了务农没有其他谋生技能，退耕还林之后经济来源减少，对于退耕还林工程的经济补助具有很大依赖性。退耕还林工程中的林地包括退耕地与配套荒山两部分，但是补助却只针对退耕地。《新一轮退耕还林还草总体方案》规定，除每亩 1500 元补助（5 年分 3 次支付）外，凡符合国家和地方公益林区划界定标准的，分别纳入中央和地方财政森林生态效益补偿。[①] 实地调研发现，有些地方的退耕还林专项资金并未实现专款专用，而是被挪为他用，如用于修路等基础设施建设等，因此中央及地方政府应该进一步加强对退耕还林专项资金使用去向的监察力度。另外，受到教育程度及年龄因素的限制，未接受过教育以及年龄超过 60 岁的受访者属于退耕户中的弱势人群。他们既不了解退耕还林工程的相关政策，也缺乏参加相关职业培训的意识与能力，退耕之后除了领取补助，很难通过开展其他经营增加收入，因此，对其应该进行重点帮扶。

（四）加大对退耕户职业培训的实施力度，引导退耕户发展多种经营方式

虽然退耕还林补助对于维持退耕家庭的生计十分重要，但是对于大部分退耕户而言，特别是年轻力壮的退耕户，最关键的还是要提升其自身的经济发展能力。自退耕还林工程开展以来，对参与农户组织开展职业培训，既是工程的重要组成部分，也是对地方政府及相关部门提出的明确要求。2002 年国务院公布的《退耕还林条例》第三章第二十四条指出："县级人民政府或者其委托的乡级人民政府与有退耕还林任务的土地承包经营权人签订的退耕还林合同内容应该包括技术指导、技术服务的方式和内

---

① 《国家发展改革委有关负责人关于启动新一轮退耕还林还草答记者问》，http：//www. ndrc. gov. cn/xxgk/jd/jd/201409/t20140927_ 1183169. html，国家发展改革委官方网站。

容"[1]。从接受此次调查的民族地区整体来看，参与职业培训的退耕户比例低于预期数值，为 62.9%，而在内蒙古的调查地区，这一比例更是低至 27.1%。这说明当地政府对退耕职业培训的实施与宣传力度还有很大的提升空间。《新一轮退耕还林还草总体方案》规定，退耕还林的配套保障措施应该包括"在不破坏植被、造成新的水土流失前提下，允许退耕还林农民间种豆类等矮秆作物，发展林下经济，以耕促抚、以耕促管。鼓励个人兴办家庭林场，实行多种经营"[2]。调查中发现，有些地区政府只重视发苗种树，农户只关注领取补助，林业技术服务人员严重不足，树木栽种之后缺乏相应的后续管理，成活成材率不高，既影响了当地生态的恢复进度，也影响了退耕户的经济收入。因此，对退耕户的职业培训，既要扩展培训的内容与种类，也要继续深化树木的种植管理。"绿水青山就是金山银山"，引导群众充分利用当地资源，开展多种经营，在巩固退耕还林生态效益的同时，推动绿色经济的长远发展。

（五）既要互相学习工作经验，也要根据新形势因地制宜地开展退耕还林

通过调查得知，各地区退耕还林工作进展的程度与成效有所差异，比如对于退耕还林工程环保效果的评价，内蒙古与新疆两地受访者的否定比例之高就引人注意。因此，应该加强不同地区之间的学习与交流，尤其是退耕还林工程开展较好的地区，要总结其工作经验，为工程开展相对落后的地区提供借鉴与启发。同时，由于民族地区地理环境与经济发展水平有所差异，退耕还林面临的形势不尽相同，退耕还林工作不能搞"一刀切"，必须尊重各地的实际情况。除此之外，退耕还林工作还应该与时俱进，根据新形势调整新思路，比如伴随城镇化的发展，大量的农村人口进入城市，留在农村继续从事耕种的人越来越少，在自家耕地上植树造林成为外出人口的最主要选择。在此背景下，从土地数量上完成退耕还林的任务目标已经不再困难，如何实现并优化退耕还林的生态效益及经济效益，成为新阶段工作的重点。有些地方通过林地的土地流转，进行集中管理经营，取得了较好的经济效益与生态效益，为新形势下的退耕还林工作提供了新思路。

---

① 《中华人民共和国国务院第 367 号令，退耕还林条例》，http：//www.gov.cn/gongbao/content/2003/content_ 62531.html，中国政府网。

② 《国家发展改革委有关负责人关于启动新一轮退耕还林还草答记者问》，http：//www. ndrc. gov. cn/xxgk/jd/jd/201409/t20140927_ 1183169. html，国家发展改革委官方网站。

第二编

少数民族传统生态文化

第一章

少数民族生态习惯法

王 彤

改革开放以来，我国经济高速发展的同时，环境问题和环境危机日益凸显，人们对环保的重视程度亦在不断提高。国家各级立法机构和政府部门相继出台了一系列与环保相关的法律法规及行政条例，对环境保护起到了较好的促进作用，但环境保护与建设任务任重而道远，需要我们一代代人持续不断地努力。反观我国许多少数民族聚居地，其生态环境却保存得相对完好，经大量调查研究发现，这不仅与当地少数民族的生产生活方式密切相关，更与他们的生态观、习惯紧紧相连。千百年来，正是我国境内汉族和各少数民族不断共存发展，相互交流融合，一起创造了丰富多彩的文化，共同缔造了灿烂辉煌的中华文明。由于受历史原因、地理条件的限制及经济发展不均衡等多重因素的影响，各地区各民族之间在生产生活方式、风俗习惯、社会制度等方面始终存在诸多差异，从而形成了独具本民族特色的文化内涵，少数民族生态习惯法即为各民族文化差异中的典型表现。作为少数民族生态文化的重要组成部分，少数民族生态习惯法是民族地区的人们在长期生产和生活中自然形成的一种约定俗成的行为规范，对调节区域民族社会人与人之间关系、保护集体环境利益、维护地方自然生态秩序起到了重要作用。

因此，我们在充分利用当代先进科技方法与成果进行生态环境保护与建设的同时，还应看到历史和现实中一些“现代世界”之外的，“地方”和“民族”中有益的环保理念与举措，发现它们的优点与长处，取其精华，资鉴当下。希望通过探析少数民族地区生态习惯法的产生、发展、特征及运行机制，以期对生态环境保护法制建设起到借鉴和启示作用，从而弥补国家法某些方面的不足，完善我国的生态环境保护法制建设，实现少数民族习惯法环境保护有益成果与国家制定法的完美结合，推动我国环境保护立法体系的完善和生态文明建设的发展。

第一节 中国少数民族生态习惯法的形成与发展

中华文化是各民族在长期的历史发展和社会生活中自然形成和积累智慧的结晶，有着丰富多样的内容和重要的现实价值。少数民族生态习惯法作为中华文化多样性的具体表现之一，它产生于各少数民族长期的日常生活生产的实践中，体现于村寨关系、宗族伦理、社会组织、婚姻、丧葬、禁忌、宗教等诸多方面，且随着生态环境的变迁、社会的发展、制度的更替，一直处于不断发展之中。少数民族生态习惯法作为中华文化不可或缺的一部分，无论是在历史时期对社会秩序的构建、巩固及发展，还是当下对我们社会主义生态法制建设的参考、借鉴及推进都发挥着重要的作用。

一 少数民族生态习惯法的概念

（一）习惯、习惯法与少数民族生态习惯法

习惯是指个人积久养成的生活方式，通常指个体日常生活的常规化、行为的模式化，习惯法则是指某一群体在区域社会单元中长期受同一自然和人文因素影响，形成的共同价值观念、制度规范和执行模式等行为实践，主要关系权利与义务的分配和相关利益调整。这也是习惯法和习惯最大的不同之处，即表现为对利益的调节和规范，如此习惯法相比普通习惯更具有确定性和可操作性，也更适于裁判，被认为是“因为其更具有客观性的陈述和规定了用于裁判的尺度而有别于单纯的习惯”。[①]

中国是一个“礼俗”和“人情”社会，有着“皇权不下县”的历史传统和“地方性知识”认知方式。中央政府权力不可能有效地延伸到社会的各个角落和每个事件及人物关系之中。国家法也就不可能解决所有的社会矛盾和纠纷，就需要蕴含着社会道德、地方情理的民间习惯法进行必要的补充和调和。习惯法的地方认同性，使它成为分配乡民之间的权利和义务，调整和解决他们之间的利益冲突的地方性规范，主要在一套地方关

① 梁治平：《清代习惯法：社会与国家》，中国政法大学出版社 1996 年版，第 165—166 页。

系网络中被实施。[①] 就其性质而言，习惯法乃是不同于国家法的另一种知识传统，它具有贴近民众生活的优势，与国家法相比较，其在本地的影响更大更深，更为本地民众所选择、认同和传袭。[②]

我国广大少数民族地区由于地理位置、交通、历史等原因，区域间的社会、经济、文化传统等千差万别，各少数民族在长期与自然环境的相互共存与发展过程中，日积月累形成了与自然和谐相处的生态法则，并内化成为各民族地区的生态习惯法，而且通过各少数民族一代又一代的濡染、传承，被固化为一种遗传特质，有着强大的群体认同性和权威性，事实上已成为民族地区更为常用、更易接受的法律范式。[③]

（二）少数民族习惯法与生态环境

自然环境是人类生存和发展的基础，任何族群的生存都离不开一定的环境。人类在改造环境的同时，也逐渐被环境所塑造，人们所创造出的生产生活方式、社会制度、思想文化等文明成果都烙有自然生态的印记。正如孟德斯鸠所言“法律应该和国家的自然状态有关系；和寒、热、温的气候有关系；和土地的质量、形式与面积有关系；和农、猎、牧各种人民的生活方式有关系。法律应该和政制所能容忍的自由度有关系；和居民的宗教、性癖、财富、人口、贸易、风俗、习惯相适应……”一个民族在与环境的互动过程中，逐渐生成了适应当地环境的发展规则，维系着区域社会中的人与自然关系的动态平衡，民族习惯法是为其中之一。因此“在某种意义上，习惯法出于自然，就像是风景，从南到北，自东洎西，习惯随风景变换”[④]。

生态习惯法是对本土传统知识系统化和规律化的认知，具有认同性和可操作性。它促进了自然资源的合理分配，对调节区域社会的利益关系具有重要的指导作用，也使资源利用效率和效益得以最大化。如建始县白云村土家族对土地分类使用的认识就充分地体现了这一特点，当地的茅山，土家族主要用来种植薪炭林，茶山主要种茶，青苗土地主要用来种植农作

---

① 梁治平：《清代习惯法：社会与国家》，中国政法大学出版社1996年版，第1页。

② 刘雁翎：《西南少数民族环境习惯法的生态文明价值》，《贵州民族研究》2015年第5期。

③ 刘雁翎：《西南少数民族环境习惯法的生态文明价值》，《贵州民族研究》2015年第5期。

④ 梁治平：《清代习惯法：社会与国家》，中国政法大学出版社1996年版，第52—53页。

物，久而久之就形成了当地特有的茅山神崇拜、茶山神崇拜以及青苗神。土地分类使用就以不同的“神灵”崇拜方式固定了下来，人们都自觉地遵守，这既能充分利用地力，又可以避免无序使用带来的环境破坏。土家族在长期的生产中认识到了这种种植制度的合理性，并形成了一套技术经验，并以约定俗成的方式固定下来，成为人们共同遵守的思想观念，这就是生态习惯法的典型表现。①

二 少数民族生态习惯法的形成与发展

人类社会早期，人们认识自然的能力有限，只能依赖和顺应自然，或是对大自然进行某种模拟。对很多无法解释的自然现象便加以神化或魔化，普遍认为世界万物都是自然界赐予的，从而产生了万物有灵的自然崇拜思想。如湘西地区少数民族生态习惯法起源于当地的原始宗教信仰以及人为宗教戒律，其中充盈着朴素的神灵敬畏观。当地侗族人民普遍崇拜自然万物：有日神、月神、河神、树神、土地神等，他们对土地、山河及万物的崇拜和敬畏体现在日常生活中的方方面面，并约束着自身的各项行为活动。因对山神存有敬畏之情，侗族民众在获取野生动植物资源时，遵循着取物有度的自然原则，不贪多，对树木不滥砍滥伐，对动物不乱捕乱猎，并时刻注意留一些自然资源给山神。神山禁地更是成为侗族地区常见的自然风景林，客观上起到了保护自然植被的作用，维护了当地的生态多样性。② 随着少数民族社会的发展、生产力水平的提高，少数民族生态习惯法也一直处于不断发展之中。各少数民族开始从早期无意地对生态环境进行保护逐渐转向注重人与自然之间的利弊关系，用潜移默化的方式将特定的传统习俗文化升华并转化为民族文化心理的内心强制，进而达到民众普遍的“约定俗成”，然后演变为普遍的规则，以追求人与自然的和谐。如广西瑶族大多依山而居，对山林非常重视。受“万物有灵”思想的影响，瑶族有保护“神林”与“长山”的习俗。神林是指每个村寨附近面积比较大、历史比较悠久的树林；长山是指林木长得比较茂盛的山峰。“山清水秀，地方兴旺，山穷水尽，地方衰败。”神林与长山在瑶寨里被

① 余浩然：《习惯法生态价值的发展人类学研究——以建始县白云村土家族习惯法为例》，《原生态民族学刊》2017 年第 4 期。

② 李迎春：《湘西少数民族环境习惯法研究》，硕士学位论文，中南林业科技大学，2012 年。

赋有特殊含义，瑶民们认为神林和长山与风水有关，事关村落的兴衰成败，因此严禁砍伐。

1950年以后民族地区陆续获得新生，过去的封闭社会状态逐渐被打破，随着国家控制力的逐渐深入及外来思潮和文化的冲击，少数民族传统习惯法逐渐淡化和消失，原本一些有利于生态平衡和环境保护的民族习俗和禁忌被改变和突破，如同样在广西瑶山地区，环境保护的习惯法逐渐变得形同虚设，强制性慢慢丧失。很多祭祀的仪式成为发展旅游产业、吸引游客的手段，娱乐性多于教育性，宣示性多于强制性，形式性多于实质性。[①] 乡规民约是指民众在长期与自然生态环境的协调中，为保护自己热爱的家园自发订立的相互间必须自觉遵守的保护自然环境的约定。[②] 改革开放以来，国家的政治和法制都有了大的变革，边疆民族地区实行了民族区域自治制度，农村基层实行了村民自治制度，为少数民族传统文化的传承与发展带来了极大的机遇。国家逐渐给予地方自主权，乡村基层社会的活力不断被激发，少数民族生态环境保护的核心内核得以保留，并以新型的乡规民约的方式呈现出来。20世纪90年代以来，许多少数民族居住的村子都制定了详尽的保护自然环境的村规民约。如广西瑶民制定了不少村规民约保护森林，《大瑶山团结公约》第四条就规定："防旱防水之树木，不准砍伐；凡入火烧山，事先各村约定日期，做好火路防止烧毁山林……违反森林管护或者用火规定，处二十元至两百元以下罚款。赔偿一至五倍损失并限期更新造回被损的森林、包管理2年。"[③]

三　少数民族生态习惯法的特性

中国少数民族习惯法承袭于原始习惯，是各少数民族全民族成员在长期的生产生活和社会交往中共同确认和信守的行为规范，其目的是要维护有利于民族整体的社会关系和社会秩序。因此少数民族习惯法具有原始民主性质，是一种带有浓厚自治色彩的社会规范。[④] 但随着社会的不断发展，习惯法也在不断变化和完善，许多带有原始性质的条规内容不断被剔除，代之以符合现实需要的新兴内容，并在社会生活的各个领域发挥作

① 高其才：《瑶族习惯法》，清华大学出版社2008年版，第450—451页。

② 邵泽春：《贵州少数民族习惯法研究》，知识产权出版社2008年版，第28页。

③ 高其才：《瑶族习惯法》，清华大学出版社2008年版，第40—41页。

④ 高其才：《中国少数民族习惯法研究》，博士学位论文，中国政法大学，2002年。

用，规范特定社会成员的行为。习惯法的某些内容可能被国家认可而具有国家法的强制性、约束力，但大部分习惯法则出自民间是依靠某种社会组织、社会权威而保证实施，明显不同于国家法。与国家制定法相比，习惯法以其生动、具体的独特形式在实际生活中弥补了国家制定法宏观、抽象下的一些空白。①

少数民族生态习惯法是在各少数民族特定的生境中形成和发展的，与当地的自然环境与社会发展水平密切相关，脱离了本土环境和特定的人群，生态习惯法就是无源之水、无本之木，也就失去了存在的价值，因此少数民族生态习惯法具有特定的区域性，它是“特定社会的人们在长期生活和劳作过程中积淀而成的规则，相对于国家法的统一的、普遍的特征而言，它是分散的，不同地域不同的人群有着不同的民间法”。② 生态环境保护是少数民族习惯法的重要内容，亦是少数民族传统文化与自然环境相互作用、和谐共生的结果。在各少数民族日常的生活生产中，人们充分认识到生态环境对他们生存和发展的重要性，并积极为之付出保护，这些保护环境的观念经过长期反复的实践，渗入各民族地区的风俗、宗教仪式及自然禁忌中，成为人们约定俗成的习惯和准则，并在许多地方形成了一套行之有效的制度规范，具有强制性和约束力。由于不同地域和民族之间自然环境不同、生产生活方式存在差异，不同地域和民族间的生态习惯法亦有所不同，它们形式多样、内容不一，有成文和不成文，有口耳相传或文字相授，但都为本民族所保存和传承，成为各少数民族生态习惯法的重要组成部分，并为当地全社会成员所遵守。

第二节 中国少数民族生态习惯法的主要内容

习惯法形式多样，既有以文字固定下来的成文习惯法，也有口耳相传的不成文习惯法。梁治平认为习惯法往往以浓缩和简练的形式表现于民间流行的各种习惯语种，“法语”和“法谚”是它们的典型代表。③ 少数民族习惯法是符合某一少数民族区域社会全体成员的要求，为其全体社会成

① 高其才：《习惯法与少数民族习惯法》，《云南大学学报》（法学版）2002 年第 3 期。

② 于语和：《简论民间法约束力的来源和表现》，转引自《民间法》（第 3 卷），山东人民出版社 2004 年版，第 14 页。

③ 梁治平：《清代习惯法：社会与国家》，中国政法大学出版社 1996 年版，第 165—166 页。

员所共同“制定”和认可的一种历时性习惯约束力量，即使没有文字规定下来，也对社会成员一视同仁没有偏向，并为全体成员共同遵守着[①]。生态习惯法主要是围绕少数民族的生活生产展开的，涉及人与自然生态共存发展的诸多方面，特别是山林、草地、水、动物、土地等重要资源。在各民族的乡规、民俗、信仰、宗教、道德规范中都有一些自发的、朴素的、原始的保护生态环境、具有一定强制性的、人们共信共行的、保持人与大自然和谐关系的习惯法。[②]

一 自然崇拜

人类社会早期，受科学水平和知识层次的限制，人们对大自然一无所知，无能为力，认为自然界是充满灵性和神性、无所不能的，对自然的依赖要胜过改造，于是产生了原始的自然神灵信仰和崇拜，希望在大自然的庇佑下生存和发展。少数民族多分布于“多山险”和“少王化”地区，常常生态环境复杂，自然条件相对恶劣，社会发展较为滞后，对自然的依赖和敬畏更为显著，并由此产生了内容丰富、形式多样的自然崇拜行为。

万物有灵的思想从远古一直延续至今，在各个民族中或多或少地存在着，认为神灵无处不在，无所不能，这样的观念在许多少数民族地区表现得尤为明显。突出表现为山神崇拜、神山崇拜或其他自然物崇拜。有些民族甚至认为山神管着生老病死，如果砍了不该砍的树，打了不该打的鸟，就不得好报。因此打神山上的动物和砍神山上的树木都是犯忌讳的事。这样就致使在许多少数民族地区，几乎每一座神山都是一个原始的自然保护区。[③] 湘西地区的土家族人民普遍崇拜自然万物：在湘西地区土家族的观念中，大自然并不是一个纯粹的物质世界，而是一个充满神灵的世界。他们相信万物有灵，敬畏大自然，认为日、月、星辰、风、雨、雷、电、山、河、树、木、花、草等自然景物都有神灵，自然万物也都和人类一样，有生命和思想，如山水、动物、植物都有自己的意识、情感，人类如有得罪它们之处，必然会遭到它们的报复，只有敬畏自然、爱护自然，约束和控制一切破坏自然的行为，与大自然和睦相处，才能得到大自然的眷

---

① 范宏贵：《少数民族习惯法》，吉林教育出版社 1990 年版，第 2 页。

② 向晓玲：《少数民族环境保护习惯法研究》，硕士学位论文，西南政法大学，2010 年。

③ 白兴发：《少数民族传统习惯法规范与生态保护》，《青海民族学院学报》2005 年第 1 期。

顾，人们才会幸福和平安。为此他们崇拜神山、神水、神石等自然物，并举行各种仪式来祭祀自然物，如在植树造林过程中举行各种仪式，祭献各种神灵，以求除灾得福、风调雨顺、粮食丰收。①

同样，贵州依山而居、靠山而活的大多数少数民族，对山有着特殊的情感，他们认为大山是有灵魂的，能够洞察世事、左右人的发展，他们不随意开采山石，怕破坏山神的居住地，给他们带来灾难，这对当地水土保持、环境保护起到了良好的促进作用；贵州苗族认为他们周围的每一棵树都是他们祖先的化身，有灵魂和思想，能保护寨子里的人平安无事。因此他们对那里的树木爱护有加，不让人乱砍滥伐。② 同样在云南的纳西族地区，神山中的大栗树不能任意砍伐和践踏，据说只要动它的一片叶子，都会招来莫大的灾难。广西的仡佬族八月十五俗称拜树节，当天有要用牛和鸡等祭祀树祖的习俗。

二　原始禁忌

禁忌“是关于社会行为、信仰活动的某种约束限制观念和做法的总称”③，禁忌一般包含两方面含义，一是对受尊敬的神物不许随便使用；二是对受鄙视的贱物、不洁、危险之物，不许随便接触。④ 历史上少数民族的习惯法常常与禁忌联系密切，许多少数民族的禁忌甚至成为环境习惯法的直接来源。

北方的蒙古族很多生态习惯法就来源于民族禁忌，如蒙古族牧民把水资源看作自己的生命线，如同爱惜生命一样地爱惜水，严禁污染水资源。蒙古族有不成文的规定，即春、夏猎物掉膘时不得打猎，不得追赶惊吓猎物；不得射杀或惊吓受孕动物；不得射杀幼崽或带幼崽的动物等。蒙古族还禁止对神山指指点点，禁止在神山上狩猎、伐木、掘土、放火、取石、放炮等。这些都是蒙古族的民族禁忌，它们构成了蒙古族生态习惯法的渊源之一。⑤

南方的许多山地少数民族，如土家、苗、布依、瑶等少数民族都有着

---

① 李迎春：《湘西少数民族环境习惯法研究》，硕士学位论文，中南林业科技大学，2012年。

② 罗静、谢仁生：《贵州少数民族环境习惯法的生态观浅析》，《世纪桥》2016年第12期。

③ 高其才：《中国习惯法论》，中国法制出版社2008年版，第215页。

④ 乌丙安：《中国民俗学》，辽宁大学出版社1985年版，第279页。

⑤ 雷震：《论蒙古族生态习惯法》，硕士学位论文，中央民族大学，2012年。

各自的民族禁忌，成为当地民众生产生活的重要组成部分，维护着当地生态系统的动态平衡，这些民族禁忌都是当地生态习惯法的重要组成部分。如湘西土家族在日常劳作中逐渐总结出了一套适应当地环境条件的农事生产规律，并生成相应的一些禁忌，对当地的环境保护起到了重要作用。当地村民认为稻谷扬花之前不能吃青蛙，这时节的青蛙肉是有毒的，吃了会肚子痛。这条禁忌保护了青蛙，也保护了庄稼，因为这个时候正是稻谷生长最佳时期，同时又是害虫繁殖旺盛期，稻谷很容易受到害虫的侵袭，保护了青蛙也就保护了庄稼。土家族人还严禁砍伐古树，他们认为古妖精树是神树，要保护。被雷劈的古树被认为是妖精树，有“树长 300 年成妖精”之说；雷劈的树不能拿回家做柴烧，否则要失火；也不能拿回家做建材，否则会同样遭雷击。外出时，若看见蛇交配，绝对不能打。这在一定程度上保护了蛇的繁衍。① 苗族在动物保护方面有宗教禁忌，他们不能肆意杀戮动物，每次打猎之前都需要敬山神，祈祷山神的庇佑，如果过度捕杀动物就会受到山神的惩罚，少数民族地区生物的多样性因此就得到了保障。②

藏区的自然禁忌作为一种文化现象更为明显，它是藏族生态习惯法的渊源之一，主要表现在对神山圣湖及“不杀生”等自然禁忌的敬畏、信服、顺从及遵守。如藏族禁忌在神山上挖掘、禁忌砍伐神山上的花草树木；禁忌将污秽之物扔到湖里，禁忌弄脏泉源，这些都对动植物、水资源等起到了很好的保护作用；还禁忌牧民在牧场生长的夏季搬家；禁忌在草地上挖水渠形成水土流失，破坏草场；禁忌挖掘采集山上草木灰，以免造成草山沙化等。虽然这些禁忌行为没有完整的权利义务体系，甚至也没有严格的处罚机制，对触犯禁忌行为而带来的处罚也不是肉体上的惩罚，但是通过宗教的心灵审判和道德的精神压力，使人们在原先只有禁忌思想的基础上，将这些思想付诸行动。③

三　宗教信仰

宗教信仰，是指信奉某种特定宗教的人们对于所信仰的神圣对象

① 李迎春：《湘西少数民族环境习惯法研究》，硕士学位论文，中南林业科技大学，2012 年。

② 罗静、谢仁生：《贵州少数民族环境习惯法的生态观浅析》，《世纪桥》2016 年第 12 期。

③ 扎西才措：《浅谈藏族生态习惯法》，硕士学位论文，中央民族大学，2012 年。

（包括特定的教理教义等）由崇拜敬畏进而产生坚定不移的信念及全身心的皈依。它是一种特殊的社会意识形态和精神风俗，塑造着人们的世界观和价值观，指导并规范信众在社会生活中的思想和行为，少数民族生态习惯法正是在这种特殊的意识形态下形成的，并影响着人们的生产生活。

产生于原始时代的图腾崇拜是原始宗教信仰形式之一，直到 20 世纪 50 年代仍普遍存在于我国许多少数民族中。它是将某种动物或植物等特定物体视作与本氏族有亲属或其他特殊关系的崇拜行为，是原始宗教的最初形式，一般以动物图腾居多，也有植物图腾。一旦某种动植物成为某个氏族的图腾，那么它就是该氏族的圣神标志，除特殊需要外，禁止屠杀和食用。动植物的图腾崇拜作为少数民族地区“万物有灵”观念的具体表现，至今仍被部分少数民族所传承。如黔东南苗族的枫树崇拜、蝴蝶崇拜和牛崇拜，布依族对山神、树神的崇拜等，都是具体的图腾崇拜形式。枫树是苗族的图腾，苗族素有崇拜枫树的习俗。榕江流域的《苗族古歌》描述了苗族枫树崇拜的起源：远古时期，枫树生妹榜，妹榜生蝴蝶，蝴蝶生下十二蛋，养育姜央、龙、虎、象、蛇、水牛、蜈蚣等十二兄弟。传说苗族祖先姜央源于枫树，因而枫树是苗族自古的图腾，枫树崇拜实际上是源于对苗族祖先的顶礼膜拜。对动植物的崇拜，反映了少数民族对人和自然关系的初步感知和认识，从更深刻的意义上理解，对自然崇拜、动植物崇拜也是以神灵的名义进行生态保护的另一种途径。①

法律的演化与宗教信仰密切相关。法律产生之初，与道德、宗教之间没有明显界限，伴随人类社会的发展和文化的演进，三者之间才逐渐由混合走向分化。因此宗教信仰一定程度上反映着法律精神。宗教又分为原始宗教和人为宗教两部分。前者源于蒙昧时期人们因惧怕自然威力而萌生惊恐畏服的原始观念，具体表现为对自然万物的信奉而生成的自然崇拜，对各种精灵、灵魂的敬畏而生成的图腾崇拜、祖先崇拜和神灵崇拜；后者指因畏惧神灵、寻求精神寄托而形成的宗教，如佛教、基督教等。藏族地区生态习惯法的形成与宗教信仰有密切的关系。佛教的行善、惜生、因果轮回等观念与藏族原始宗教结合，形成了独特的生态伦理观念。他们一般把自然界的一切都看作有生命的，神圣不可侵犯的。藏族以寺庙为中心的地区，只要能听到寺庙钟鼓声的地方，哪怕是在方圆数里乃至几十里之外，

① 罗静、谢仁生：《贵州少数民族环境习惯法的生态观浅析》，《世纪桥》2016 年第 12 期。

都是不能砍树和打鸟的，否则便会受到神灵的惩罚。且每年正月初一至十五，藏族群众都要种树，老人言每种一棵树可以延长五年寿命，反之，损一棵树就要折寿五年。一些寺院的僧人鼓励人们去种树，并且规定必须种多少棵。因此，寺院和僧侣的生态保护行为对民众产生了十分重要的影响。[①]

云南傣族长期在佛教文化影响下，亦产生了许多不成文的生态习惯法，客观上保护了当地的自然环境。如西双版纳傣族有着许多“龙山”和“垄林”；当地傣民认为前者是“神居住的地方”，后者是寨神（氏族祖先）和勐神（部落祖先）居住的地方。这里的一草一木、一鸟一兽都被视为神灵的伴侣，具有神圣不可侵犯性，任何狩猎、砍伐、挖掘等破坏生态的行为都会触犯神灵而招致灾难，就连枯萎凋落的枝叶、熟透的果实也不能捡拾。这使得“龙山”“垄林”与外界相对隔离，受人为因素干扰较少，进而为该地区的生物多样性及生态环境起到了很好的保护作用。[②]

四　乡规习俗

与自然崇拜和动植物崇拜等宗教习俗不同，乡规习俗是在民众生产生活中逐渐形成并具有约束力和强制力的规范，民众有意识地制定并主动遵守，是民族精神和文化的反映。历史上我国各少数民族也通过制定一些乡规民约来保护生态环境。具有鲜明特色的乡规习俗乃属苗族的“环保榔规”和侗族的“环保侗款”。“环保榔规”是苗族环境习惯法的典型表现，苗族议榔制定的社会规范涉及其生产、生活的各个方面，其中有关自然环境保护的榔规就是环保榔规。雷山县西江千户苗寨榔规规定：村寨公有山林、田土不准村内外私人侵占，违者令其退出，风景树被砍，令其补栽，以上处罚不服，另罚一只鹅或鸭。除山林资源保护外，苗族榔规还涉及野生动物资源保护和污染防治方面的内容。西江千户苗寨榔规规定：河鱼允许钓或网捕，若炸或用药闹（毒）的罚 50 两银子，并令其找鱼苗补放；公有防火塘大家爱护，不准倒垃圾、粪便，违者令其清理。[③]

侗族也有专门保护环境的环境习惯法，当地人称之为“款”。侗款产

---

① 白兴发：《少数民族传统习惯法规范与生态保护》，《青海民族学院学报》2005 年第 1 期。

② 李敏洁、唐岱：《宗教信仰对云南傣族生态文化的影响》，《民族论坛》2013 年第 10 期。

③ 刘雁翎：《论贵州苗族环境习惯法》，《贵州民族研究》2008 年第 4 期。

生于侗族原始社会解体、私有制确立时期，是要求侗族民众共同遵守执行的民间“法律”，侗款内容广泛，包含生产活动、风俗习惯、道德准则、信仰禁忌等，其中有许多保护环境的相关规定。如《约款法》对保护山林及庄稼有着详尽的规定。其中“六面威”中就规定：“若哪家孩子，鼓不听槌，耳不听劝，不依古理，不怕铜锣。他毁山毁林，毁河毁溪，毁了十二个山头的桐油树，毁了十二个山梁的杉木树。寨脚有人责怪，寨头有人告发，我们就跟他当面说理，我们就和他当面论罪。”侗族地区是我国重点的杉木产地，至今“山山岭岭尽良木”，也有“杉海”之称，这与侗族热爱自然、保护森林、遵守乡约的习俗密不可分。①

侗族等许多少数民族的环境保护观念贯穿人们生老病死的全过程和老幼青壮的全体人员。在婴儿生下后，家里人就在山上栽100棵杉苗，18年后才准砍伐，作为男婚女嫁的费用。人们对身边的树木，特别是常绿乔木，如樟木、松柏、紫檀木、猴栗木等，不论老少只要发现幼苗，都会主动把它保护下来。水族人对生长在河畔、井边、路旁及村寨门口的古树，如银杏、古榕、巨杉、苍松和倒鳞树等，敬若神明，加以保护。土家族春天出生的婴儿，按习俗需栽下几株或十多株树苗，称为栽“喜树”，冬季出生的婴儿会在次年的春季补栽喜树。② 这些习俗经长期实践，为土家族民众所认同和遵守，亦成为生态习惯法的重要组成部分。

第三节 中国少数民族生态习惯法的运行机制

一 生态习惯法的制定

生态习惯法作为民族内部成员共同确认的行为准则，其议定、修改、废除均须由全体成员参与和一致通过，即遵循全体一致的原则。有的民族地区生态习惯法虽然主要由首领和头人商议条款，提出初步意见，但仍然必须由全体成员一致通过才能形成。

苗族传统生活中的一个独特立法组织：议榔。但不同地区的苗族对此

① 李迎春：《湘西少数民族环境习惯法研究》，硕士学位论文，中南林业科技大学，2012年。

② 苏钦：《浅谈我国少数民族历史上保护生态环境的特点及经验》，《中央社会主义学院学报》2005年第4期。

的称谓不同，贵州从江和广西大苗山的叫法是“埋岩会议”或者“栽岩会议”；黔东南很多地区称“构榔”“勾夯”或“议榔”，也有称“构榔会议”“议榔会议”；云南金平称“里社会议”“丛会”；在湘西的很多地区则称“合款”。虽称谓不一，其本质都是决策本地区民族的重大事务性组织。议榔平时没有常设的办事机构，只在有事时临时召集。每次议榔前，先由寨头们商议议榔内容，然后召开群众大会，由寨头手持芭茅和梭镖（代表权力和权威）宣布议定的习惯法的内容，由大会通过。宣布新的习惯法前，寨老还要背诵由过去留传下来的重要习惯法。有的议榔在会址竖石一块，表示习惯法坚固如石，不能轻易更改。[①] 榔规议定出后，要杀猪宰牛以飨到会者；对于未到会的成员，则送去一份牛肉，使每个人都吃到，亦即让每个人都知道议榔规定的条例法规。

苗族议榔制定的社会规范涉及其生产、生活的方方面面，其中有关自然环境保护的榔规就是环保榔规。贵州苗族地区的生产以稻作为主，因田地少、山林多、动植物资源丰富，采集药材、野果、菌类和狩猎等活动是村民日常生活的重要组成部分，对森林的依赖性较强。因而保护山林、动物等环境生态资源也就成了苗民议榔大会的重要内容甚至专题内容。如1988年雷山县丹江镇陶尧、乌尧、黄里三个片区的苗族村寨，针对当时乱砍滥伐情况严重影响了生态环境和人们的生活，就联合举行了一次隆重的议榔大会，并形成了禁止乱砍滥伐的环保榔规。[②]

二　生态习惯法的实施

生态习惯法是各少数民族经过议定的、由大会通过的规范，人人都须严格遵守，如有违反者则要受到惩罚，惩罚的方式则根据违反习惯法的责任程度来定，轻者一般是赔礼道歉；稍重者是对其进行道德谴责或者罚款；最重的对其进行除籍、逐迁，不允许留在原村寨生活等的相关处罚。侗族生活的地区山清水秀、森林茂密、动植物种类多样，这与侗族严格执行生态习惯法是分不开的，这在侗族民歌中有很好的体现：“山有山规，寨有寨规，不管谁人，不听规约，大户让他产光，小户让他产落。”可见当地习惯法中的相关生态保护条款得到了很好的实施。

侗家人不仅善于保护林木，而且善于植树。侗族民间素有植树造林、

① 高其才：《中国少数民族习惯法研究》，博士学位论文，中国政法大学，2002年。

② 徐晓光等：《苗族习惯法研究》，华夏文化艺术出版社2000年版，第53、74—196页。

封山育林、爱林护生的优良传统，许多侗寨都有营造儿孙林的习惯，当侗寨中有新生儿时，其长辈就会上山栽种几十甚至上百棵杉树，让孩子与杉树共成长，孩子长大成人了，杉木也成材了。故杉树也被称为“十八杉”或“女儿杉”。侗款中也有相关毁坏山林的处罚措施，如黔东南侗族广泛遵循的环保侗款——《约法款》规定：“若哪家孩子，鼓不听棰，耳不听劝，不依古理，不怕铜锣。他毁山毁林，毁了十二个山头的桐油树，毁了十二个山头的杉木林，寨脚有人责怪，寨中有人告发。我们就跟他当面说理，我们就给他当面论罪。”[①] 苗族亦是如此，对违反“环保榔规”者，轻则罚款、罚物、喊寨，重则拆房、开除寨籍、吊打甚至处死。如锦屏苗寨文斗《六禁碑》规定：“一禁不具（拘）远近杉木，吾等（依）靠，不许大人小孩砍削，如违罚银十两……一禁四至油（茶）山，不许乱砍乱捡，如违罚银五两；一禁今后龙之陛，不许放六畜践踏，如违罚银三两修补；一禁逐年放鸭，不许众妇女挖前后左右虫鳝，如违罚银三两。”雷山西江苗族环保榔规规定：“村寨公有山林、田土不准村内外私人侵占，违者令其退出，风景树被砍，令其补栽，以上处罚不服，另罚一只鹅或鸭。”[②]

少数民族生态习惯法在实施过程中具有强制性，这种强制性不仅表现在外在的规章制度制约着人们的行为，还表现在人们用心灵深处的自我约束和敬畏来约束自己的行为。少数民族地区特殊的社会环境和自然环境使少数民族生态习惯法得以持续保持和运作，并有一套完整的制度运行系统，即通过有威望的人裁决保证了环保习惯法的贯彻执行。整套的规矩对整个民族的民众在惩罚强制、道德舆论等各个方面产生巨大的约束作用，所有人妄图挣脱这种束缚的行为显得无力。这种强制性主要表现在三个方面：一是宗教方面的强制性。主要来自对大自然的绝对信仰所带来的宗教性禁忌。如平时不可以随随便便地就到神山、神林等地方去，尤其是在举办祭祀活动时的封山禁猎、休渔禁牧期间，人们更加不可以到山林区域、湖泊区域和放牧区域等神圣地方去打猎、砍伐树木和放牧，如果这样做的话就会触犯神灵，致使个人乃至家族遭受灾难。二是道德方面的强制性。

① 邓敏文、吴浩：《没有国王的王国——侗款研究》，中国社会科学出版社 1995 年版，第 79 页。

② 刘雁翎：《清水江文书中的苗族、侗族环境生态习惯法》，《贵州民族研究》2017 年第 5 期。

主要来自本民族的传统习俗，如果违反了习俗会被视为大逆不道，要受到严厉的处罚。三是舆论方面的强制性。主要来自民间规约，并且是在同一血缘、同一地区的共同生活的社会组织成员中形成的规约，这种规约带有公众性的特点。如果有人对生存的自然环境进行了严重的破坏，损害了公众的利益，就会遭受到公众的强烈舆论谴责，甚至还会进行规约中的处罚，这样社会组织成员不敢轻易破坏自然环境，以免招来民众的舆论指责和规约的惩罚。[①]

第四节　中国少数民族生态习惯法的生态价值

少数民族环境习惯法是我国各少数民族与自然长期互动博弈的产物，早已内化于各族民众的思想意识和日常行动中，尤其对少数民族聚居地的蒙古高原、青藏高原和云贵高原的复杂而脆弱的生态环境的保护有着特殊的生态文明价值。即使在国家法律多样、涵盖范围广泛、囊括领域细致的今天，各少数民族特有的生态习惯法对生态环境的保护仍发挥着不可替代的重大作用与价值，甚至在有的地方说“乡村的习惯胜于皇帝的法律”[②]。

一　对国家环境法的补充

与国家法相比较，各少数民族环境习惯法具有贴近民众生活的天然优势，其在本民族中的影响更大更深，对该地区的生态保护更直接更有效。从法的实践性而言，环境习惯法通过各少数民族一代又一代的濡染、传承，在各少数民族地区长期地反复适用，已成为一种遗传特质，为民族所选择、认同和传袭。具有了强大的群体认同性和权威性，事实上已成为各少数民族地区更为常用、更易接受的法律范式。从法的强制性而言，生态习惯法中的信仰和禁忌是一个无形的紧箍咒，来自心灵的恐惧和神秘力量的惩罚使人们不敢越雷池半步。由此，他们不仅不敢破坏森林、动物、水源等生态资源，反而会主动呵护他们赖以生存的自然环境。虽各少数民族不懂国家环境法，却天天用自己质朴的行动自觉捍卫着环保事业。尤其在国家环境法至今不能深入触及的偏远地区和法制观念薄弱的基层社会，民

---

① 马琼：《少数民族环境保护习惯法的表现形式及特征——以苗族为例》，《贵州民族研究》2018 年第 7 期。

② 陈金全：《西南少数民族习惯法研究》，法律出版社 2008 年版，第 15 页。

族生态习惯法则对当地社会主体的环境观念起着教化和劝导作用，对当地社会主体的环境行为起着规制作用，维系着当地人与自然秩序的良性发展，有效弥补了国家环境法相对宏观与抽象的空白。①

二 对环境保护理念的丰富

在全球同质化，特别是经济浪潮冲击的背景下，许多民族的传统文化慢慢处于一种较为尴尬的境地。特别是民族地区特有的生产方式将逐步消失，那些建立在这种生产方式上的生态环境的保护方式也面临着时代的挑战。随着观念意识的现代化，神山神林的崇拜意识，以及在此基础上产生的有利于自然生态保护的禁忌也面临着新的冲击。因此在新的历史进程中，如何进行新的整合和创新，挖掘民族传统文化中有利于自然生态保护的成分，使其继续发挥积极的作用，对于现代的自然生态保护仍有着非常现实的意义。

当前我国环境法治建设过多地依赖对外国环境法制度的引进，而忽视了对本土法治资源的充分利用和吸纳，生态环境国家制定法也因其在具体实施过程中困难重重，执行效率不高而备受诟病。少数民族生态习惯法中蕴含着许多被我们忽视的少数民族地区生态环境保护的本土性知识，但对我们当前的环境保护具有重要的参考和借鉴意义。贵州仡佬民众世世代代在崇山峻岭中生产、生活，森林树木与他们的衣食住行密不可分，在仡佬族先民们遭遇困难的关键时期，是树木给他们提供了栖息之所，给了仡佬先民们以庇护和温暖。因此在贵州仡佬民众心中，形成了树木有灵的观念，所以一个村寨都有一棵“神树”，逢年过节或有灾异，仡佬族便在族中长者的带领下，携带鸡鸭、米饭、香烛、纸钱、鞭炮、糍粑等贡品来到“神树”之下，祭拜神树，祈求平安。村寨的“神树”确定后，在任何情况下“神树”及其周围的树木都不能砍伐和损坏。② 像贵州仡佬族的树木有灵的生态认识观，热爱人居环境、人与自然和谐共生的生态价值观，值得我们进一步重视、挖掘和借鉴，并利用生态习惯法中的积极因素为现实服务。

道法自然，少数民族生态习惯法是各少数民族在长期与自然共存、共

① 刘雁翎：《西南少数民族环境习惯法的生态文明价值》，《贵州民族研究》2015 年第 5 期。

② 张新、李晓蓉：《贵州仡佬族传统生态习惯法的现代价值》，《学理论》2016 年第 1 期。

生、共处中形成的，为民族内部成员共同遵守的“天人关系”准则，体现了人与自然、人与社会、人与人之间和谐共处的可持续发展思想。在许多少数民族内部，生态习惯法已内化为民族地区民众生产生活的一部分，成为民众不经意的日常。但正是这些不起眼的日常，对当地环境的保护发挥着重要的作用，不仅弥补了国家法的空白，对当下环境保护与建设亦有着重要的资鉴价值。

第二章

民族地区的传统生态知识与生态智慧

周红果

中国少数民族世居的地区幅员辽阔，资源类型丰富多样，其中耕地、林地、草地等都有大面积分布。不论是草原无垠的西北地区，还是森林繁茂的东北地区，或是生态多样的南部地区，都蕴藏着数量巨大的资源宝藏。多样性的生态类型孕育出多样性的文化。在文化与生态环境耦合的过程中，每个民族都衍化出独特利用资源的文化类型与生计方式，从而维系民族的延续和发展，以及维护生态环境的良性运转。在对资源类型多样性的利用与保护的同时，各民族产生了特定的传统生态知识与生态智慧。特定生态知识和生态智慧的利用，不仅可以更有效地获取各种资源，而且能从根本上实现对资源的持续利用和环境的长期保护。中国少数民族的生态知识与生态智慧多如繁星，远远不是几篇文章就可以说全说透的。本章仅选择几个典型的案例加以分析。

第一节　水资源的利用与维护

一　西北干旱区域民族对水资源的利用与维护

（一）砂田种植

中国黄河的兰州河段及南部一些主要支流一带，信奉伊斯兰教的回族、东乡族、保安族、撒拉族等在此繁衍生息。在这极度干旱的黄土高原上，为了适应严酷的干旱气候和自然条件，上述民族与当地的汉族居民共同创造了“覆砂抗旱”农耕技术。具体做法是，“在平整的旱地上，铺上一层约2厘米的细河沙，沙粒直径在1毫米左右。细沙上再铺盖直径1—

7 厘米、大小不等的鹅卵石，铺垫厚度达 5—10 厘米”。① 用这样的方法建构起来的砂田既不能用畜力翻耕，又不利于施肥，但种植的效果却出奇的好。根据罗康隆、刘海艳《从水资源利用与维护看民族传统知识的价值》一文研究，其功效体现在以下六个方面：

其一，覆盖卵石可以使作物有效避开霜害。在卵石之间形成一个相对稳定的空气隔热层，在昼夜温差较大的情况下，夜间气温下降时土地热量不容易散失，使得在早春时节，与不用砂石覆盖的土地相比，土壤温度要高出 4℃左右。

其二，覆盖卵石可以提高土壤墒情。砂石覆盖后，土壤温度较高，在冬季积雪容易融化，到春季利于提高土壤墒情。雨水可以顺着卵石渗入土壤中，提高了对雨水的截留能力，减少水资源的无效蒸发。

其三，覆盖卵石还具有抗风蚀的效果。在黄土高原上，那些颗粒细小的土层容易被风吹走，甚至将作物的根暴露出来。覆盖卵石后，作物可以抵御被风袭击的潜在危险。

其四，覆盖卵石可以抑制杂草的生长。在此区域下，受自然条件的限制，杂草难以靠自身的力量生长出来，因而杂草生长受到抑制。即使有少量杂草萌发后穿过砂石层，生长也较为瘦弱，易被清除掉。

其五，覆盖卵石可以有效防止盐碱化的发生。西北地区年蒸发量往往高于年降雨量的 4 倍，如果没有卵石的覆盖，人工灌溉后土地容易发生盐碱化。有了卵石层的庇护，有效抑制地表水分的蒸发，防止盐碱化发生。

其六，卵石有升温快和降温快的双重功效。白天抵抗烈日的强照，保护作物的根部免遭过分日照而损伤；夜间又能很快降温至与周围的空气相同。在一年当中，约有 1 /3 的时间由于昼夜温差变化大，可以在卵石的表层形成露珠或水珠，滴落到地下可以在一定程度上实现天然灌溉的功效。②

以上六大功效巧妙运用自然资源，适应当地的生态环境，发挥着生态维护的作用。这样的砂田投资成本低、技术低，而且砂田不需要投入设备能力，管理和操作也极其简易，“同时比以色列电脑滴灌技术更能抑制盐

① 钮簿、翟允提：《我国西北部干旱地区的“石砂田”》，《西北农学院学报》1980 年第 3 期。

② 罗康隆、刘海艳：《从水资源利用与维护看民族传统知识的价值》，《西南民族大学学报》（人文社会科学版）2013 年第 3 期。

碱化，更能提高土壤的活性，其价值决不逊色于以色列的滴灌技术”。[①] 遗憾的是，这样的智慧与技能并没有得到发掘和推广，更没有借助现代科学技术使之实现创新，在水资源流失治理中因被遗忘而失落了。

（二）集雨水窖

宁夏回族自治区的南部山区年平均降水量均低于600毫米，降雨多集中在秋季且多暴雨，其他月份几乎无明显的降水量。在这样的地区，雨水会随着地表流走，在枯水的季节，往往需要步行数十里甚至上百里路才能找到水源。在干旱季节要保证人畜和灌溉用水，当地居民就会利用短暂的暴雨季节，将地表径流的水引入预先挖掘的地下水窖中储备起来以备使用。“水窖挖成类似酒瓮的形状，为了避免收集到的雨水往下渗漏，在水窖的下层，用黄土高原底层的红色土拌上草梗进行涂抹，这样储藏的雨水也能保持较好的水质。”[②] 这种做法，没有高端设备和现代科学技术，表面上看起来十分简陋，但这种就地取材获取雨水的方法，在当地却行之有效。

二 林粮间作与水资源储养

林粮间作典型的代表是侗族的用材林的林粮间作。此外，还有土家族、苗族、水族、毛南族和壮族等实行的经济林林粮间作。以侗族用材林的林粮间作为例，在充分利用土地资源的前提下，可以实现对水资源的截留和储养。通过研究具体表现如下：

其一，提高土壤的透气、透水性能。一个地带的土壤较为致密，透气、透水性能较差，水资源的涵养能力也就差，地表积水就难以渗透到土壤中，从而以地表径流的方式流走。在林地郁闭前进行林粮间作，表层土壤被人为翻动，疏松了土壤，这样农作物的根系也较容易渗入土层的深处。农作物收获后，留在土壤中的根会在土壤中形成纵横交错的小孔道，有效地提高土壤的透气和透水性。

其二，涵养水资源的能力。林粮间作主要树种为杉树，还套种15%—20%的当地乔木树种，或者其他珍稀树种。因为这些树种单位面积的年均

① 威得良：《以色列节水富国之策》，《生态环境与保护》2001年第1期。

② 罗康隆、刘海艳：《从水资源利用与维护看民族传统知识的价值》，《西南民族大学学报》（人文社会科学版）2013年第3期。

积材量高，或者是木材比较珍贵，同时，也是出于维护生物多样性的需要。[①] 多样性动植物的存在，不仅可以防止杉树病虫害的发生，而且还能从如下三个方面提高林区的水资源截留和储养功能。第一，蚯蚓等各类地栖昆虫动物的存在，会在地下挖掘各种孔道，这些孔道成为水资源向土层深处渗透的通道，提高土壤对水资源的储备能力。第二，多种动物的存在，在觅食和迁徙的过程中，可以将各不相同的植物物种带入林区，进一步提高森林底部的植物物种多样性。第三，多样化植物物种在林地生长，地表变得粗糙，既能够抵御地表径流对表土的冲刷，又能延长水资源往土层下渗的时间，从而提高土壤和落叶层的含水量，总体上提升单位面积的水资源涵养能力。

在林业经营体制中，成熟的木材一般不实施主伐，[②] 而是以间伐[③]带抚育，因而木材的采伐不必修建林区的简易公路，而是通过架厢、滑道等手段进行运输，因而不会破坏地表的结构。与此同时，有规律的间伐还可以改变林相结构，改善林间的采光状况，利于多种生物的相互依存，林区物种的多元化和多样化，抑制林区水分的无效蒸发。

在自然界中，无论哪个地方都会有相对干旱的地带存在，生活在干旱地带的民族如果没有相应的适应干旱环境和气候的能力，民族的延续将无从谈起。而这种适应环境的能力往往与民族文化息息相关，在民族文化中以特殊的方式体现出来，发掘、整理并利用这样的生存智慧与技能，在今天的干旱地带仍然发挥着不容忽视的价值与作用。

第二节 川西南彝族厩肥处理与生态维护

俗语说“庄稼一枝花，全靠粪当家”，粪便是自然生态系统中一个客观存在物和有机组成部分。在人类文化的作用下，对粪便进行加工与利用，粪便就变成了厩肥，与此同时，“成为相关民族文化的有

① 罗康隆、刘明珠：《云贵高原东南缘水资源维护研究》，《广西民族研究》2015 年第 5 期。

② 主伐是森林采伐的一种森林作业类型，与其他采伐作业的区别主要是在成熟的林分中进行的。

③ 间伐是指在一定的森林面积上分次砍伐全部的林木。一般在一个龄级期内进行 2—4 次采伐，实现迹地更新。间伐适用于天然更新容易、土层浅薄的成熟、过熟单层林。

机组成部分”。[①] 然而，在高海拔地区，受生态环境的制约，要把粪便转换成厩肥需要一定的条件。在特定环境的影响和制约下，为了充分利用厩肥，相关民族就不得不利用本土知识与特定的文化手段，有效控制厩肥的降解，以此达到对厩肥的有效利用。

高海拔地区，低温、高寒是其典型特征。低温高寒的特性制约着微生物的活性，粪便的降解又依赖这些微生物，这是一个客观事实。同时，“温度又是影响全氮矿化的最重要的环境因子，对氮矿化速率有很强的控制作用，且呈正相关。”[②] 因此，在高海拔地区，如何克服自然条件的局限性，提高粪便的降解率，有效发挥肥效，是需要考虑和解决的问题。以彝族为例，分析对粪便的处置及利用，呈现出一系列的“特异性”。结合杨曾辉的研究分析如下：

彝族乡民根据不同牲畜的生活习性及粪便的功能，将粪便加以区分与整合，得出一个粪便分类体系（见表 2. 2. 1. 1）。

表 2. 2. 1. 1　　　　粪便分类体系[③]

粪便名称	等级	原因	处置手段
羊粪	最好	干净	太阳底下暴晒
牛粪	次好	不易脱水干燥，难以处置	收集和暴晒
鸡粪	很好	肥效高	大量收集，但量太低
马粪	中等	肥效高，利于松土，但发热太强，某些作物不宜使用	大量收集
人、猪、狗粪便	拒绝使用	较肮脏	排到野外，任其自然降解

通过表 2. 2. 1. 1 可以看出，彝族乡民对不同牲畜粪便的等级分类，有着他们自己的一套经验，并遵循着这套规则对厩肥进行适当处置和有效利用。彝族乡民之所以有这样的粪便分类体系，是基于对当地生态系统的认知，积累了一定的经验。在对不同牲畜粪便进行处置和利用的同时，“再结合不同时期农作物栽种的情况，做到‘作物—粪便—方便’三者之间

① 杨文英：《厩肥的处置利用与生态维护——以湘西土家族为例》，《金田》2014 年第 3 期。

② 廖中建、黎理：《土壤氮素矿化研究进展》，《湖南农业科学》2007 年第 1 期。

③ 杨曾辉：《川西南彝族厩肥处理与生态维护》，《广西民族大学学报》（哲学社会科学版）2013 年第 4 期。

的有机统一”①。

在彝族乡民所生息的高原生态系统中，温度低，昼夜温差大，是生态环境的不利要素，这些不利要素会导致粪便在生态系统中难以自行进行有效降解，而且这些不利要素不会因为人类的存在而改变。但是生态系统内部会进行自我调控和调节，为维护生态系统的良性运转，就需要规约人们的生产和行为活动。

一是控制作物种类。选种的农作物都有高度的耐寒能力，如马铃薯、荞麦、燕麦等，这些作物充当粪便的“被子”，可提高地表温度。夜间温度下降到一定程度，作物顶端形成的露水滴落到粪便上，使得粪便软化，促进粪便的降解。二是控制牲畜比例。彝族乡民所饲养的大多是牦牛、山羊、马等，这些牲畜抗寒能力强，适应高原生态环境。这是当地乡民根据生态环境有目的进行选育的结果，也是本土知识和特定文化的体现。三是调控生活习性。为解决粪便降解时效长与作物养料及时补充需要之间的矛盾，在生产实践中，总结各种生产经验，对粪便进行分类，在不同时期进行处置，以加速或延缓厩肥的降解，确保作物在生长期能够及时得到肥料的满足。② 这一传统的厩肥处置与利用方式，正是彝族乡民对所处生态系统的精准认识与把握而做出的能动性选择，在有效利用资源获取物质与能量的同时，也维护了生态环境，做到了资源利用与生态保护的有机统一。具体表现如下：

第一，化解生态环境的不利因素。根据不同季节种植不同的作物，对不同牲畜的粪便采用不同的处置方式。在夏天几乎所有的牲畜粪便都会分散在野外，当地居民收集粪便后分类放置堆积。他们的这一做法与自然科学领域的研究成果相符。“堆肥过程实际是一个微生物参与并发生作用的过程，其种类、数量、活性影响着堆体中物质的分解及转化”③，“而且微生物的‘工作’效率还同时受制于酶的活性大小”。④ 这与彝族乡民的粪

---

① 杨曾辉：《民族文化对不同环境适应成果的表达——以彝族和侗族对厩肥的对比分析为例》，硕士学位论文，吉首大学，2012 年。

② 杨曾辉：《川西南彝族厩肥处理与生态维护》，《广西民族大学学报》（哲学社会科学版）2013 年第 4 期。

③ 丁文川、李宏、郝以琼等：《污泥好氧堆肥主要微生物类群及其生态研究》，《重庆大学学报》（自然科学版）2002 年第 6 期。

④ 李清飞、孙震宇：《微生物调控对牛粪堆肥的生物特性影响》，《环境污染与防治》2012 年第 2 期。

便分类处置的做法相契合。

第二，太阳“暴晒”① 与火的利用。“暴晒”做法主要在冬季，此时牲畜集中在圈中过冬，厩肥大量堆积。为加速厩肥降解，需要在太阳底下进行“暴晒”。而火的巧妙利用，是针对那些需要快速发挥肥效而采取的一种对策。“将晒干后的马粪和牛粪混上土，堆成土堆，然后点火，使得马粪和牛粪慢慢燃烧，最后形成灰烬和土的混合物。这样做的目的，不仅可以加速厩肥肥效的发挥，还可以烧死杂草种子，杀死牛虻和蠓子的蛹和卵。”② 烧后的厩肥呈碱性，使得喜碱性土壤的牧草长出来。

第三，作物种植在粪便上的效果。这一地区地底下存在永冻层，乡民将作物种子播种在处于半干状态的厩肥上，“一是厩肥释放出来的能量为作物幼年时期提供温度，以免遭受寒潮的袭击。二是隔绝永冻土层所释放出的寒气，起到绝热作用”。③ 在这种特殊的生态环境中，半脱水状态的厩肥充当“土壤”和作物生长的“温床”。

彝族乡民对厩肥处置与利用方式的种种表现，是乡民对所处生态环境精准认知与把握的结果。这些本土知识的获得，优化了对资源的利用，在保障乡民生活的同时，也有效地维护了当地的生态环境。

第三节 藏族传统游牧方式的生态价值

三江源区域是青藏高原最重要的生态功能区，也是重要的生态屏障。所有的植物，特别是高等植物只有在地面和地下温度超过 12℃时才能保障植物正常的生长发育，若低于此温度，植物的根就不能完全吸收水分和养料，会抑制植物的正常生长。三江源地区由于海拔高，地下存在永久冻土层，致使土壤的温度即使是在夏季也难以维持在 12℃，以至于其生态系统与其他地区完全不同。因而，三江源地区维持草原牧草生长的不是土壤，而是来之不易的腐殖质层。据罗康隆、杨增辉研究成果分析如下：

藏民都知道支持草原牧草生长的是地表腐殖质层，牧草只能在这一层薄薄的腐殖质层中生长。如果一种牧草过于茂盛就会抑制其他牧草的生

① “暴晒”不仅是这一地区的一种特殊的厩肥加工方式，也是重要的厩肥存储方式之一。

② 杨曾辉：《川西南彝族厩肥处理与生态维护》，《广西民族大学学报》（哲学社会科学版）2013 年第 4 期。

③ 杨曾辉：《川西南彝族厩肥处理与生态维护》，《广西民族大学学报》（哲学社会科学版）2013 年第 4 期。

长，会导致草原总产草量下降，牧草残株的减少，最终会影响到腐殖质层的厚度和积累。为了牧草的生长以满足放牧的需求，需喂养多种牲畜，以维持生态系统的多样性。

藏族传统游牧采取“多畜并放”“转场浅牧”方式，其有效地规避了三江源区域的生态脆弱环节，确保了高寒草原的生命线——覆盖在整个草原表层的泥炭层和腐殖质层，以至稳定了长年冻土带。藏族居民习惯于实施多畜种放牧，畜种有牦牛、黄牛、绵羊、山羊、盘羊等。“三江源的高海拔草原地区，牧草单一且质地较为坚硬，但构成具有多元化。而不同的牲畜采食偏好不同，牛、羊在牧场吃草时，是分片进行的。它们往往是先把这一片区的草吃了，再转移到下一片区，等这些草长出来时，又返回来这一片区吃。”① 藏族居民采取多畜种放牧，就是为了尽可能让牲畜进行均衡采食，这样可以均衡牧草的消耗，也避免某一种牧草或因长得过于茂盛而打乱草原生态的平衡。

对牧场而言都实施浅牧。所谓浅牧就是在放牧的过程中不断驱赶牲畜快速移动，牲畜在一个地方吃口草便要迅速将其赶走。这样牲畜往往吃的是最鲜嫩的草，以保证当年长出的牧草至少有40%以上得以保留，这样可以给地表留下更多的植物残株，逐年累积增加，积聚在地表的腐殖质层不断增加形成。牲畜在移动的过程当中，粪便会遍撒于草原地表之上，也就成了草原腐殖质层的来源之一。藏族在日常经验积累中，切实认识到腐殖质层对草原的独特价值。因而，他们在生产生活过程中，不会轻易地触及腐殖质层，这种对生态环境的适应，是他们文化的再现和表达。

对三江源区域生态系统“脆弱环节”的认识，要把三江源区域划分为小的区域，从这些小区域生活居民的传统生计方式入手，解读他们赖以生存的生态智慧与技能。对其加以发掘和继承，并结合现代科学技术，有效避开“脆弱环节”，探索独特而有效的生态救治措施。② 但是要契合当地的生态环境，避免盲目地进行“文化移植”。

各民族面对的生态环境不同，借助各民族的地方性本土知识进行生态

---

① 罗康隆、杨曾辉：《藏族传统游牧方式与三江源“中华水塔”的安全》，《吉首大学学报》（社会科学版）2011年第1期。

② 罗康隆、杨曾辉：《藏族传统游牧方式与三江源“中华水塔”的安全》，《吉首大学学报》（社会科学版）2011年第1期。

维护与建设，不仅能解决生态问题，同时，对现代科学技术的研究也具有重要的现实参考价值。在特定区域内，采用科学技术与地方本土知识相结合的办法进行生态救治，可以结合该区域自然生态系统的特点，有效避开生态系统中的“脆弱环节”，采取有效的生态救治措施，维护生态的良性运转。

第四节 石漠化问题的防治与应对

石漠化灾变区的生态恢复是学术界公认的难题，这一灾变已经严重制约了区域社会经济的运行与发展。为有效控制石漠化灾变，相关部门和专家提出了一系列应对策略。纵观这些对策，其共同特征在于，针对石漠化地区缺水少土的实情，希望通过经济、技术等手段，为生态恢复提供必需的资源配置。然而在这样的灾变区，水土总量并不少，但都深藏在50—300米以下的岩石深处。地表是裸露的基岩，或者是几米或数十米的砾石堆积层，以至明知有水土，却无法加以利用。若不加强对石漠化灾变过程的研究，在成因不明的状况下，救治对策就必然要走弯路。

一 麻山石漠化灾变的成因

贵州省麻山地区是我国最为严重的石漠化灾变区之一。这里的灾变成因有其特殊性，如果套用其他地区的救治策略，定会贻误这里的生态恢复工作。罗康隆在《地方性知识与生存安全——以贵州麻山苗族治理石漠化灾变为例》一文中介绍了中国西南地区石漠化灾难的防治案例。

大多数研究者认为，造成喀斯特山区石漠化灾变途径是毁林开荒→林退、草毁→土壤冲刷→耕地萎缩→基岩和砾石出露→土壤再次被冲刷→彻底石漠化。然而，在贵州境内的喀斯特山区，围绕石漠化灾变的发育，至少有两条途径，上述学者的分析仅是其中之一。在这样的成灾途径中，又可以分解为两种趋向：正向演化和逆向演化。“正向演化的主要阶段为：石漠化荒地→旱生藤刺灌草丛→常绿及落叶灌丛→喀斯特森林；逆向演化的主要阶段为：喀斯特森林→常绿及落叶灌丛→旱生藤刺灌草丛→石漠化荒地。两者构成一对互逆演化。”[①] 在麻山地区，这两种演化模式同时存

---

① 蓝安军等：《喀斯特石漠化过程、演化特征与人地矛盾分析》，《贵州师范大学学报》（自然科学版）2002年第1期。

在并延续着。无论是正向演化还是逆向演化，演化的中间环节均是藤刺灌丛生态系统。

吉首大学凭借近20多年来对麻山喀斯特石漠化灾变带的调研，发现其成灾的演化路径主要表现为："山体坍塌后，大量的岩石无序地堆积在峰丛洼地的环形山麓区段，从而使坡面上原有的土层被无序堆积的砾石所覆盖，形成厚薄不一的乱石堆积层。这样堆积层表面没有土壤，目前所定义的石漠化灾变正是针对这样的堆积而言。这里的喀斯特峰丛洼地客观上表现为自下而上的五条景观带。从洼地往上，依次是落水带、峰丛洼地盆底带、砾石无序堆积带、坍塌后形成的绝壁、峰丛山脊。"① 最引人注目的就是砾石无序堆积带，即人们所言"石漠化灾变"最严重的地带。

从这一理解出发，这里的石漠化灾变过程，不是成土速率过低和持续性水土流失的结果。"因为这里的'土'是被峰丛坍塌下来的砾石所掩埋，以至于难以利用，'土'根本就没有'流'，也没有'失'，自然也就无法用水土流失去解释灾变的成因。"② 基于这样的理解，"土"并不是石漠化灾变的牺牲品，而是被坍塌的岩石封存而已，"土"仍然充满了活性，只要不被掩埋，就可以发育出旺盛的植被。

在这一类型中天然发育出来的生态系统是藤蔓/丛林生态系统。麻山地区的苗族民众正是基于对这样的生态系统和自然地质结构的认识，去建构他们的文化。这种特殊的文化认识到了自然与生态系统的本质特征，并仿效当地的生态系统建构出了独有的复合种养生计，对国内外类似地区的生态恢复工作都有重要的参考和借鉴价值。

二　麻山石漠化灾变救治的环节与原则

吉首大学团队对麻山地区连续20多年的调查研究和实验印证，发现如下三个环节是限制生态系统自力恢复的关键。

第一，植物种子传播链条断裂。在石漠化山区能支持植物群落成活的土壤，都隐藏在地表以下的溶蚀坑中，而溶蚀坑的开口较小，植物种子落入岩缝中的概率极低，不到十万分之一。当鸟类和特种啮齿动物藏

---

① 罗康隆：《地方性知识与生存安全——以贵州麻山苗族治理石漠化灾变为例》，《西南民族大学学报》（人文社会科学版）2011年第7期。

② 罗康隆：《论苗族传统生态知识在区域生态维护中的价值——以贵州麻山为例》，《思想战线》2010年第2期。

匿食物的时候，充当“播种机”满足这一要求。但当前由于地表生态不断恶化，这些动物逐渐减少，因而失去了生态系统自然恢复的“播种机”。

第二，植物群落难以自行恢复。蕨类和苔藓类植物能够在裸露的基岩表面生长，若在岩石表面覆盖藤本植物可以部分地替代土壤，发挥截留和储养水资源的能力，满足植物生长的水分需要。但这些非被子植物，只能靠孢子繁殖，而孢子又只能随水流向下传播，以至于石漠化灾变一旦形成，植物群落在石山陡坡坡面就不可能自行恢复。除非以苔藓植物为生的鹿科和灵长目动物存在时，才能将这些植物的孢子向上带到山脊和陡坡上。而现在，这些动物已经绝迹，因而植物群落难以自行恢复。

第三，生态系统失去自我更新可能。石漠化山区多岩石少土壤，不利于截留降水或大气中的水分，岩石在日照下升温较快，加速水资源的无效蒸发。[①] 藤本植物成活后将裸露的岩石覆盖，储存部分水分可以支撑乔木的生长。而目前的做法是植树造林仅种乔木，而不种藤本植物，使得生态系统失去了自我更新的可能。

类似地区生态系统恢复的上述三个关键环节的断裂是人为干扰导致的结果。要加速生态的恢复，在人工干预下，实施多植物物种混合播种，在石漠化灾变地带，有可能恢复为原生形态的藤本加丛林复合生态系统。根据田野调查得知，当地苗民的本土生态知识与智慧正好切中了要害，对于推动该区域石漠化的救治具有重要的价值，实现了生态的维护。这其中包含着三个基本原则。

一是磨合推进原则。磨合推进意指对石漠化荒山实施恢复生态系统进行适度的干预，诱导它发育成另一种我们需要的生态系统，即喀斯特山区“原生性的藤蔓/丛林生态系统”。在喀斯特石漠化荒山要实施生态恢复，离不开藤本植物和匍匐类的植物。这些植物只要在岩石的缝隙中生存后，在后期的生长过程中，会将裸露的岩石包裹起来，从而有效地降低了地表的温度，控制了可贵水资源的无效蒸发。[②] 让已经蜕变的石漠化荒草灌丛

① 罗康隆：《麻山地区苗族复合生计克服“缺水少土”的传统生态智慧》，《云南师范大学学报》（哲学社会科学版）2011 年第 1 期。

② 杨庭硕：《苗族生态知识在石漠化灾变救治中的价值》，《广西民族大学学报》2007 年第 3 期。

过渡到藤蔓/丛林生态系统显然不能只种某一种或某几种树，而是要将各种适宜当地生长的植物都引种进来，这才是“磨合推进法”的精髓所在。这是人与自然相互适应的过程。

二是最小改动原则。最小改动原则是对土壤的最小翻动甚至不动土的耕作方式，这一治理石漠化的方法，既要审视村民的稻田，又要审视恢复后的藤蔓与丛林。对于稻田，村民修筑一亩稻田至少需要半年时间，修成以后不是一劳永逸，水田漏水时得重新翻修。供水不足，还需要另建储水池。但对于村民恢复的藤蔓与丛林，坚持了“最小改动”原则。[①] 其精髓在于，与其靠人力和大自然互相争夺，还不如仅变其不可不变的内容。

三是弥补缺环原则。这是一种极为简单的农事操作，很好地弥补了当地环境的缺环。当地生态恢复的实质在于要靠人们文化的引导进行生态改性。改性前和改性后是两个截然不同的生态系统，因而这两者之间必然存在很多的缺环，这样的缺环是各种生物自身无法克服的。古人云：“物各有性，不可推移。”每种生物都会按自己的本身特性去生存，但贵为“万物之首”的人类却有自己的文化，可以预先知道这些缺环，在文化的作用下引导这些生物靠自己的生长去弥补自己即将要面对的这些生存缺环，引导植物向有利于补足缺环的方向生长。[②] 因而可以将这些做法归纳为“弥补缺环原则”。

在喀斯特石漠化荒山实施生态恢复，只有把握这三条正确的思路，遇到具体问题采取具体的措施，尽可能地调度自然力和生物的本能，才是这些乡民治理石漠化的“法宝”。

三　麻山石漠化灾变救治

杨庭硕在《论地方性知识的生态价值》一文中，以个案分析对石漠化防治有所思考。贵州省金沙县平坝乡是一个苗族山寨，由于对土地资源长期的不合理使用而导致了石漠化，“全乡约 70%以上的土地都是裸露的基岩，或是覆盖着碎石，乡民们只能以在石缝中种植玉米维持生

① 田红：《喀斯特石漠化灾变救治的文化思路探析——以苗族复合种养生计对环境的适应为例》，《中央民族大学学报》2009 年第 6 期。

② 罗康隆：《地方性知识与生存安全——以贵州麻山苗族治理石漠化灾变为例》，《西南民族大学学报》（人文社会科学版）2011 年第 7 期。

计”。[①] 为恢复植被，也曾多次植树造林，但因石漠化程度严重，树成活率极低且难以长大。为解决这一难题，曾邀请林业专家到该地对林地实施评估，规划植树造林。按照规划，种一棵树的成本代价往往需要数百元。但是乡民杨明生的做法与林业专家背道而驰，却收到了良好的效果。

其种植办法如下：“（1）不清理林地，也不动土，而是在残林中移栽野生的草本和藤本植物，作为苗木定植的基础。（2）不建苗圃，也不购买苗木，而是从周边的树林中选择林下的幼树苗进行移栽。（3）移栽时不清理植树点的原有植被，而是在灌草丛中直接开穴定植。（4）移开无灌草的石漠化地段的碎石，或是人工填塞土壤，先散播草种，待草类长出之后定植苗木。”[②] 这套植树育林办法遭到了专家的质疑，但杨明生却胸有成竹，告诉我们这样一个道理：树与人一样，是需要伙伴的，没有伙伴长不大。杂草灌丛与树是相生相伴的伙伴关系。分析造林技术其生态技能体现为：“利用残株落叶截留水分，富集土壤，为定植的树苗提供庇护；移栽当地树苗，解决树种的适应性难题；分批进行移植，靠自然力优选出可成材的植株。”[③] 造林过程顺应自然规律，与当地的自然环境相契合。由此看出，传统生态智慧体现为对自然生态背景的认知与尊重，不是简单要求自然顺从人类的意愿为其服务，而是人类在尊重自然规律的前提下，认知自然为我所用。

只要我们正确地认识了石漠化形成的真实过程，治理石漠化的正确对策就可以呈现在眼前。因此，我们在面对石漠化灾变问题时，不能想当然地认为是过度开发导致水土流失、岩石裸露而酿成的变灾，而是要了解石漠化灾变的成因属于哪种类型。针对石漠化灾变的不同成因，采取不同的治理措施，才能避免治理工作中的盲目性，提高生态治理效果，实现对生态的维护。

上述对人为生态灾变的救治思路和方法，需要深入挖掘和重新认识包括生态知识、生态智慧在内的少数民族生态文化。毕竟，中国众多的少数民族文化支撑相关民族社会及所处的生态环境稳态延续了成千上万年。这些传统生态文化同样可以使得中华民族拥有可持续发展的能力，并且与自

① 杜成材、谢景连：《石漠化成因的文化透视》，《怀化学院学报》2008年第12期。

② 杨庭硕：《论地方性知识的生态价值》，《吉首大学学报》（社会科学版）2004年第3期。

③ 杨庭硕：《论地方性知识的生态价值》，《吉首大学学报》（社会科学版）2004年第3期。

然生态系统继续、长久地和谐共处下去。

第五节　小　结

每个民族都生存在与自己文化所对应的生态系统当中，民族传统生态文化所包含的生态知识与智慧，其实质是相关民族与所处生态系统之间制衡互动过程认知的结果。这些生态知识与生态智慧在维护生态上蕴含着巨大的潜在价值，与各民族传统生态伦理共同汇聚成中国传统生态文化的宝藏。

导致生态系统改性的原因既有自然的也有人为的。自然原因导致的改性，人力无法控制；人为方面导致的，相关的民族总是通过文化再适应的办法去妥善处理。“人为方面导致的生态改性之所以会被某些民族放大为危及人类社会的生态隐忧，大多是话语霸权左右下的舆论假象，或者是相关民族传统的生物性适应办法在族际关系中被社会性适应所掩盖的结果。”[①] 为此，我们认为人为生态灾变的救治办法可以分为三类：一是注重传统生态知识与现代科学技术的结合。要发掘、利用各民族的传统生态知识与生态智慧，辨析不同的传统生态知识、生态智慧对不同生态系统的作用与影响，并对其进行科学解读和准确评估。遴选出最契合的科学技术手段，加速传统生态知识与现代科学技术的接轨融合，促进相关民族进行文化的再适应。二是合理嫁接与妥善利用文化要素。学习类似生态系统的传统文化，从中获得经验借鉴和防治启发，调整不合适的生计方式或生活模式，从中遴选出与本地实际情况相适应的文化要素，将其巧妙合理地嫁接进来。三是引导具有生态灾变防治针对性的生态文化形成。为了解决处于民族过渡地带的人为生态灾变问题，可以通过鼓励多民族杂居共处等方式来优化民族居住格局，促进资源利用方式的多样化和多元化。在族际文化制衡中，不同民族相互依存又相互制约，强化文化运行对恢复生态系统的积极作用。从各领域的研究成果中系统总结，认清相关民族生态文化构成及运行规律，了解各种社会行为聚合为社会行动的机制，寻找具有解决生态问题针对性的文化策略，完善协调一致的生态维护体制，引导相关文化向更适合所处自然环境的生态文化变迁。

---

① 罗康隆：《生态人类学视野下的人类生态安全思考》，《三明学院学报》2009 年第 3 期。

鉴于幅员辽阔的中国拥有千姿百态、复杂异常的生态系统，因此，不同民族、不同地区、不同生态系统的生态建设不可能整齐划一，而应当与实际情况相匹配并具有一定的针对性，于是生态维护在总体上也会呈现多样性。生态维护措施的多样化就要求发掘、利用各种传统生态知识，总结和解读各种生态智慧，灵活地挑选出适宜的生态技术与生态智慧，形成具有针对性的补救对策。中国少数民族传统生态知识、生态智慧并非是万能的，可能具有一定的区域性和局限性。在认识到其价值的同时，一定要认真研究和判定其适用范围，严格把握好其借鉴和使用的领域，这样才能避免因传统生态知识、生态智慧被误用或错用而可能导致的不良后果。

第三章

民族地区的生态伦理

陈　茜

生态伦理是调节人类与自然之间关系的道德规范和行为准则的体系。各民族遵循各自生态文化中相应的活动规范和准则，运用熟知的传统知识与生态智慧来实现资源的有效利用和生态的维护的兼顾，从而谋求本民族长期的生存、发展和延续。从调查结果来看，中国当前主要有以下几种类型的生态伦理，仍然在广阔的少数民族地区发挥着积极作用。下文将选择一些具有代表性的生态伦理进行阐述。

第一节　南方地区少数民族的生态伦理

中国南方地区世代繁衍着众多的少数民族，在适应和利用所处自然环境的长期历史中，逐渐形成各具特色的民族文化和生态伦理。西南地区包含高原、盆地、丘陵等多种生态环境类型。该地域世代居住着藏族、羌族、苗族、彝族、侗族、土家族、布依族、白族、哈尼族、傣族、傈僳族、仡佬族、佤族、拉祜族、纳西族、景颇族、布朗族、阿昌族、普米族、基诺族、怒族、德昂族、独龙族等众多的少数民族。而南部、东南地区，主要居住着壮族、瑶族、黎族等少数民族，所处的环境大多为山地丘陵生态类型。因多年来的狩猎或农耕生计对所处自然环境具有很强的依赖性，大多形成了认为自然是万物之母，脱胎于自然的人类是自然界的一部分等观点。并在把天、地、山、水、树、石等自然界和自然物神化的过程中，形成敬畏自然、崇拜自然、强调人与自然和谐共处的生态伦理观。[①] 各民族的生态

① 郑昭佩、宋德香：《中国少数民族生态伦理思想评述》，《社会科学前沿》2017 年第 2 期。

伦理观不仅是历史的产物，而且会持续影响当代相关民族的思想与意识，并一直规约相关民族知识、技术的积累，指导着该民族成员如何与自然和谐相处。

一 苗族的生态伦理

苗族历来重视种植和保护树木，有长辈为子孙培植树林的传统，还有未婚青年男女把树苗作为恋爱信物交换的习俗。在苗族习惯法中，村里推选出的寨老有带领全寨共同保护山村、村寨环境，管理耕种公田等重要职责。苗族议榔大会集体通过的条款，包含不准偷砍盗伐别人的树木，禁止烧林，不准剐剥别人的树皮以毁林，以及不准砍小树或提早采摘林中茶籽、桐子等内容。① 具体到种植什么种类和如何种植，则往往带有其民族传统文化特点。因为，苗族认为生命是从生物中自然演化出来的实体，而一切生物与人一样，具有同样的禀赋，也和人一样有相应的组织，其间的区别仅在于相互之间难以彻底理解而已。② 苗族传统文化认定所有生物具有与人类似的社会习性，所有动植物的存活和壮大都离不开这种准社会关系的支持。在动植物的种养实践中，不能人类想种什么就仅限于专种什么，而需要像对待有灵性的存在一样，给种养的动植物安排得力、可心的伴侣。

正是在这种生态伦理思想的指导下，贵州雷公山自然保护区的苗族利用传统知识与生态智慧来培育种植珍稀植物——秃杉，很好地解决了科研人员多年无法突破的技术难题。这种技术的原理，在杨庭硕的《本土生态知识引论》一书中有详细阐述。因秃杉具有一系列独特性，并曾帮助当地苗族祖先渡过难关，所以格头村的苗族改变了对枫香树的信仰，转而把秃杉尊为自己的保护神。这种把植物神化、人格化的“万物有灵”观念,③ 使得该群体将秃杉视为朋友、亲人来精心照顾和种植，甚至在老树自然死亡后还要为其举行葬礼。

秃杉种子萌芽时对周围环境条件的要求比较苛刻，只有落在苗族刀耕火种地上的种子才更易存活。这其实是苗族生态伦理指导下的传统知识与

① 邢启顺、麻勇斌：《黔东北苗族传统文化约束力在森林管护中的嬗变》，《林业与社会》2004 年第 1 期。

② 何积全：《苗族文化研究》，贵州人民出版社 1999 年版，第 133 页。

③ ［英］爱德华·泰勒：《原始文化》，连树声译，广西师范大学出版社 2005 年版，第 8 页。

智慧发生的巨大作用，拨开自然崇拜、万物有灵等生态伦理观念的面纱，用科学原理可以解释如下：一是小型动物或大型鸟类短期内很少光顾火焚后的土地，秃杉种子大大减少了被吃掉的概率。二是枯枝落叶被烧成灰烬，使得秃杉种子不会悬置在枯枝落叶上，而是直接落在地表，接触土壤，才能获得必要的水分。三是苗族刀耕火种不需要翻耕土壤，土层表面致密，土下没有空洞，有利于秃杉种子萌芽后瘦弱的根系进入土层，吸收到足够的水分。四是刀耕火种的土地第二年要轮歇，会自然长出覆盖高度多在 30 厘米以内的蕨类植物，苗族通过食用蕨类植物的嫩叶来实施对伴生植物高度的控制，使得秃杉幼苗兼得适度的荫蔽和必要的日照。第三年后，禾本科的杂草会顺利生长到 1 米以上，于是秃杉幼苗在夏季前能获得适度日照，盛夏时节又可以得到禾本科植物的荫蔽，从而能渡过早期的生存难关。五是第四年后，当地苗族把长出的禾本科杂草和蕨类植物作为肥料收割，因崇拜秃杉神树而保留下来的秃杉树苗可以顺利长到 20 厘米左右。六是刀耕火种操作与秃杉幼苗的生长大体同步，地表植物对秃杉的荫蔽会随着时间的推移而加厚、加高，这种加厚进度恰好与秃杉的生长进度合拍。于是，珍贵的秃杉在苗族的保护下顺利长大。

至于苗族移栽秃杉树苗的成活率相对较高，也有科研人员不曾注意到的规律：一是必须在冬至以前移栽，从而避免因终止秃杉冬眠、根部开始吸收水分而再难长出新的根毛。二是移栽后要充分浇水和压实土壤。三是要注意方位，不能改变秃杉原先生长的方位和样态。[①] 在正确分析出当地苗族的传统知识与生态智慧之后，就能发现，正是当地苗族的万物有灵、神树崇拜等敬畏自然、顺应自然的生态伦理观使得秃杉树苗得以在刀耕火种地上保存和生长，正是所有动植物都需要伴侣的人格化观念使得蕨类植物、禾本科杂草为秃杉提供了适宜的荫蔽，正是视秃杉为朋友、亲人的想法衍生出注重秃杉树苗的“切身感受”，从而大大提高了移栽的成活率。于是，在国内科研人员眼中曾经极为困难、不抱太大希望的扩大秃杉群落的问题，成为格头村苗族在生态伦理指导下顺手而为、简单易行的事情。

二 藏族的生态伦理

生态伦理并非苗族仅有，中国其他少数民族也都在对所处特定环境的

① 杨庭硕、田红：《本土生态知识引论》，民族出版社 2010 年版，第 5 页。

长期适应中，创造、积累、传承充满智慧和民族特色的生态伦理。西部地区的藏族大多居住在高原草场之中，普遍受到较深的佛教影响。佛教认为众生平等、万物平等，包括草木、瓦砾、山川、大地等没有意识的事物在内的一切事物都有佛性，必须平等地予以尊重。同时，依赖高原草场生存的藏族，多年来逐渐形成赋予大山神性、敬山如神明的习俗，以神之名要求人类关注自然，达到保护自然和维护生态的重要目的。[①] 因此，在神山上随意挖土、挖药、狩猎、砍伐树木等属于大不敬的行为。再如，藏族视草木如珍宝，赋予种植树木以特殊意义。因此，每年正月初一至十五，是全体藏族种树的时节。而藏族孩子出生后请喇嘛取名，或者藏族生病后请喇嘛祛病，喇嘛会让来者种植特定数量的树木。这些都反映了该民族关注自然、崇拜自然、珍爱自然，追求人与自然和谐共存、融为一体的生态伦理观。而崇拜牦牛等动物，是以人类思想和情感为出发点，推及动物等存在都有思想和感情、与人类同样重要的观点，包含保护动物和生态即为保护人类自身的生态伦理观。

三 彝族的生态伦理

川西南彝族认为人与自然具有原始统一性，人与自然共生共存。据彝族文献《宇宙源流》记载，气是宇宙万物形成的本源，包括天地、日月、星辰、昼夜、年月、寒暑等在内的万事万物都是由气所形成的。例如，彝族对火等自然现象心生崇拜，认为火象征着生命的延续，预示着家族的兴旺，兼具物质依托和精神依托的双重功能。再如，彝族认为对待森林、水源，以及所有生灵要像对待自己的亲人一样。如果彝族地区流传撒尼人创世史诗，其中有斯凯树搭救过彝族祖先的传说，[②] 那么，因此而幸存的彝族后代会产生感恩报答树木的情怀，并在后世演化出保护自然的生态伦理义务。凉山彝族敬奉“神山”，将其视为撑天巨柱，严禁人们对神山大吼大叫，不准上山随便开采山石和破坏山上的一草一木。此外，还会赋予村寨周围的神性。他们认为神山是神圣不可侵犯的圣地，冒犯密枝林的人会受到神灵的严厉惩罚。因此，逐渐衍生出密枝林中禁止砍伐树木、采集植物、捕捉动物、埋葬死人等行为。定期在林中举办祭祀活动，既有祈祷神

① 张桥贵：《生态·人际与伦理——原始宗教的主题与发展》，《民族研究》1993 年第 1 期。

② 昂志灵：《尼迷诗》，云南民族出版社 1989 年版，第 180—181 页。

灵保佑等环节，也有不点名谴责破坏森林等违反村规民约、道德败坏者的内容，组成彝族崇拜树木、保护自然的生态伦理。这种对自然的原始崇拜，体现了彝族敬畏自然、感恩自然、顺从自然，主动把人类活动调适到与自然、生态融为一体、和谐共生的关系中。通过保护、祭祀等活动，认为讨好相应的自然神灵，就可以较好地维系与自然和睦相处的关系，从而免于自然降灾、惩罚等危及本族的恶果，甚至还可能从自然及其神灵处得到丰收等好处。此外，彝文典籍《西南彝志》卷八“祖宗明训”还以习惯法的形式定下了规矩：“树木枯了匠人来培植，树很茂盛不用刀伤害，祖宗有明训，祖宗定下大法，笔之于书，传诸子孙，古如此，而今也如此。”①

四 侗族的生态伦理

侗族等众多少数民族在万物有灵、相生相伴的生态伦理观指导下，逐渐形成“稻鱼共生”等多物种复合种养技术系统。侗族有谚语：“内喃眉巴，内那眉考。”意为“水里有鱼，田里有稻”。黔东南等地的侗族认为鱼是水稻的保护神，至今仍把鱼作为禾魂来敬，坚持鱼稻并重的农作方式②。大量研究资料表明，复合种养比单一水稻种植具有更高的经济效益和生态效益，所以复合种养技术在中国西南稻作农耕区比较常见。大体而言，西南地区的哈尼族、彝族、土家族、苗族、傣族、白族等民族的复合种养传统呈现“稻”“鱼”“鸭”“菜”“虾”等元素组合方式的不同，但其崇拜自然、和谐共生的生态伦理具有一定相似性。不少村寨还保留为儿孙栽种树木的习俗，当地将这种树叫作“女儿杉”或“十八杉”。榕江冷里侗族还有不少保护森林的习惯法，例如“禁条碑记”明确规定：“不准砍伐生柴，若有乱砍破坏，日后查出，罚钱一千二百文。”

五 瑶族、壮族的生态伦理

瑶族有神灵崇拜的传统，认为无处不在、无时不在的神灵主宰着世间的万事万物。瑶族对自然物的崇拜，尤其把古树、怪树、雷火劈过的树等树木视为神灵的崇拜，体现他们以自然为核心的生态伦理思想。瑶族的传

---

① 杨军昌：《西南山地民族人口生态文化及其价值》，《贵州大学学报》2011年第6期。

② 罗康隆：《水资源的利用与生计方式——以湖南通道阳烂村为例》，载《人类学与乡土中国——人类学高级论坛（2005卷）》，2005年，第520—534页。

统生计以山地农业为主，以狩猎为辅。大多选择向阳的斜坡土地，实行刀耕火种、点种作物、轮耕套种、休耕还林。① 在合理地、有节制地开发利用自然资源的同时，注重自然的保护和生态的平衡，从而实现人与自然和谐共生。

壮族主要聚居在广西地区，传统文化中以神灵崇拜、自然崇拜等禁忌或习惯法，来约束本民族对自然环境和生态系统的破坏行为。例如，通过祭祀村寨后面的“龙山”来保护山地与树木，严格禁止上山挖地、砍伐树木、狩猎等活动。再如，认为水险浪大的水潭中居住着水神，为了避免水神惩罚导致旱涝灾害，人们对水资源的利用必须适度合理。② 此外，对树、鱼、蛙、牛等动植物的神格化和崇拜，对误杀的青蛙要埋葬并祈求上天原谅，以及上山打猎禁止赶尽杀绝等传统习俗，共同构建了壮族传统文化中合理利用资源、保护生态系统、与自然和谐共处等生态伦理。

第二节 西北地区少数民族的生态伦理

中国西北地区的少数民族较多，世居的主要包括回族、维吾尔族、哈萨克族、柯尔克孜族、东乡族、撒拉族、塔吉克族、乌孜别克族、保安族、塔塔尔族等民族。因为上述民族大部分信仰伊斯兰教，所以伊斯兰教“天地万物和谐一体”“世间万物都是在真主的哺育下成长”等观念对当地生态伦理影响至深。“天地万物和谐一体”的观念认为万事万物相互依存、共生共融，形成了平衡、协调、有序的生态系统，强调人与自然和谐共处。“世间万物都是在真主的哺育下成长”的观念，指导伊斯兰教要公正、合作、友善地对待自然万物，才能有利于共生互利、和谐相处，最终实现人类与相关方面的多赢。这种整体和谐、万物共赢的生态伦理观，在其对“乐园的自然生态境界”的向往和追求中也有体现。③

总体来看，西北大部分地区的自然环境具有干旱缺水的特点。虽然西北地区的回族、维吾尔族、哈萨克族等少数民族所处的自然环境不尽相同，各民族生计方式和生活习惯也各有特色，但是，该区域的少数民族都

---

① 赵莉丹、覃康聪：《广西贺州土瑶生态伦理思想的人本旨归》，《边疆经济与文化》2017年第7期。

② 黄振宣、李杰：《壮族传统生态伦理思想与当代生态文明建设的承接》，《文教资料》2014年第10期。

③ 安丰军：《关于回族生态伦理的文化透视》，《回族研究》2011年第4期。

非常重视积累保护珍贵的水源和脆弱的植被等方面的知识与智慧，并通过崇拜、禁忌等方式构建出保护水源、植被以及动物的生态伦理。

一　西北地区回族的生态伦理

在《古兰经》等伊斯兰教经典的指引下，西北地区的回族逐渐形成不但要适应自然和利用自然，而且要合理改造自然和美化自然的生态伦理观。宁夏回族自治区的南部山区，年平均降水量都低于600毫米，在降雨最少的年份甚至只有200多毫米。因为当地降雨区域非常集中，并且能产生地表径流的大雨和暴雨多发生在秋季，其余时节很少见明显的降雨。因为这类山区几乎没有残余的地表径流，所以在枯水季节，当地回族需要去数十里甚至上百里外的地方才能获得天然的饮用水源。为了解决干旱季节人畜饮水和灌溉用水的难题，当地回族居民预先挖掘好地下水窖，等到短暂的暴雨季节来临，就把临时出现的地表径流引入这些水窖中，储备的水量能供1年所需。虽然这种就地取材的生存办法显得简单、没有尖端技术可言，但是，在当地却非常实用有效。而把水窖挖成酒瓮形并稍加处理，自有一定的道理。水窖的下层都用黄土高原底层的红色土拌上草梗涂抹，是为了避免宝贵的雨水渗漏而损失，并且储藏进去的雨水能保持较好的水质。除了水窖之外，生活在山区的回族人因地制宜修建梯田，从而有效地增强了土地的保水、保土和保肥等能力，这些智慧的做法，大都反映了回族适应、利用、改造、美化自然的生态伦理观。

二　维吾尔族的生态伦理

新疆的干旱地区常年缺水、条件恶劣。生活在吐鲁番盆地绿洲中的维吾尔族在长期的生产生活实践中，逐渐形成了具有地方特色的生态知识和民间智慧。渐成体系的生态知识主要蕴含着尊崇自然，保护环境，维护平衡，珍爱和适度利用土地、水等各种资源，爱护生物等内容。在干旱地区，水是人类生存的重要基础条件，是生产生活必不可少的重要资源。因此，当地维吾尔族逐水而居，千方百计保护水源和开渠引水。遵循适度开发和利用的原则，提倡节俭，反对浪费，在种植葡萄、棉花、小麦、花草等过程中非常注重节约用水。于是，水被赋予了吉祥幸福的含义，象征连绵不断的美好生活，并在滋润万物的过程中赋予田地、庭院、作物以生机和灵性。

三 哈萨克族的生态伦理

新疆维吾尔自治区的哈萨克族认为世间万物都由神灵支配，善神带来幸福，恶神引来灾难。因此，哈萨克族崇敬自然，把天、地、日、月、水、火等视为崇拜对象，部分地区还有对狼的崇拜和保护规矩。他们认为青草是象征生命之神，河边的树是神木，而马、牛、羊、骆驼等动物都有主宰的神灵。在这种观念指导下，哈萨克族较好地适应了当地独特的地理环境。在四季游牧、不断迁徙、逐水草而居的过程中，养成保护水源、牧草等各种资源的习惯，形成维护自然和谐与生态平衡的观念，建构起适应干旱大风的草原气候，以及不触及脆弱的草原生态底线的伦理。有了上述智慧和规范，哈萨克族运用主营畜牧业，兼营农业和狩猎的生计方式组合，在新疆独特的自然环境中生生不息，繁衍至今。不论是土地肥沃的高山山麓，还是水草丰美的河谷盆地，都可以为哈萨克族的生存、发展和延续，提供富产宜居的场所和源源不断的资源。

第三节 华北与东北地区少数民族的生态伦理

包括华北和东北地区在内的中国北方地区，主要世居蒙古族、满族、朝鲜族、赫哲族、鄂伦春族、达斡尔族、鄂温克族等少数民族。该地区大多信奉萨满教，认为是神灵的伟力作用形成了自然界的种种变化，赋予自然现象和天地万物以生命和意志，在对自然、动植物、祖先等的崇拜中蕴含丰富的生态伦理思想。北方地区传统以畜牧业、渔猎等生计方式为主。虽然共同遵循尊重自然、敬畏生命、和谐共生的生态伦理观念，但因所处的生态环境存在一定差别，所以不同民族的生态伦理也存在不同的内容。

一 蒙古族、满族的生态伦理

蒙古族普遍信仰萨满教，遵循萨满教依据神灵的方式来处理人与自然的关系，在谋求自身利益和保证自然利益的良性互动中，人类要履行对自然的道德义务和保护职责。至今，蒙古族大多还保留对天、地、水、火、山等自然崇拜内容，认为天地万物都有其存在的合理性，人类作为天父地母之子要像尊敬自己的父母一样爱护大地，爱护自己的生态环境，在平衡协调中相互依存、和谐发展。[①] 例如，禁止把垃圾倒入水中，严禁破坏水源地附近的植被等禁忌民俗，有利于水资源的保护。再如，对“禁遗火而撂荒”者的严厉处罚，在禁猎区内禁止砍树等习惯法的规定和执行，也可见珍视和保护当地脆弱的自然环境的生态伦理思想。在其游牧生计中，蒙古族还通过调节畜群结构和数量，以及协调水源、四季轮放、保护自然等传统做法，使畜群和牧场与所处的生态环境相匹配，最终实现人与自然的和谐共处。

满族与蒙古族具有一定的相似性，他们在“逐水草而居，以狩猎为业”的传统生计中，逐渐形成天人合一、敬畏自然、顺从自然等生态伦理思想。认为人与自然界是一个完整而不可分割的有机整体，人类应当与自然平等共生，善待万物。

二 鄂伦春族的生态伦理

黑龙江地区的鄂伦春族，在长期的狩猎生计中，逐渐形成以敬畏自然、尊崇自然为核心的生态伦理思想。他们认为自然具有超然的力量，自然具有与人相同的价值。鄂伦春族常年生活在相对封闭的崇山密林之中，主要通过从自然界狩猎来获得日常生活所需。所以，好猎手“莫日根”拥有丰富的地理知识，掌握自然规律，善于寻找适合狩猎的场地，针对不同地形、动植物习性、季节特性等情况运用不同的狩猎方法和智慧。[②] 他们崇尚生命平等，把握自然规律，遵守包含顺应生物特性、不砍幼树等“顺时敬生”内容的生态伦理，在与自然和谐共处中实现本民族的可持续发展。

三 赫哲族的生态伦理

赫哲族大多信奉萨满教，相信在自己身边存在众多的自然界神灵，并主宰和影响人类的生活。认为自然是神格化和人格化的观念体系，天地神系统具有重要和崇高地位。信奉万物有灵，认为不同的神灵分别掌管着山川、湖泊、树木等不同的事物。由此，赫哲族通过以树神的名义保护森林，以水神的名义保护河流，借助图腾崇拜保护动物等各种禁忌风俗，编

---

① 包斯古日楞、晓荣：《继承和发扬蒙古族生态伦理思想的必要性》，《前沿》2009 年第 11 期。

② 武淑梅：《鄂伦春族原生态文化蕴含的生态伦理观》，《学术研究》2015 年第 2 期。

制出一套预防破坏生态和保护自然的措施和规范。[①] 三江地带的赫哲族民居大多沿着江河地带的高坡处修建，这是因为当地气候寒冷、难以种植，但是渔猎资源非常丰富。所以，这种民居既方便渔猎生计，又避免潮湿，是具有渔猎特色的传统智慧。由于赫哲族认为其日常生活所需主要依靠自然的恩赐，在对大自然的尊崇与感恩中，逐渐形成适度渔猎等合理利用自然资源的观念，以及以自然为本和保护生态环境等生态伦理。

第四节 小 结

在中国辽阔的土地上，世代繁衍着众多的少数民族。虽然各民族传承的文化事实不尽相同，但在相似的生态环境中形成了具有一定共性的生态伦理，或者在不同的生态环境中形成了具有指导方向趋同的生态伦理思想。不论是崇拜自然，还是万物有灵，或是天人合一……上述涉及广泛、内涵丰富、自成体系的行为准则和规矩系统，融合成了富含价值的生态伦理，指导各民族在获得必要资源的过程中，如何与自然和谐共处、互利共荣。

虽然少数民族的传统生态文化价值巨大，但从近期的田野调查结果来看，随着外来文化入侵等众多因素导致社会背景发生深刻变化，包含传统生态知识、生态智慧和生态伦理在内的生态文化，在认知、使用、传承等方面出现较为明显的衰弱迹象。幸而各界已经开始高度关注生态问题的防范和救治，传统生态文化的当代应用价值和重要地位日益凸显。因此，通过深入挖掘和系统整理各少数民族的传统生态知识，科学解读和保护传承其生态智慧，重新评判和适度恢复其生态伦理，将有助于中国辽阔的少数民族聚居地区的自然保护和生态文明。

① 黄英伟、王强、杨俊伍：《赫哲族传统生态伦理观及其弱化》，《农业考古》2009 年第 4 期。

第四章

生态文化与聚落景观

罗康隆　艾菊红

第一节　本土性生态知识是人类社会与自然互动的结果

生态知识是特定人类群体与其所处自然生态系统互动的产物。然而在实际的考察中，这似乎是被泛化了的概念，很难进行实际的操作分析。本土性生态知识的本土性就在于其有生态边界，这种本土性生态知识的生态边界，在特定意义上指的是文化能够规约和影响人类活动对自然生态系统的“偏离”与“回归”的边界。也就是说，所谓本土性生态知识，就是不同文化下的族群在应对自然生态系统的“偏离”与“回归”过程中所积累的认知结果，在这种循环往复的对自然生态系统的“偏离”与“回归”过程中，建构起了不同文化下的本土性生态知识体系。[①]

文化在适应生态环境的过程中，既有生物性适应也有社会性适应，两者相互纠缠，造就各有不同的适应结果。从生物性适应来看，其可以推动该群体合理和高效地利用当地的自然资源，这个过程中，该群体能与其所生存的自然生态系统和谐共存，从而使该群体能在这个生态系统中获得生态安全，也具有可持续生存与发展的功能。另外，社会性适应则可以保障该群体应对突发性的生态危机或者其他灾害，乃至社会危机的挑战，从而使该群体在特定的社会环境经历危机而能继续生存和延续，但却有可能不利长远的生态安全。生物性适应的结果集中表现为该民族的生态智慧和生

① 刘景慧：《论民族文化与本土性生态知识的建构》，《怀化学院学报》2010 年第 9 期。

存技能，社会性适应的结果则体现为族际制衡关系中社会应变能力的提升。[①] 也就是说，人类社会与自然生态系统两者相互制衡互动凝结成人类群体的生态智慧和生存技能，既可保障人类群体的可持续发展与生存，也可应对突发的各种自然资源的危机和社会危机。

人类群体的文化是在与自然长期的互动耦合过程中，逐渐形成了一系列与之相适应的本土性生态知识，但文化对所处自然生态系统的偏离是文化的本质所造就的，这也是人类社会对所处自然生态系统必然会造成一定负面影响的原因。虽然这种负面影响不能最终消除[②]，却可以在相互依存的不同群体之间通过文化制衡机制得到一定程度的消解。因而各民族的文化都是在与其长期生存的自然环境中生发出来的，比如生计方式、聚落空间的营造、服饰、各种礼俗、禁忌、伦理道德、宗教信仰等，都与之相关。

第二节 特定的生境造就特定的民族聚落空间形态

不同民族的聚落空间是特定民族在其文化作用下，对其长期生存的环境认知的结果。不同民族为了自身生存、延续与发展的需要创建起独具特色的聚落，这是应对其所处的自然生境与社会生境的结果。人类所处的自然生境与社会生境是一个巨大无比的空间，人类依靠固有的信息系统与自然生境和社会生境的信息系统进行交流，在这样的信息交流中，人类建构起能够实现自身生存、延续与发展的信息系统，然后以这样的信息系统再去应对人类所处的自然生境与社会生境，以满足人类的生存、延续与发展之需。[③] 在流变中，民族聚落的样式、聚落景观的塑造也依其生存空间体系、经济生活方式、语言系统、社会组织、习俗、宗教信仰、伦理道德规范、科学技艺等“知识体系”，即民族文化事实体系的演变而呈现出不同历史阶段的烙印。

聚落空间环境是人类居住的环境，是人类通过有意识开发利用和改造自然而创造出来的生存环境，通常指固定的居民点，极少数是游动性的。

---

① 杨庭硕等：《生态人类学导论》，民族出版社 2007 年版，第 47 页。

② 杨庭硕等：《生态人类学导论》，民族出版社 2007 年版，第 107 页。

③ 廖志宏：《人类学家罗康隆教授》，《广西民族大学学报》（哲学社会科学版）2007 年第 1 期。

聚落空间不仅仅包括房屋等建筑体，还包括与人类生息直接相关的配套的各种生产和生活设施。聚落空间是人们生活和生产的场所，包括居住、休息、娱乐、劳作，以及举行各种社会交往等。因而聚落空间由各种建筑物、道路、绿地、水源地等物质要素组成，规模越大，物质要素构成越复杂。① 人类聚落空间受到诸多因素的制约，既有社会经济的因素，也有历史地理的因素。通常具有较长历史的聚落空间往往呈现出团聚型，而时间较短的聚落则往往呈散漫型。人类群体的主要经济活动对于聚落的性质和样貌具有决定性的作用：比如从事农耕和林业等生产的群体，其聚落通常是固定的；从事畜牧业生产的群体，其聚落则包括定居聚落、季节性聚落和游牧聚落等不同形式。聚落的建筑样式也随着社会生产和文化的不同呈现出不同的样式。比如，大型长屋，婆罗洲伊班人和中国基诺族都有这样的建筑形式；圆形土楼，以中国闽西地区的最为典型；窑洞类的房屋，中国的黄土高原，中亚、北非等干燥区的地下或半地下住所都属于这一类；水上船屋，东南亚和我国东南沿海都有这样的居住类型；游牧群体的帐篷；等等。通常聚落空间的建筑都是根据其生存的自然环境，采自当地，具有鲜明的地域性和时代性。例如，北极地区的因纽特人采用当地厚厚的积雪和冰块建筑房屋；中国南方亚热带和热带地区，因为林木资源比较丰富，加上所居住地区炎热多雨，一般都会用竹木等建筑材料，建成干栏式建筑，通风凉爽，防潮和抵御各类野兽侵扰；西北干旱地区则用当地的黄土和石头等材料建盖房屋，屋顶多为平顶，可以晾晒粮食；中国东北地区因气候寒冷，一般都建成墙体较厚且有火墙火炕的居室，那里风比较大，所以窗纸都贴在窗外。② 这些聚落空间都充分体现了不同地区的人类根据所处的自然环境，将聚落融于自然环境之中，在营建中达到与环境和谐。聚落景观的建筑就地取材，实现用材本土化，经济实用，显示出尊重环境等特征。

与此同时，社会文化对于民族地区的聚落营造也有着重要影响。在民族地区，聚族而居是一种普遍的现象，同一氏族或拟血缘关系的人们往往集中居住在同一聚落里。在聚落空间中大多有一个象征性的建筑物，或其他物化形式，代表这个聚落具有向心性，是该聚落的标志性中心。一般这类标志物或位于村口或位于聚落中最显著或者最重要的位置，形成以特定

① 李海艳：《贵州不同聚落形态旅游业的发展研究》，硕士学位论文，贵州大学，2008 年。
② 李海艳：《贵州不同聚落形态旅游业的发展研究》，硕士学位论文，贵州大学，2008 年。

聚落空间的人文向心定式。通常中国的很多民族的聚落大多是同宗、同族、同姓的人聚集在一起，选择有利的地形建造聚落，并以栅栏、壕沟、水道，乃至于建筑围墙等将聚落圈起来，形成一个封闭性的聚落整体，以抵御野兽和敌对群体的侵扰，将聚落营造为一个内向的封闭的安全的居住空间。①

综上所述，少数民族地区聚落空间设计需要满足聚族而居、村落安全、融于山水和人文向心四大要求，彰显了聚落空间对特定民族生态知识的应用。

第三节 传统生态知识决定聚落空间的位置选择与营造

各民族依照自己的生计方式和对生态环境的认知，以及其社会文化习俗选择营造聚落的位置。如农耕民族一定选择适合其农业生产的环境营造聚落空间。以西南山地操壮侗语的民族为例，这些民族多以种植水稻为主要生计方式。水稻生产需要充足的水源，因而，这些民族多选择水资源丰富的平坝谷地营造他们的聚落空间。一般村寨多背山面水，村寨建在山脚下，山上有茂密的森林涵养水源，山谷平坝中是大片可以从事水稻生产的良田，一般都有河流经过。以傣族为例，傣族谚语说道："没有一条河流，你不能建立一个国家；没有森林和群山的山脚，你就不能建一个村寨。"② 这句话形象地说出了傣族建造村寨的场所。通常傣族把村寨建在平坝周围的山脚下，背后就是覆盖着大片森林的山地，这些山地就是涵养水源的场所，山箐中流出的水，也常常作为傣族的生活用水。位于山脚下，面对村寨的平坝就是适合开垦的田地。一般情况下，平坝地带都有河流经过，这是平坝中田地的灌溉用水。大部分傣族都居住在大小不等的这样的坝子中，比如云南省勐海县的勐混坝子，是一个较大的坝子。云南省孟连县的勐马坝子相对较小，坝子周围分布着八个傣族寨子，寨子背靠的山地是茂密的森林，坝子中央是大片良田。傣族在居住环境上的这种选

① 刘沛林、刘春腊等：《中国少数民族传统聚落景观特征及其基因分析》，《地理科学》2010年第6期。

② 谢荣幸等：《少数民族文化中的生态意识在人居环境中的体现》，《中华民居》2014年第18期。

择，正是基于傣族长期与自然共存互动的过程中形成的。水是傣族建寨的第一条件；第二，要有山林，因为有了山林的涵养，水源才能长流不涸；第三要有可以开垦良田的平坝。[①]

作为稻作民族，傣族深切认识到水对于傣族的重要性，而水与森林密切相关。正是深刻认识到水与森林的关系，傣族在建寨之初，就要选择大片的森林作为涵养水源的山林，作为寨和勐的保护神——寨神和勐神的居住场所，并把这片森林命名为“龙曼龙勐”，即“寨神林”和“勐神林”的意思，也就是我们所说的“龙林”，之后在这片龙林附近平坦的地方建立村寨。[②] 因而每一个村寨每一个勐都有一片自己的龙林，那是神圣的所在，禁止砍伐、放牧甚至禁止进入其中，因而这些龙林成了傣族“传统的自然保护区”。[③] 龙林对于生态环境的保护作用引起了人们的广泛关注，民族学者、生态学者和环境保护专家都对此进行过深入的调查和研究。除去“龙林”以外，傣族还有坟林的存在。坟林因为是逝去的亡灵安息的所在，所以也同样禁止人们随意进入和砍伐其中的树木，坟林在生态保护上的作用与“龙林”相同。根据生态学专家的研究，正因为在信仰力量的保护下，龙林和坟林的存在使森林植被得到了长期的保护，这类森林除了在信仰上有差别外，在植被的特征、群落结构、物种组成和生态学功能方面，与其他原始林地并无差别。[④]

傣族村寨一般有几个不可或缺的要素。一是位于村寨周围丘陵和山地上的“龙林”。这里是村寨保护神的居住地，保护着村寨的平安。二是坟林，多位于村寨的左右两侧，这里是人们去世之后的安息所在，祖先的灵魂居住之地，所以也要选择一片长势良好的森林，作为墓地。三是佛寺，位于村寨入口或者村寨中地理位置较高的地方。四是每家每户的竹楼。五是位于寨脚的大片水田。另外，傣族人爱竹，每家都要种上几蓬竹子。因而形成了大片的竹林，在炎热的天气里，竹林带给人们无比清凉的享受。每家庭院四周也都种植着各样的花木，使房屋掩映在绿荫丛中，从远处看，只见一片葱郁的绿色，很难看到绿树丛中的村寨，环境幽雅怡人。而且傣族竹木结构的干栏式建筑在热带高大的乔木中，既不高也不矮，十分

① 刀国栋：《傣族历史文化漫谭》，云南民族出版社 1992 年版，第 41 页。
② 祜巴勐：《论傣族诗歌》，岩温胆译，云南民间文艺出版社 1981 年版，第 109—110 页。
③ 高立士：《西双版纳傣族传统灌溉与环保研究》，云南民族出版社 1999 年版，第 31 页。
④ 艾菊红：《水之意蕴：傣族水文化研究》，中国社会科学出版社 2010 年版，第 75 页。

协调，与周围的植物相映成趣。以西双版纳勐腊县曼竜勒村为例，寨子的入口处是一片茂密的树林，这里是该寨的龙林，也就是寨神的所在地。龙林的旁边是村寨的佛寺，也同样在寨子的入口处。佛寺的背后是一大片竹林，清晨乳白色的浓雾飘荡在竹林中，满吸一口，竹子的清香沁人心脾。寨子的西面是坟山，同样包裹着郁郁葱葱的树林。寨头和寨尾种植着很多铁刀木，这种越砍越旺的薪炭树，构成村落的又一风景。南腊河水在这里弯了一个半圆，从东环绕着村子，在西面向南流去，整个村子坐落在河流的环抱中。田地则位于河的对岸，紧靠着一座小山，山上有一座佛塔，据说也是勐心所在地。这座山包原来完全覆盖着森林，也是龙林。但是后来因为橡胶树的经济效益较高，森林就被橡胶林所替代。这样一座村寨完全是顺应自然环境而建造的，村落的建造不仅完全没有破坏自然原有的美丽，甚至因为有了村寨，而使原本显得荒芜的自然有了人的活动而分外灵动。整个寨子的风景极其美丽迷人，居住在这样的环境中，真有人在画中居的感觉。①

再以湖南省通道县阳烂村的侗族村寨为例。侗族人沿河岸选择宅地，一般选择在河曲凸岸一侧，即指水环抱三面的凸岸上，远比选在凹岸，即河流反弓的一侧要有利。侗族村民把水流入的地方称为“天门”，阳烂村河边鼓楼的北门就是对着流入的小河，这座鼓楼的北门称为“天门”，鼓楼的南门是对着小河流出的地方，称为“地户”。天门地户又称为“水口”。天门宜开，则财源滚滚来，地户宜闭，则财源兴旺不漏财。因此，人们又把天门地户统称之天地乾坤门。侗族把坐下而出的水流称为“元辰”，把入穴而聚的水流称为“交合”。② 侗族村民说“元辰”之水不宜直流，“交合”之水流要分明。古人所讲的“山管人丁水管财”是很有科学道理的。如果说地不良、水不旺，人类又怎么能生存得下去呢？这是一个非常浅显的道理，在当今科学时代也是一个不言自明的道理。不过有一点非常重要，侗族风水理论是受汉族风水理论的影响，甚至他们还运用了汉族风水理论这一整套解释体系。当然，我们也看到侗族先民在灵活运用汉族风水理论时，注入了他们的实践经验，丰富了中国传统风水理论的内

---

① 艾菊红：《水之意蕴：傣族水文化研究》，中国社会科学出版社 2010 年版，第 80—81 页。

② 张晓春、罗康隆：《侗族干栏民居建筑墙的人文空间与神性空间的统一》，《怀化学院学报》2010 年第 12 期。

容，使传统风水理论充满了新鲜活力，推动了侗汉民族文化的发展与融合，在这一点上也是毋庸置疑的。

侗族民间修筑民居在确定地址后，还需要对房屋按照龙脉地穴进行“察砂辨穴”。什么是察砂辨穴？所谓察砂就是指四神砂，即青龙、白虎、玄武和朱雀四砂。所谓神砂穴位是指玄武、后山、后龙、背山、乐山、枕山；青龙是指左山或左翼；白虎是指右山或右翼；朱雀在前面是指门前的案山；辨穴是指龙穴即识别房屋地基所处的土壤结构和地质质量情况，即指建筑住宅地基土质的好坏。风水学理论称之为“龙穴”。所谓察砂，砂要秀。所谓砂是指主山脉四周的小山，称为砂。那么觅砂察砂具有双重含义：一是指砂山的位置，主要在主龙脉的前后左右要有环护山。从风水理论的角度来看，是以“四灵”和“五行”作为砂山匹配的，它提供具有可操作性的方法，即左有青龙为“木”；右有白虎为“金”；前有朱雀为“火”；后有玄武为“水”；则中央就是民居建筑的地基位置为“土”，前面的近山称为案山，远处的山峰称为笔架。二是指砂山的形态。砂山一般以端庄方正、秀丽为吉，而以破碎尖削、奇形怪状为凶。风水理论认为砂要秀。秀砂分为四种：宅地选择的第一种秀砂即指“两边鹄立，命曰侍砂，能遮恶风，最为有力”；宅地选择的第二种秀砂即指“从龙拥抱，命曰卫砂，外御凹风，内增气势”；宅地选择的第三种秀砂即指“遶抱穴前，命曰迎砂，平低似揖，拜参之职”；宅地选择的第四种秀砂即指“面前特立，命曰朝砂，不论远近，特来为贵”。① 这一般是风水宝地宅基选择的四种秀砂的基本要求和标准。

百姓认为，少祖山和父母山的两侧有上砂与侍砂相抱能遮挡住外来的恶风，增加小环境气势，在地基住宅前面的远处还有低平迎砂，这就是贵地的象征。风水理论把宅地四周的山与东西南北四方位的四神兽联系起来考察，形成宅地青龙、白虎、朱雀和玄武四方环抱的形态，这就是察砂点穴，人们方可称之为宅地理想的自然生态环境。我们先不要说这风水理论是迷信，还是科学，如果你能找到这样环境优美的风水宝地，最适合人类居住的自然环境，你说是科学？还是迷信？实际上，人类在许多时候是被感性代替了理性，并不是被理性所制约，甚至更多的是被无知的狂妄和愚昧所鼓动，摧毁了我们人类理性的家园。

① 杨柳：《风水思想与古代山水城市营建研究》，博士学位论文，重庆大学，2005年。

选择建筑宅地的具体地址，或者说要在一个较大的区域内选择一个点穴。所谓点穴是指特定建筑地基点，故风水先生称之为“穴要的”，也就是要选中最佳穴位。[①] 阳烂村民居宅地是一个理想的自然生态环境，它背靠岑岩山，左边是伸手山和岑秀山，右边是鸡大堡，左青龙、右白虎二山相辅，前面有案山相迎，在案山下面有一片开阔的田野和一条长年奔腾不息的坪坦河，小河是从山间远处蜿蜒奔流而来，又曲折绕前方而去，四周是起伏的群山，青龙、白虎之外还有层山相叠，宅地前方远处是冷岑山犹如案山相对，外面也还有朝山相对。阳烂村大多数房子是坐东南朝西北或坐南朝北，这样形成了山环水抱，阴阳负抱，一个背山面水的好宅地。这个最佳位置就是通过寻龙观水、察砂点穴寻找出来的。撇开风水理论，即使单纯从自然环境来看，这也是人们居住的好场所。

第四节 聚落空间中蕴含着各民族对其生存空间的认知逻辑

各民族的聚落空间不仅是对其生态环境简单的适应，更是有着人类对自然的改造，也深刻反映着该民族的审美、信仰、伦理道德、社会组织、礼俗等方面。

以侗族为例，在乡村社会的观念中，人们根据信仰和审美，选择合适的地形，或者对于地形进行改造，使一个聚落成为一个自己理想中的居住空间。有些地区的人们讲究村落的“风水”和“龙脉”，认为村寨的兴衰与此密切相关。风水好、合龙脉，村寨就能够人丁兴旺、风调雨顺、生产发达；风水漏、龙脉阻的寨子则会人丁不发、民不殷实、六畜不旺。[②] 聚落空间的龙与龙脉是一个象征性概念或者说是一个象征性的符号。它一方面是指山水形态的气势和山脉的走向，另一方面龙脉是指一个家族的血脉即指一个家族子孙后代的延续，在这一点上我国很多少数民族与汉民族观念是基本一致的。乡村聚落空间如果风水和龙脉存在问题，人们总是想尽办法来弥补这些不足，使得自己的居住空间更为一个风水和龙脉俱佳的合

---

① 谢彦君：《风水的意义：旅游景区选址与空间布局的风水学研究》，硕士学位论文，东北财经大学，2006 年。

② 王秀、罗康智：《侗族社区资源传统利用方式分析——以湖南通道阳烂村为例》，《吉首大学学报》（社会科学版）2007 年第 6 期。

宜的居住空间。在侗族的乡村，无论是建村立寨，还是修桥架屋，一定要严格遵守符合风水这一原则。① 选择寨址，选择民居宅址，修建民居、鼓楼、福桥，修造水井、池塘，甚至修筑庙宇、凉亭、通道等，看上去似乎没有什么内在的联系，但是他们只有一个共同的目的，那就是要保护他们赖以生存的土地，自觉或不自觉地遵循同一个文化逻辑，即人类一切社会生产活动与社会实践活动必须要与自然和谐统一。例如，在有些乡村，枯死的树木一直伫立在那里，村民们不愿刨掉树根，这并不是他们偷懒的行为，而是怕伤及树木、损害龙脉，以防止水土流失、保护龙脉的生气。村民不愿意深挖树穴，宁可用原木设土障，也不愿意开挖梯土，不能因为一棵树而去伤及龙脉，如果这样做他们怕伤及子孙的龙脉。如果树墩萌发新枝，同样就是象征着人类子孙后代的生命延续，从而使整个人类世界充满了无限的生机。在保护树的同时，保护了子孙的龙脉，而不扰乱大自然的和谐，这样真正达到了天地人神合一即“天人合一”的生态建筑宇宙观。

从方向的角度来理解，村民在选择宅地的同时，也要选择宅地的方位和朝向。侗族民居建筑选择朝向最基本的原则要考虑以下几个方面的因素：首先是所建筑的房屋要充分获得日照，这是侗族人民在长期观察四季不同日照时间和照射到不同墙面的日照时间得出的，以保证室内的光线和温度。其次是不同朝向墙面上可能接受较多的阳光辐射热量。这是根据四季、一天中的日光运行等的变化来为房屋建筑布局。再次是不同朝向居室内可能获得的日照强度，保证室内能够得到太阳紫外线的照射，杀菌和改善居室的卫生状况。最后是主导风向与建筑朝向的关系。保证室内有良好的通风，保持在潮湿闷热的环境中居室的干燥和凉爽。

除了顺应自然因素外，事实上朝向和方位是根据宅地的形状来确定的。用风水先生的话来说，所居住的房屋的地形需要坐什么向？需要朝什么方向？这种地形适宜一个什么朝向？两个朝向？还是多个朝向？这些都是要根据地形来推理判断的，并且还要进行综合性的生态评估分析。更重要的是，要结合这块宅地的山水龙脉来进行综合判断。如牛形宅地就只宜选择一个朝向，这个朝向以“庚山甲向”最为适宜。如果是“人”形宅

① 罗康隆、麻春霞：《侗族空间聚落与资源配置的田野调查》，《怀化学院学报》2008 年第 3 期。

地，说明人不仅要向前走，而且还要回头看，因此人形宅地宜选两个朝向即“巽朝乾”或者坐“乾朝巽”都是可以的。如果是罗盘形宅地或者是鼓形宅地，这种宅地形状都是圆形的，无头无尾。就罗盘本身而言就有二十四朝向，一般来说，这种圆形宅地的坐向和朝向都不会受任何条件的约束，随便坐什么朝向都是可以的。以侗族为例，侗族人居住在山地丛林之中，他们识别朝向方位，并非完全与汉族人概念相同。侗族人是以水流和山势来辨别方向的，他们常常是把水的上游和山的高处称为上面，水的下游和山的下面称为下面。侗族民居建筑为了生活和气候相协调的需要，常取南向或偏南向，也会因为地形原因和小气候因素而取其他的朝向。侗族村民说：侗族民居朝向选择有很多，普通老百姓的德行修养是远远不能与圣人或神人相比拟的。侗族民居建筑朝向选择都不是朝四个正方向的。除了这四个正方向外，多取以二十四方位罗盘定向的其他方位，均可作为房屋大门的朝向。否则煞气太重，村民们心理上难以承受。

以湖南省通道县阳烂村为例，该村的住宅建筑多以坐东朝西、坐南朝北和坐东南朝西北三个方向。村民们不仅考虑日照和气候环境，还涉及相关的政治文化方面的因素。根据阳烂村住宅背靠岑岩山的地形走势和地基前面河流的方向，基本上就确定了阳烂村民居建筑方位主要是以坐东朝西来选择朝向，有部分民居可以坐东南朝西北方向。严格地说，东西南北四方，房屋选择任何一个方向都可以。阳烂村以鼓楼为中心，从东、西、南、北、中五个方向与金、木、水、火、土五行相匹配。通过五行学说的匹配，使得阳烂村的风水变得更加完善。

再以西双版纳傣泐为例，西双版纳傣泐的居住空间营造，实际上是以人为核心的空间构筑。男、女同体的家屋空间构建，隐喻身体的再生产是男女共同所为，而家屋便是社会再生产的最基本社会空间。家屋是人再生产的空间，村寨空间是家屋空间的扩大，“勐”（类似于地区，汉语没有对应的词语）的空间是村寨空间的扩大。不断扩大的层级空间秩序关系构成了傣泐社会运转和再生产的基本社会空间图式，体现着傣泐宇宙观和人观的重要符号内涵。从家屋到村寨再到勐，西双版纳傣泐形成一个家屋—村寨—勐的具有层级关系的空间结构，其组织结构包括这样几个层次：勐外/勐内、村寨外/村寨内、家屋外/家屋内，每一层的结构都十分类似。各层级都有相应的丢娃拉神（Teuvala）作为核心，在丢娃拉神的荫庇下，构筑起内向、封闭、有序和安全的内部空间，这样的连续结构形成一个以人为最内层核心的套盒（nested boxes）[①] 式的社会结构。与古宁汉（Clark E. Cunningham）对阿多尼人（Atoni）房屋的研究类似，一层一层的层级结构形成一个同心圆式的结构，[②] 这种结构不断地出现在傣泐社会的象征意义、宗教仪式当中。从中我们可以看到傣泐是将其对人的身体的理解类比到对于空间的理解，家屋是人的延伸与复制，村寨是家屋的延伸与复制，勐是村寨的延伸与复制，从而构筑起犹如人体的家屋、村寨和勐。"事实上，人体不只使我们感受、生产、受制于空间，也使我们呈现于空间而成为空间的一部分。"[③] 这种空间营造和认知缘于傣泐对于人自身与空间的认知理念。

首先，傣泐认为人不仅仅是一个有形体的人，而且是"体"与"魂"的合一，"魂"赋予"体"生命，使身体具有生命。傣泐认为人体有 32 魂或者 92 魂之多，魂离开人体，轻则生病，重则丧命，没有魂就没有生命力。人是通过男女交合而孕育产生的，但初生的婴儿并不是完全的人，必须经过命名、拴线，使魂与体结合之后，婴儿才被社会所承认为"人"。当人久病不愈，或者诸事不顺利的时候，要请波章和佛爷为其举行续宰大（siptsaita）的仪式，即延续宰大（tsaita）的仪式，这时也需要搭建嘎宰大（gatsaita），在嘎宰大的上方覆盖咩比（miebi），请佛爷和波章举行一系列的仪式，包括洒水与拴线，表示人的魂重新回归到人体中，人重新恢复生命力。[④] 可以说这是人的生命秩序受到扰乱后的重新"修缮"。[⑤] 家屋作为人体的延伸和复制，其诞生以房屋的男柱和女柱两者的结合开始，房屋建成后所举行的赕很（danhen）仪式，也要搭建嘎宰大，这是将家屋和住在家屋中的人连接在一起，人魂聚在家屋之中，使房屋从一栋建筑变成一座魂体合一、有生命力的家屋。实际

---

① Carsten，Janet and Hugh-Jones，Stephen.，introduction，in Janet Carsten & Stephen Hugh-Jones eds.，*About the House*：*Lévi- Strauss and Beyond*. Cambridge University Press，p. 42.

② Cunningham，Clark E.，Order in the AtoniHouse，in Needham，R.，（ed.）*Right and Left*，Chicago：The University of Chicago Press，1973，pp. 204-238.

③ 黄应贵：《空间、力与社会》，《广西民族学院学报》2002 年第 2 期。

④ 施红在其博士学位论文《家屋的生命周期：云南勐腊傣族住居文化》中，对于续宰大（sipsaita）仪式有详细的论述，笔者也认同她的观点，认为家屋的生命力可以与人的生命力进行类比。可参看施红《家屋的生命周期：云南勐腊傣族住居文化》，博士学位论文，云南民族大学，2011 年。

⑤ 施红在其博士学位论文《家屋的生命周期：云南勐腊傣族住居文化》中将这种仪式概括为"修身"，笔者认为非常形象。赕很（danhen）仪式其实具有"修家"的含义。可参看施红《家屋的生命周期：云南勐腊傣族住居文化》，第 130 页。

上，西双版纳傣泐的赕很（danhen）仪式不一定非在上新房时期举行，也可以延后一段时间。如果感到家屋诸事不顺、家屋成员经常生病或者有重大变故，也会举行赕很仪式。这就与人生病之后的续宰大仪式类似，是让家屋重新恢复秩序，重新具有生命力。因此赕很仪式具有“修缮”家屋的作用。家神（Teuvala hen）是家屋的保护神，居住在家屋的人、物、牲畜等都在家神的荫庇之下。同样，作为家屋延展与复制的村寨，寨心是村寨的魂所在地，祭祀寨心也要搭建嘎宰大。祭祀寨心具有“修缮”村寨的作用，让村寨重新恢复秩序，并将全体村寨成员的魂与寨魂连接，村寨也就不再只是一个物质的有形的村寨，而是有魂的有生命的村寨居住空间。所有居住在村寨内的人、物、牲畜等都受到寨神（Teuvalamwan）的荫庇。作为更大范围的勐，则是村寨的延展与复制，勐心是一个勐的魂，通过对勐神（Teuvalamaueng）和勐心的祭祀，将全勐成员的魂与勐魂连接，勐就是一个体魂合一的具有生命力的居住空间，所有勐内的人、物和牲畜都受到勐神的荫庇。这样类比人体构筑的居住空间，无论是家屋还是村寨和勐都与人体一样，是体与魂合一的有生命力的居住空间。

其次，每一层级的空间在丢娃拉神的荫庇下，一层层构筑起一个以人为核心的内在和有序的空间，每一层级的内外界线分明。这样的空间布局，有着明显的层级递进关系。从共时性来看，从勐到村寨到家屋，人与各级的丢娃拉神之间的血缘关系越来越紧密；从历时性的角度来看，从勐到家屋，人与各级的丢娃拉神之间的亲疏关系越来越近，荫庇家屋的家神就是自己已逝的父母或者祖父母、曾祖父母等。从勐到家屋，每一层的空间结构都趋向于更为紧密联系的层级结构，最终的核心是保护位于家屋中的人。对任何一个层级结构而言，其内部空间相对是有序的、洁净的和安全的，而外部空间则是混乱的、不洁的和危险的。赕很仪式和祭祀寨神、寨心及勐神、勐心的仪式都包含着这样的含义，就是在一定时期内保证其内部空间的有序，并强化内外空间的分隔。采用达寮（daliao）、草绳、火灰、水等各种物质来标志内外的界线，以确保内外空间的严格区分。也就是将危险绝对排除在外部空间，以确保内部空间的安全。这样一层层地内向递进，以确保居住在最内层家屋中的人的安全。正如戴维斯（Richard B. Davis）对泰国北部的研究所指出的，这些仪式与自然界中连续的秩序相关，在宇宙观念和超自然观念中，为人们提供一个有秩序安全的居住空间。[①]

西双版纳傣泐所构筑的家屋—村寨—勐的层级结构，其背后的理念是将对人的理解投射到对空间的理解。傣泐认为魂是一个人的生命力，有形体的人具有魂才有生命；同样作为人体延伸的家屋、村寨和勐与人一样都是魂体合一的生命体。在丢娃拉神的荫庇下，这样魂体合一的具有生命力的空间是内在洁净、有秩序和安全的，确保的是人本身的生命力与延续。

第五节　聚落空间景观的生态知识：以风雨桥为个例

关于“景观”的研究国外开展得比较早。19世纪初，德国地理学家、地植物学家Von Humboldt将景观作为一个科学名词引入地理学中，并解释为“一个区域的总体特征”[②]。德国地理学家施吕特最早提出文化景观的术语；美国地理学家索尔（Carl O. Sauer）则是文化景观的积极倡导者，被公认为文化景观学派的创立者。[③] 关于聚落文化景观，少数民族聚落景观具有独特性和典型性。一方面，由于自然历史等方面的原因，少数民族聚居区大多为自然生态环境复杂、社会经济发展滞后、生活方式多样、内部情况复杂的区域，对其传统聚落景观进行研究，有利于优化少数民族居住环境，改善人民生活，摸清民族聚落资源家底。另一方面，鉴于少数民族情况的复杂性等原因，当前对少数民族聚落的系统研究亟待加强。以生态知识的视角，对其聚落景观进行系统研究，不仅是人类学民族学的重要领域，也是文化地理学的一个重要方面，有利于深化生态民族学对民族聚落的研究。

在侗族聚居地，鼓楼、风雨桥、寨门、萨坛、吊脚楼等都是侗族聚落的独特聚落景观。以风雨桥最为典型，是非常有代表性的聚落景观建筑物，它与侗族居民日常生活紧密相关，风雨桥中有着丰富的侗族文化内涵。从风雨桥的起源而言，风雨桥蕴含了侗族居民多神崇拜和天人合一的居住观念；从建桥技艺而言，侗族风雨桥是集亭、廊、桥于一身的建筑物，它集合了侗族鼓楼和干栏式民居的木构工艺，代表了侗族建筑艺术的

① Davis, Richard B., Muang metaphysica. *A study of northern thai myth and ritual*, Bangkok: Pandora. 1984. pp. 36-37.

② 彭兆荣主编：《文化遗产关键词》第一辑，贵州人民出版社2014年版，第119页。

③ 曾大兴：《文学地理学概论》，商务印书馆2017年版，第230页。

最高水平；从建桥仪式而言，风雨桥是将侗族居民的神圣与世俗融合到一起的空间，仪式不仅有求神、娱神以及酬神的意义，还使侗民族内部的团结得到强化，增强了侗族人民自豪感。①

侗家鼓楼往往是与“风雨桥”相连，形成楼桥辉映、楼桥一体的艺术风格，显示了侗族人民高超的建筑技术和独特的审美艺术情趣，充分表现了侗家人民伟大的创造智慧。其实，侗家人以前不是叫“风雨桥”。在古代侗语中根本就没有“风雨桥”“凉桥”或“花桥”之类的名词，这些名词是20世纪50年代来自汉语习惯的称谓。② 我们在阳烂村田野调查时，龙建云老人说：“风雨桥”为“福桥”，侗语称之为 wucjiuc。他说“福桥”才是侗语的本名。

福桥是一种集桥、廊、亭三者为一体的独具民族风格的桥梁建筑。说它是一座桥，它犹如长龙，横跨两岸，既能为行人提供方便，又能拦截一方风水，象征着保护一方水土平安，给侗家人带来福气。因此，福桥如长龙，屹立于水上，水至回环，有保护村寨的说法。我们说它是廊，它犹如颐和园的长廊，既能供行人避风挡雨，又能为行人提供遮阴避暑的地方。它是亭，在长长的桥上建着如此长廊，犹如一座座宝塔，塔高三、五、七层不等，塔上飞檐重叠，在檐面和翘角上彩绘雕塑各种各样的鲜花绿草、千姿百态的鱼虾鸟兽，桥尾脊上还塑有各种各样的吉祥崇拜之物。③ 这种把桥、楼、亭、房、塔、廊巧妙有机地结合在一起的福桥文化，是中华民族传统建筑艺术的瑰宝，是侗族人民社会实践生产智慧的结晶。

福桥是龙的化身，是侗族人民一种吉祥的象征。侗族村民用它作为拦截村寨风水的一道屏障，是保护侗族村民的祥龙，也是侗族村民通向幸福光明大道的必由之路。侗族村民习惯称之为福桥，也有人称之为“风雨桥”、花桥、迦龙桥和风水桥。一般人认为“风雨桥”就是便于人们往来行走，交通方便，还供行人遮风避雨、歇息纳凉，这只是人们对风雨桥做一般实用功能的解释，但是人们并没把鼓楼与福桥有机地联系起来解释桥下面的文化现象，或者说人们根本就没有弄清楚侗族先民为什么要把风雨

---

① 陶喆：《侗族风雨桥文化符号研究》，硕士学位论文，吉首大学，2017年。

② 张晓春：《侗族鼓楼建筑象征“天人合一”的宇宙观——以通道侗族自治县阳烂村为个案分析》，《船山学刊》2010年第1期。

③ 杨旭昉：《风雨桥：侗族人的脊梁》，《民族论坛》2010年第8期。

桥称为“福桥”。[1] 据龙建云老人说：福桥就是用来“拦村寨、堵风水”的，先民把鼓楼与福桥这种庞大的楼桥建筑连成一个整体，主要是用来“护风水，镇邪煞，保村寨安全”的。

侗族依山傍水而居，然而他们认为不是每一个依山傍水的地方都适合居住，即使选择定居下来，也还要对其进行相应的改造。侗族人民选择定居的地方一般在溪边戛然而止的地方或坝区，因为这里是山的“头”，对于任何一种动物而言，头部的重要性不言而喻，它是最具活力且最主要的地方。因此如果将聚落的定居点选择在山的“头”这个位置，能够让侗寨具有活力，进而使人口更加繁盛。不仅如此，山也要绵延不断，如此来表明其来源好，而且山上还应当有参天古树，树木的长青象征着村寨的生命力更加长久。侗族聚落的定居点虽然依山傍水，但是如果周围的环境不是槽形或圆形的盆地，盆地边缘没有山峦、山峰以及树木的话，还需要对其进行进一步的改造。比如在山岭上栽满树木，在山垭口处要修建凉亭。盆地中的河流虽然具有灌溉与排水的重要作用，能够为人类造福，但是侗族人民认为河流也存在冲走人们钱财、给人带来不好影响的一面，因此需要在村寨的下方建一座风雨桥，用桥来防止河水将人们的财富冲走，如此村寨就会变得逐渐富裕起来，而居住在这里的人民也自此变得更加幸福。[2] 这就是侗族人民之所以要建风雨桥的重要原因之一。

因此，桥对侗族人民来说是一种有别于其他民族观念的，特别的存在。侗民们认为，每个人都可以有属于自己的桥，这里的桥可以是桥旁绑的小条木，可以是某座独木桥，可以是某座石桥，甚至是在自家门前放一条木板也可以算作自己的桥，由此侗族人民形成了自己的“敬桥节”，每年特定时候都需要去祭桥。[3]

风雨桥之所以建在侗族村寨的下游，主要目的还是为了达到护佑侗寨、拦截风水的作用。翻译侗语即为：迂回龙脉，锁住水口，福济侗寨。风雨桥的两边设置有栏和长凳以供过往行人休息，同时风雨桥也是重要的迎宾场所。在夏天的时候，热情好客的侗族人民还会在桥上施茶水，以供行人解暑解渴，此时长廊两壁上端绘制的那些神话故事彩画、各种历史人

① 张晓春：《侗族鼓楼建筑象征“天人合一”的宇宙观——以通道侗族自治县阳烂村为个案分析》，《船山学刊》2010 年第 1 期。

② 陶喆：《侗族风雨桥文化符号研究》，硕士学位论文，吉首大学，2017 年。

③ 陶喆：《侗族风雨桥文化符号研究》，硕士学位论文，吉首大学，2017 年。

物也能供行人欣赏。作为侗寨艺术中的精品，风雨桥说它是桥，是因为它既象征着护佑侗寨平安，给侗族人民带来福气，还象征着沟通阴阳的桥梁，帮助逝者去阴间，帮助生者回到阳间。风雨桥说它是廊，是因为它就像那画廊，不仅能帮助过往行人遮风挡雨，还能供过往行人休闲娱乐。风雨桥说它是亭，是因为它不仅有亭塔功能，还有楼阁的妙用。这种将中华传统古建筑中的桥、廊、塔、楼、亭、阁、房的优点都吸取过来并加以巧妙融汇的风雨桥，的确有着极高的艺术水准，也有着其尤为重要的现实作用。[①] 也难怪在侗族人民聚居区域的溪河或者旱地上都能够看见风雨桥了。

侗家人立寨总是依山而建，傍水而搭，这是侗族族群聚落居住的特点。在侗寨周围纵横交错的河流，总是环绕侗寨而去，人们出入侗寨便是面临河流，桥梁成了交通的重要设施。在侗乡众多的桥梁中，福桥又是在侗寨边出出进进的主要道口位置上。因此，福桥自然成了侗族村民重要的交通设施。鼓楼与福桥通常是联结成一个有机的整体。福桥是由桥墩、桥身、桥廊、桥亭四大部分构成。这些构件的制作材料、制作要求和功能作用，都各有其异，但是分工有序且又相互依赖，这样使亭廊相映，共同组成一个完美的整体。

阳烂侗寨的龙建云老人说："建鼓楼，必须要建福桥，才能拦住村寨的风水，这样可以押煞免灾。"在侗家人心目中，鼓楼、福桥和村寨所处的地形、地貌都与风水有关，说明福桥不再是一般意义上的风雨桥，而是蕴含着侗族人对宇宙自然法则的信仰，是对一种确定的宇宙模式和宇宙语言的表达方式。

第六节 小 结

人们对于聚落空间的营造虽然是在适应自然地理环境的基础上进行的，但是由于社会文化的作用，聚落空间也深刻反映着人对自然环境的认知、改造。"我们虽都承认空间是以自然的地理形式或人为的建构环境为其基本要素及中介物，却都不认为那是最终的，而是在其上依人的各种活动而有不断的建构结果。"[②] 卡斯特和琼斯在《关于家屋》（*About*

① 陶喆：《侗族风雨桥文化符号研究》，硕士学位论文，吉首大学，2017 年。

② 黄应贵：《空间、力与社会》，《广西民族学院学报》2002 年第 2 期。

House）的序言中也认为，家屋的建筑特点和空间秩序是人们生活和思想的重要社会单位（social units）的一个重要方面。[①] 在聚落空间范围内，建筑、身体和思维是不断交互作用的，聚落空间概念的结构、布局，以及有关聚落空间营造的习俗和意象，都即刻会对人们的行为和观点进行塑造、修正、制约和规范。聚落空间是社会化的重要空间。[②]

① Carsten, Janet and Hugh - Jones, Stephen., Janet Carsten & Stephen Hugh - Jones, eds., *About the House: Lévi- Strauss and Beyond*. p. 5.

② Carsten, Janet and Hugh - Jones, Stephen., Janet Carsten & Stephen Hugh - Jones, eds., *About the House: Lévi- Strauss and Beyond*. p. 2.

第五章

少数民族的本土知识与灾害防治

李永祥

第一节　少数民族本土知识定义及其与灾害的关系

本土知识，也称为传统知识、“地方性知识”、“原住民知识”，或者更为细小的分类，包括“传统生态知识”“文化遗产知识”等，是人类文化的重要组成部分。人类学家将本土知识或者传统知识定义为“与西方科学知识相区别的文化传统、价值、信仰和当地人对世界的看法”①。传统知识在人类学界和其他社会科学界都得到了很好的讨论，美国人类学家韩恩（Hunn）认为“传统知识是世界范围内与自然资源的传承和生态整体保护有关的具有很高价值的信息资源。它提供了人类—环境关系的洞察力，这些洞察力是自然科学没有或者无法提供的”②。传统知识不仅在国际学术界得到讨论，在我国学界也有详细的讨论。严永和将传统知识定义为传统部族在其漫长的生产生活过程中所创造的知识、技术、诀窍的综合，一般具有“圣境性”“经验性”“整体性”与环境要素的兼容性、另类的科学性及其描述形式等特征。③ 传统知识或者本土知识源于经验或者实践，在群体内共享，被编为语言和艺术密码，而非以书面方式保存。原住民社会中，不同的传统知识有不同的拥有者和保持者，所以，很难找出

① Der, George J. S., Indigenous african knowledge systems: local traditions of sustainable forestry, *singapore journal of tropical geography*, Vol. 14, No. 1, 1993.

② Hunn, Eugene, What is traditional knowledge? In *traditional ecological knowledge: wisdom for sustainable development*, Edited by Williams, Nancy M., and Baines, Graham., Canberra: centre for resource and environmental studies, Australian National University, 1993.

③ 严永和：《论传统知识的知识产权保护》，法律出版社2006年版，第33页。

一个能拥有全部传统知识的个人。① 传统知识在灾害的感受和观察方面亦如此，并不是所有的民族群体都以同样的方式感受灾害，所有民族都是在自己的脆弱性框架中经历灾害的。② 灾害中的传统知识应用和灾害应对中所积累的传统知识也因民族的不同而不同。

除了对传统知识进行整体的讨论之外，灾害人类学家还非常重视研究本土知识，认为本土知识与灾害有密切的联系。在人类学家看来，本土知识与灾害之关系研究的基本命题是知识怎样被用来减少破坏和脆弱性，③ 要做到减少脆弱性、增加韧性、实现有效减灾，就要重视灾前预防和积极备灾，在致灾因子发生之时通过采取系统的应对办法，如技术、社会适应性和人性等，尽量减少因灾损失。这种方式在国际上被称为“减轻灾害风险”，国内称为“防灾减灾”。在少数民族聚居的乡村社区，无论是何种灾害类型，处在何种灾害阶段，各民族减轻灾害风险都是通过传统知识来实现的。这种情况在国内如此，在第三世界国家也如此。例如，福里尔利特（Fleuret）就对非洲亚撒哈拉地区原住民通过传统知识应对干旱灾害方式进行了深入的研究，她发现非洲的当地原住民茨瓦纳人（Tswana）能食用250多种野生食物；泰塔人（Taita）的儿童能找到80种野生果子作为小吃，他们在家中的主食常常能配上野生绿菜，味道鲜美，营养丰富。此外，他们的食品保存和储藏方式能有效地预防和应对干旱灾害。④ 除了在食物采集和认知方面的传统知识之外，南美原住民还有

① Prober, S. M., O'Connor, M. H. and Walsh, F. J., Australian aboriginal peoples' seasonal knowledge: a potential basis for shared understanding in environmental management, *Ecology and Society*, Vol. 16, No. 2, 2011. [online] URL: http://www.ecologyandsociety.org/vol16/iss2/art12/.

② [美] 安东尼·奥利弗-史密斯、苏珊娜·M. 霍夫曼：《人类学者为何要研究灾难》，彭文斌编译，《民族学刊》2011年第6期。请参照 Oliver-Smith, Anthony and Hoffman, Susanna M. Introduction: Why Anthropologists Should Study Disaster, in Hoffman, Susanna M. and Oliver-Smith, Anthony, eds., *Catastrophe and culture*: *The anthropology of Disaster*, Santa Fe, New Mexico: School of American Research Press, 2002.

③ 参见 Oliver-Smith, Anthony., "What is a disaster?": Anthropological perspectives on a persistent question. In Oliver-Smith, Anthony and Hoffman, Susanna M., (eds.) *The angry earth*: *disaster in anthropological perspective*, London: Routledge, 1999。同时参见［美］安东尼·奥利弗-史密斯：《何为灾难？——人类学对一个持久问题的观点》，彭文斌、黄春、文军译，《西南民族大学学报》2013年第12期。

④ Fleuret, Anne., Indigenous responses to drought in sub-saharan africa, *Disaster*, Vol. 10, No. 3, 1986.

气候星辰方面的详细观察，[①] 而非洲西部也有对雨量的详细解读。[②] 传统知识的防灾减灾功能并非为非洲所独有，在亚洲，孟加拉国平原地区的房屋被建筑在地势较高的地台和底座上，并且具有一个特殊的屋顶，这是一个特殊的地方，人们能够将粮食储藏在屋顶下面，如果洪水进入家里，家庭住户能够在床上做饭、吃饭、睡觉和储藏食品，还能够通过在支架下放上砖头将床升起来。在家中，物品被储藏在较高的支架上，或者挂在从屋顶吊下来的麻网内。牲畜被关在特殊制作的木地台里得到保护。[③] 由此，美国人类学家韩恩对此进行了理论总结，他认为西方现代科学知识作为西方文化的代表，体现出的是西方文化的独特视野，从文化视野上看，西方文化与世界上其他文化没有什么不同之处，也没有比别的文化更好。[④] 我国不同地区的少数民族都有其丰富的传统知识，这些知识与防灾减灾有密切的联系。不同地区有着不同的本土知识，但都能够看到它们与灾害和防灾减灾有着密切的关系。[⑤]

第二节 少数民族的宗教仪式与灾害防治

少数民族的很多宗教仪式都与灾害有着密切的联系，宗教仪式的目的有的祈求好运，如人畜平安，五谷丰登；有的祈求避免灾难；还有的祈求雨水等。应该说，避灾辟邪和祈求雨水等仪式在少数民族宗教活动中占有很大的部分。例如，彝族、哈尼族、拉祜族等民族的祭龙仪式，苗族的求雨仪式，傣族的祭河流仪式、叫谷魂仪式以及彝族阿细人的祭火仪式都说

---

① Orlove, Benjamin S, Chiang, John C. H. and Cane, Mark A., Ethnoclimatology in the Andes: ACross-Disciplinary Study Uncovers a Scientific Basis for the Scheme Andean Potato Farmers Traditionally Use to Predict the Coming Rains, *American Scientist*, Vol. 90, No. 5, September-October, 2002.

② Roncoli, Carla Ingram, Keith and Kirshen, Paul., Reading the rains: local knowledge and rainfall forecasting in burkina faso, *Society and natural Resources*, Vol. 15, July, 2002.

③ Shaw, Rosalingd., Living with Floods in Bangladesh, *Anthropology today*, Vol. 5, No. 1, February, 1989.

④ Hunn Eugene., The ethnobiological foundation for traditional ecological knowledge, In *Traditional ecological knowledge: wisdom for sustainable development*, Edited by Williams, Nancy M. and Baines, Graham Baines., Canberra: Centre for Resource and Environmental Studies, Australian National University, 1993.

⑤ 李永祥：《民族传统知识与防灾减灾》，《西南民族大学学报》（人文社会科学版）2015 年第 10 期。

明少数民族宗教与防灾减灾之间的关系。宗教影响着人类的行为，几乎所有的重要活动、礼仪等都基于宗教的内容，少数民族的节日活动、生产生活等都与宗教有着密切的联系。如果不遵循宗教的思想和方法，就会给社区带来灾难，举行宗教仪式，就是为了避免灾难和防灾减灾，让生活更加美好。

一　求雨抗旱的祭龙仪式

很多少数民族都有通过宗教仪式对付干旱灾害的方法，彝族、傣族、哈尼族、纳西族等都有与干旱有关的仪式，在这些仪式中，祭龙仪式不仅普遍，还有代表性。苗族具有求雨的仪式，要经过请神、祭神和送神的过程。[①] 纳西族摩梭人通过祭祀天神“木噶拉”和水神“几噶拉”，通过“转山节”祭祀“格姆女神山”，通过在自己家里的“经堂”祭祀等三种方式达到求雨减灾的目的。[②] 彝族的祭龙仪式因支系和地区的不同而不同，如滇南鲁奎山彝族需要3天才能完成祭龙仪式，而且还禁止妇女参与，所有村民不能外出劳动，妇女在村中做针线活或者跳舞，但不能到祭祀地点磕头，到仪式点磕头的女性必须在12岁以下，即月经之前的年龄。但是，另外一些地区的彝族祭龙仪式则让所有的人员参与，不论男女都可以到仪式地点磕头。祭龙的彝语叫“罗拉”，它包括在一个叫“米卡哈”的仪式中。“米卡哈”仪式通常需要3天才能完成：第一天的仪式叫“罗拉”，即祭龙；第二天的仪式叫“米卡哈”，这个仪式相当于“净村”；第三天的仪式叫“伯卓硕”，即祭猎神。米卡哈仪式一般都是1—3天，但由于3天的时间太长，目前有很多村寨都只举行1天的仪式，仍然称为“米卡哈”，但翻译成汉语的时候，人们一般称之为“祭龙”。

祭龙的日子一般都在农历二月的第一个属牛日，但是，对于那些需要3天时间才能完成的彝族，就选择鼠日、牛日和虎日举行，这些人的祭龙仪式会在鼠日进行。笔者这里的例子来自云南省新平县戛洒镇竹园村委会（原老厂村委会竹园村）的祭龙仪式，这里的仪式通常情况下需要3天才能完成，男女都可以参与。由于米卡哈仪式需要3天才能完成，祭龙仪式中最重要的内容就是祭祀村寨边的水井。如果一个村子有多个水井就选两

① 谭志满、霍晓丽：《苗族巴代求雨仪式的人类学考察》，《宗教学研究》2014年第2期。

② 崔明昆、韩汉白：《云南永宁坝区摩梭人应对干旱灾害的人类学研究》，《云南师范大学学报》2013年第5期。

个最重要的水井祭祀，如果是废弃的水井，就要把它打扫干净之后才能祭祀。竹园村的大水井位于村子东边的万年青树之下，至今水井仍然出水，这曾经是整个村寨最为重要的水源，全村人民仍然难以忘怀。

祭龙当天，清晨起床之后，村中的年轻人会被分成两个组，一组去打灶、杀猪，然后炒菜做饭，另一组则去打扫水井卫生，他们必须将全村所有使用的水井打扫干净，毕摩则开始制作仪式中使用的祭品。毕摩们需要制作的祭品主要包括寨门中所需要的尖刀草绳、木制砍刀等。所有这些祭品最后都要成为一道象征性的“寨门”，作为祭龙仪式完成的标志。首先，毕摩要制作一根 20 米长的尖刀草绳，粗细适中，但必须很结实。尖刀草前一天就准备好了，毕摩只要将其搓成绳子就行。据说，尖刀草是各种恶神鬼怪的挡箭牌，它们最怕尖刀草，一见到尖刀草就停止前进，所以，彝族丧葬中有一个踩尖刀草的仪式，念《踩尖刀草经》。在祭龙仪式中，毕摩把尖刀草吊在寨门上，把恶神、坏神阻隔在寨门外，尖刀草的作用就在于此。其次，毕摩要制作 9 把桑树木砍刀，砍刀是用来砍各种鬼神的，因此，砍刀用尖刀草绳拴起来甩的时候会发出“嗡嗡”的响声，桑树是最容易发出响声的树木。砍刀上写着各种坏神、恶神的名字，一旦这些坏神来到村子旁边，它们看到自己的名字就进不了村子，也伤害不到人。据毕摩的解释，这 9 把刀的功能是不一致的，第一把刀是砍带来坏运气的坏神；第二把刀是砍使人生病和难过的神；第三把刀是砍让棺材出现的坏神；第四把刀是砍让牲畜死亡和见到死亡的坏神；第五把刀是砍让人乱淫以及让人见到乱淫事件的坏神；第六把刀是砍让人生病或见到不吉利事情以及不好东西的恶神；第七把刀是砍让人死亡的恶神、坏神；第八把刀是砍专门让人犯罪的坏神；第九把刀是砍各种流氓神、是非神、开棺神等恶神、坏神。再次，毕摩还要用竹子编 3 只鸟，象征鸽子、布谷鸟和者呗勒（与布谷鸟相似的鸟），三种鸟要挂在寨门中央尖刀草绳的中间，鸽子要出去寻食，布谷鸟和者呗勒都在春天时节发出叫声，提醒人们春天时节抓紧时间耕作，三种鸟都要编成有一种腾飞的状态。最后，毕摩还要准备好米、活鸡、鸡蛋、钱、香、盐巴、腊肉等。

仪式一般在下午两点半举行，如果一个寨子有好几口重要的水井，需要举行几个仪式，这些仪式通常同时举行。笔者参访的竹园村就是同时举办了两个祭龙仪式，这在其他地区是少见的。当到了祭龙的时辰，毕摩就会拿着祭品、法器和经书到村边的水井旁，年轻的村民助手们已经在水井边等候。祭坛被建在大青树下水井边的小坡上，毕摩用锄头把小坡铲平，以便摆放祭品。祭坛中主要使用松枝、柏树枝、桑木片和金竹，树枝插成3组，每组插3根金竹、3枝松枝（已剥皮，表示干净）、3枝柏树枝、3块桑木片，每组都以数字9来构成，即9根金竹、9枝松枝、9枝柏树枝、9块桑木片。毕摩解释说，数字9象征9条龙。然后在祭坛上撒上松毛，献上1碗米、3杯酒、3炷香，还有腊肉、鸡蛋、钱、盐等，毕摩点燃香，跪在祭坛前磕3个头，把香插在3组树枝旁，每组插1炷香。随后抱着公鸡磕头，并念《献牲经》，念完后就开始杀鸡，新鲜的鸡血要用刀蘸了之后洒在树枝上，同时要拔下一些鸡毛放在树枝旁的松毛上，毕摩再磕上几个头，仪式就算结束了。

祭水井的仪式结束之后就开始了"呻且都"（即安寨门）的仪式，目的是把所有的坏神赶出村寨外，念《呻且都经》，经书记载了坏神的名字和赶鬼的方法。毕摩首先要在村边建一个祭台，然后放上松毛、米、酒、鸡蛋、钱、盐巴、腊肉、香等祭品，插上松枝和桑枝。在磕头并念完《献牲经》之后，就开始杀鸡，鸡血鸡毛都要献在祭台上，然后开始念《呻且都经》，经书很长，需念1小时。毕摩念经的同时，助手们要把安装寨门所需要的东西准备好，那就是两根竹竿，作为门框，顶端用尖刀草绳连接起来，作为门梁，尖刀草上拴着9把树刀和竹编的小鸟。3只小鸟中，鸽子要进行装饰，即把仪式中杀死了的鸡头砍下来，穿在竹编的鸟头上，作为鸽子头；把鸡翅膀砍下来穿在鸟翅膀上作为鸽子翅膀；把鸡尾巴砍下来穿在竹编的鸟尾巴上作为鸽子尾巴，这样的装饰看起来更像鸽子。所有事情准备完了，就等待毕摩的指示，毕摩念完经书时，助手们就可以把寨门竖起来。两根竹竿要挖洞钉稳，以防风吹雨打倒下来。整道门的高和宽都是6米左右，门框中吊着的是那些恶神和坏神的砍刀，还有展翅的竹编小鸟，象征着村民已经进行了祭龙仪式，来年一定会风调雨顺、五谷丰登、六畜兴旺。

很多村民对于祭龙有着特殊的感情和看法，人们认为，如果不举行祭龙仪式，这一年的干旱就会变得严重，干旱如果发生，丰收就没有希望，所以，祭龙是一年中必须进行的仪式。在2012年的西南大旱中，竹园村在祭龙的当天下起了雨，虽然不大，但所显示出来的预兆和象征意义是惊人的，人们欢天喜地，相互奔走相告，有的人家还打电话告诉远方的亲戚朋友，村民坚信神灵一定会帮助人们战胜干旱灾害。当地政府也支持村民举行祭龙仪式，他们认为，祭龙仪式不仅是一种尊重自然的体现，更为重要的是农民从祭龙仪式中增加了抗旱的信心和能力，对地方的抗旱减灾有很大的帮助。

二 抵御洪灾的江河祭祀仪式

河流常常给人类带来灾害，河流中的任何一段下大雨，都会给下游民众带来灾害。所以，生活在河流周边的少数民族都有与洪水和河流作斗争的经验，也有一些民族通过举行宗教仪式的方式，来祈求河流不要发洪灾，不要在平时给人带来灾难。生活在红河沿岸的傣族，不仅崇拜红河，每年还要祭祀红河，以祈求红河保佑平安。笔者曾经观看过红河岸边傣族祭祀河流的仪式，他们都要在每年农历二月的第一个属牛日祭祀河神。祭祀河神由专门的祭司举行，有的村寨还要请雅摩（相当于巫师）进行念经。祭祀河神时需要购买一头肥猪、一只鸡，还有酒、饭、罗锅、碗筷、柴火、香等。祭品准备好之后，就由村寨中的祭司指定青壮年小伙子将其运送到河边一个固定的地方，该地方被认为是河神的居住地，然后，支好锅庄，生火，再开始杀猪、杀鸡，并用树枝和树叶搭建神台，神台建好之后，用猪肉、鸡肉和其他祭品祭祀，雅摩要作法念经。仪式中最为重要的一个环节就是雅摩指挥村民用一个竹箩筐接河水，此举表示河水被箩筐接住了，不会冲到村里，泛滥成灾。有的村寨祭祀河神时，还要在河神居住处吹号。傣族人认为，河水由河神控制，要使河水不泛滥，就要年年祭祀河神，以保证下雨之时河水不泛滥成灾，冲垮寨子。

三 避免火灾和赶走蝗虫的祭火仪式

祭火仪式以彝族阿细人最为著名，阿细人最先没有火，后来是一个叫木邓的人用木棒在朽木上钻磨，在二月初三的时候钻出了火花，得到了火种。从此，阿细人结束了吃生食的蛮荒时代。木邓也因此被认为是火神。阿细人在祭祀火神的时候，就是祭祀木邓。祭祀火神的时候，先要送旧火，妇女们将火塘中的火灰送到门外，然后毕摩就装扮成火神木邓的样子在寨中取火，得到新火种之后，人们抬着火神，载歌载舞，游行村寨，随后进入密林中，毕摩则手摇法铃，口中念念有词，祈求火神保佑村民。在密林中祭祀火神之后，村民还要将火神抬入村中，继续周游村寨，所到之处，家家户户都必须把门打开，用松明子将新火种点燃，磕头之后将新火种引入家中火塘，只有得到新火种之后，村民才能开始做饭。火神接到家中之后，护送火神的人会在家中用木刀进行“砍杀”，表示赶走邪气。阿细人认为，送旧火迎新火是一年中最为重要的节日祭祀活动，只有将旧火送走，才能将灾难和不幸赶出去。①

通过火来避邪、驱邪的另一个重要内容是火把节。火把节是彝族的传统节日，除了彝族之外，白、哈尼、拉祜、傈僳、基诺、普米等民族都有传统的火把节。火把节是火崇拜的集中体现，它有多种功能。彝族学者黄龙光、张晖认为，火把节有祈求农业生产、施行礼德教育、传承民间文艺、促进社会整合等功能。② 每当火把节到来之时，彝族人家家户户都要扎火把，每个村寨还要扎一个大火把。在晚上庆典之时，人们手持火把，到田间地头绕行，并将火把撒向地脚，表示驱逐害虫，保证五谷丰登。一些地区的彝族在家中点燃火把，边舞边念：“烧呀烧，烧死吃庄稼的虫，烧死饥饿和病魔，烧死猪、牛、羊、马的瘟疫，烧出一个安乐丰收年。”③ 新平县彝族的火把节在庆祝时，人们要点燃门前的“火扎”，举火绕田，通宵跳舞，据了解，这是为了纪念一个彝族老者通过火把烧死庄稼上害虫的故事。④ 从祭火和火把节的情况可以看出，火崇拜的相关仪式和节日活动都有防灾的意义。

四　避免灾荒的叫谷魂仪式

很多民族都有叫庄稼魂的仪式，作为稻谷文化极其丰富的云南红河谷岸边的花腰傣，其叫谷魂的仪式别具特色，而且经久不衰。叫谷魂仪式随傣族支系的不同而略有差异，但都需要在家里和田间进行，傣雅支系一天之内仪式就完成，而傣洒支系则需要两天，一天在田中进行，另一天在家中进行。

傣雅人叫谷魂时需要准备如下东西：第一是要采集新鲜的谷穗，傣语叫“弘考”，必须是到田中采集新鲜谷穗，谷穗是谷神的代表，叫了魂后将被放入粮仓中。傣族人每年种植两茬谷子，叫魂仪式是在第二茬谷子成

① 石连顺、石晓莉：《阿细人生礼仪》，云南民族出版社 2007 年版，第 170—175 页。

② 黄龙光、张晖：《彝族传统火把节的文化意义》，云南省民族学会彝族专业委员会、昭通市民族宗教事务局编：《云南彝学研究》（第九辑），云南民族出版社 2012 年版，第 240—249 页。

③ 朱文旭：《彝族火把节》，四川民族出版社 1999 年版，第 133 页。

④ 新平彝族傣族自治县民族事务委员会编：《新平彝族傣族自治县民族志》，云南民族出版社 1992 年版，第 53 页。

熟的时候举行，所以，新谷穗在田间随处可见。谷穗是代表谷魂的，所以，采集谷穗时也有所讲究，它必须是没有被雀、老鼠等动物吃过的，谷穗长而且结得多，谷粒饱满，一般要15—20穗，这样挂在仓中时会非常显眼。第二是要砍一根小树枝，约1米长，傣语叫“酿朵考”，这种植物是用来辟邪的，它同时代表了某种神灵，谷魂会跟随它一起回到叫魂的户主家里。这种植物在傣族村寨边随处可见，在很多宗教仪式中傣族人都使用这种树枝。第三是家庭成员的衣服，一般是每个家庭成员都要有一件衣服，并按照辈分长幼排列，孙子辈的衣服放在最里面，父母辈的衣服放在中间，爷爷奶奶辈的衣服放在外面，用爷爷和奶奶的衣服把其他家庭成员的衣服包起来，用红线拴好。如果户主家爷爷奶奶已经去世，则用户主夫妇的衣服把小辈人的衣服包好备用。之所以用衣服是因为傣族人相信灵魂是附在衣服上的，只有衣服才能将谷魂带回来。户主的衣服就是表明谷魂要随着户主回到相应的人家里。第四是要准备一瓶白酒，但不用倒出来，只要用瓶子装好即可。仪式中需要烧的香，也要提前准备好。

仪式由女性主持，如果家中有人会主持这个仪式，就可由家中户主直接进行，如果不会进行该仪式，就到村中请雅摩（傣族宗教仪式主持者）来举行。仪式分为两个部分，第一部分是在田边进行，第二部分在家中进行。在田边，仪式主持者拿着全部祭品，站在金黄色的稻田边，选好位置，既不下跪，也不烧香，就开始念起经来。她念的经文大体如下：“拿三成谷子献给祖先，拿九成谷子献给祖先，大仓库里的谷子献给祖先，老仓库里的谷子献给祖先。把谷种拿到坝子中间，用好田来种谷子，用好水来养鱼。谷种洒在秧田里，谷种发出小苗，秧苗栽在大田里，大田变得绿油油，秧苗栽在小田里，小田变得绿油油。栽一棵变成千棵，秧尖虫不吃，秧根虫不咬，秧茎长如扁担，秧苞粗如甘蔗，谷穗遮住坝子，谷粒结得多又密，像李子一样多。”经文念完后，主持者就可以回家了。回到家里，就开始了第二部分的仪式，主持者带着谷穗到了家里之后，要把谷穗、衣服和“酿朵考”拿到粮仓里，把谷穗和“酿朵考”吊在粮仓里的木头上或者墙上。这时候的粮仓一般都有粮食，因为已经收获过一次了，所以，谷魂叫回来之后，代表得到了丰收。在确定好谷穗和“酿朵考”不会掉下来之后，她又开始念道：“谷魂叫回三道门，谷魂叫回五道门，进到大仓库里，谷魂交给墙脚，谷魂交给大粮仓，吃一小点，就饱一天。”在所有的经文念完之后，她就可以把主人家的衣服放回衣柜。仪式就算结束，主人家可以做饭并喝酒表示祝贺谷魂被叫回来了。

这个仪式非常简单，但是它所显示出来的意义并不简单，事实上它是一个避免挨饿的仪式，谷魂叫回来了，丰收就有了保证，只要有了丰收，人们就能远离灾荒。

第三节　少数民族的生态知识与灾害防治

几乎所有的少数民族都生活在特定的环境之中，他们有着丰富的传统生态环境知识，包括地质地貌特征知识、危险地带知识、传统药物和急救方法等，这些传统知识都与灾害有着密切的联系，并在防灾减灾中得到体现。

一　环境知识、传统农业与地质灾害的预防

任何一个群体，无论他们生活在什么地方，高山、平原、海边、丘陵等，都在历史的长河中，总结形成了一整套与周边环境有关的传统知识，生活在高山大川或者高寒山区的少数民族具有与高山地貌结构和环境风险有关的传统知识，如生活在哀牢山区的傣族、彝族、哈尼族、白族、拉祜族、苗族、瑶族以及当地的汉族等都知道周边环境和地貌状况，他们知道哪座山有多陡、河水有多大、水土湿润度有多饱和、土地是否疏松、是否发生过泥石流滑坡等，因此能够综合地得出某座山是否适合人居住的结论。生活在沿海地区的民族具有丰富的海洋天气和台风知识，生活在草原地区的民族具有丰富的与草原雪灾和牧草有关的传统知识。这些传统知识与地方性环境和气候有着密切的联系。

当地人对于周边环境的理解并不仅仅限于村寨周围，而是向更远的地方延伸，例如，云南哀牢山的村民可以延伸到山顶的森林区域，他们知道那些地方的地理地貌、湿度和日照情况，从而确定哪些地方是安全的，哪些地方适宜人居住，哪些地方不适宜人居住。环境知识普及到每一个村民，是传统知识的组成部分。这里以云南各民族的传统知识为例进行说明。

云南农业的特点之一就是在梯田和山地上种植庄稼或果树，即使山坡陡峭也会种植庄稼，然而，这些地区经常会发生滑坡和崩塌。对于梯田中的阻止滑坡崩塌的方法很简单，如果梯田或者潮湿的山地出现滑坡的迹

象，就砍竹子或者树干来在滑坡点打桩，通常情况下，打桩的深度与滑坡点的危险程度相一致。如果滑坡面积较大，那么打桩数目较多，反之则少。如果已经造成滑坡了，那么就在打桩的同时，用竹子或者树木将滑坡点铺垫起来，严重的地方还要用石头砌墙，然后再用土填上。如果滑坡点太大，树桩解决不了问题时，就开始用石头砌墙，周围再打树桩，最后再填土，这样，梯田才能恢复功能。与梯田相比，山地不具备良好的排水系统，所以，山地滑坡主要是由排水不畅而引发的，当然，有的山地也不需要排水系统，山水的水都是顺沟下流的。但山地一旦发生泥石流，就不易打桩，人们都是砌墙来防止滑坡和崩塌。对于那些危险山地，一般都放弃种植谷物，如玉米、小麦等，而是以水果种植为主，如核桃、桃子等。

云南农业的另一个特点就是刀耕火种，这种特殊的耕种方式主要集中在边境地区，他们也被称为山地民族。应该说，几乎所有边境地区的民族，如佤族、哈尼族、拉祜族、基诺族、布朗族、德昂族、独龙族等都有过刀耕火种的传统，根据尹绍亭教授的研究，刀耕火种与现代农业相比较具有各种优势和意义，[①] 它对生态环境、森林火灾防范具有重要的意义。尽管云南少数民族的刀耕火种在很多中原人看来是落后的象征，但是，刀耕火种不是简单地把树木砍倒，放火烧之，然后种上谷物，相反，刀耕火种具有极高的智慧，它孕育了一系列的山地火灾预防的方法，实行刀耕火种者都知道何时烧火，从哪里开始烧，怎样做才能不让火灾发生等。这些知识是长年累月积淀下来的，经过了长时间的检验。例如，在烧地时，人们会选择在风不太大的日子进行，一般都不从下面往上烧，而是先在上面烧开一片，然后再从中间点燃，中间部分烧完之后，才烧最下面的部分，这样避免火势太旺。笔者的家乡虽然不再实行刀耕火种，但是也有每年烧山的习俗，一个老人对笔者说，烧山可以减少发生森林火灾的可能性，因为它在一定程度上烧掉了很多干叶子。但烧山必须遵循一整套的规则：一是烧山须在春雨后或者在潮湿的条件下进行，尤其避免在极度干燥的天气条件下烧山，还要避免大风天气下烧山，烧山时对风向要有清楚的了解；二是烧山必须由多个有烧山经验的成年男子进行，村里在烧山之前有应急的方式，如果火势失去控制，能够及时通知其他村民来灭火；三是要有隔离火种的道路，并且从道路下边最接近道路的区域烧火，烧出一小片之

① 尹绍亭：《一个充满争议的文化生态体系——云南刀耕火种研究》，云南人民出版社1991年版；尹绍亭：《文化生态与物质文化（论文篇）》，云南大学出版社2007年版。

后，再烧中段和底部，这样做的结果是，火势从下而上也不会越过已经烧过的区域；四是烧火的区域不能连接成片，要烧完一片再烧一片，不能整体连片烧山；五是烧山的时间通常是早上或者上午，避免正午和下午时烧山；六是烧山要年年都烧，或者最少两年烧一次，不能一年烧一年不烧，避免干柴野草堆积过多。与烧山相比，烧地则容易得多。各民族过去都有开荒的习俗，他们在开荒的时候，人们都会将新开垦地区的树枝、树桩等烧光，以制作肥料，但是烧地总是从上边烧到下边，避免火苗越过新开垦的山地串入森林。[①] 但是，现在国家不让烧山，多年不烧山，地面堆积的叶子太多，烧山风险太大，所以，大部分地区废除了烧山的习俗。

刀耕火种者很少对山地进行大规模的改造，也不深挖土层，或者彻底地砍掉植物，这样就不会造成水土流失，也很少出现泥石流滑坡的现象，植被恢复也快。表面上，刀耕火种的耕作方式是粗犷的、原始的，但恰恰是这些民族的生态环境一直处于较好的状态。我们曾多次到西双版纳、德宏、普洱、怒江等州市进行调查，我们发现边境地区很多民族都进行刀耕火种，并且这些地区的生态环境都保持得很好，相反，那些精耕细作的农业地区的环境脆弱性相当严重。由此可知，云南少数民族的刀耕火种农业中具有丰富的环境意识和防灾减灾知识经验，各民族将这些知识代代相传，丰富发展，保护了边境地区人们赖以生存的土地。如今，很多边境地区的少数民族大多实行了精耕细作，先进的技术也在这些地区得到推广，特别是在一些地区进行了橡胶种植，反而导致刀耕火种地区生态系统的恶化，这些事实不得不让我们重新思考传统与现代、先进与落后之间的关系。至少可以得出一点，那就是我们也没有任何理由放弃这些传承了无数年的防灾减灾智慧。

中国西南有典型的喀斯特地貌特征，即石漠化，是生态系统脆弱地区，云南、贵州、广西等都是石漠化非常严重的地区，这些地区生活着很多的少数民族。包括彝族、苗族、白族、壮族、瑶族、哈尼族等民族都生活在石漠化地区，由于很多地区出现了灾变，这种环境脆弱性导致人们无法耕作，无法放牧。即使你能够耕作，收成也很少。但是，各民族在长期的生产过程中积累了对抗石漠化的传统知识和经验，一些地区的苗族就通过捡含有种子的鸟粪放入石缝中，成功地种植了很多植物。另外，他们还

① 李永祥：《民族传统知识与防灾减灾》，《西南民族大学学报》（人文社会科学版）2015年第10期。

在石缝里植树，在石山上种植当地的传统植物，实行“树要活，不烧坡”的方法，有效地应对了石漠化。① 在学者们看来，苗族的石漠化传统知识应对方式没有办法通过自然科学的方式来解释，但是它却能够在实践中取得成功。② 石漠化治理要依靠世居于该生态系统中的居民所拥有的生态知识与生态智慧，才能获得维护生态环境正常运作的持续动力。③ 在云南省玉溪市元江哈尼族彝族傣族自治县洼垤乡，彝族濮拉人和尼苏人都有丰富的传统知识，他们居住在喀斯特石漠化地区，条件十分艰苦，贫瘠的石漠化环境给他们的生产和生活带来困难，但是，他们有丰富的传统知识，通过砌墙造地等方式进行烤烟种植，硬是在石缝中种出了高质量的烤烟，改变了石缝中不能种植优质烤烟的旧观念。④ 洼垤乡政府工作人员甚至认为他们的乡村存在一种洼垤精神，是这种精神激励着濮拉人和尼苏人与石漠化作斗争，改变了贫困的面貌。当然，喀斯特石漠化问题最为严重的莫过于昆明市石林彝族自治县，这个县的所有地区都处在石漠化的覆盖范围之内，与其他地区不同的是，石林县把石漠化当成宝贝看待，是他们的经济之源。石林作为一种石漠化灾害，与彝族文化紧密地联系在一起，最为著名的彝族叙事长诗《阿诗玛》就是其中的一个例子。阿诗玛从一个姑娘变成一个石头，应该说就是石漠化灾害的受害者，但是，今天的人们并不痛恨石漠化，而是将其变成一种地理标志，申请到了联合国的自然和文化遗产保护。由此可知，喀斯特地貌在不同的地区、不同的文化背景之下有不同的解释和使用，这与地方性知识有着密切的联系。

二 传统生态知识与干旱灾害的预防

中国少数民族都有其丰富的传统生态知识，有的民族群体生活在高山大川之中，有的少数民族生活在河谷地区，有的则生活在沿海地区，还有的生活在草原和高海拔地区。不论生活在哪里，各民族都有其丰富的传统

---

① 石峰：《苗族石漠化地区生态恢复的本土社会文化支持》，《云南民族大学学报》（哲学社会科学版）2010 第 27 卷第 2 期。

② 杨庭硕：《苗族生态知识在石漠化灾变救治中的价值》，《广西民族大学学报》（哲学社会科学版）2007 年第 29 卷第 3 期。

③ 罗康隆：《论苗族传统生态知识在区域生态维护中的价值——以贵州麻山为例》，《思想战线》2010 年第 2 期。

④ 李永祥：《民族传统知识与防灾减灾》，《西南民族大学学报》（人文社会科学版）2015 年第 10 期。

生态知识，这些生态知识一度成为预防干旱和饥荒的重要手段。例如，生活在云南省新平彝族傣族自治县哀牢山的彝族尼苏人、腊鲁人、哈尼族卡多人、糯比人，拉祜族苦聪人等，就能够从山中寻找出 200 多种野生食物，如除了打猎之外，还有野菜、野花、野果、蘑菇、根茎等，加上狩猎所获和野生蜂蜜等营养品，各民族在乡村即使碰到干旱导致粮食减产也是可以度过的。在当地的少数民族看来，要在山上寻找可食用的野菜、野果、野花、野生菌等食物并非是件困难的事情，仅仅野菜类就超过 100 种，在春季还有各种野花。彝族地区有两种花具有特殊的意义，因为在众多的野生花卉中，只有“莫洛朵”和“维呐”被赋予了超乎寻常的意义，即可以当成“饭”来食用的叫“莫洛朵”花，另一种叫“维呐”花，而且，莫洛朵花被认为是特等的“饭”，而维呐花被认为是次等的“饭”。当地彝族谚语“莫洛朵花如同大白米，维呐花如同玉米饭”就说明了当地人对两种野花的依赖和喜爱。事实上，彝族地区的花卉是非常丰富的，而且大多数花卉也可以食用，但是，在彝族地区所有的花中，只有莫洛朵和维呐可以被当成饭来吃，其他所有的花是被当成“菜”来食用的。彝族、傣族、哈尼族、拉祜族等民族地区的野果十分丰富，例如黄坡果、黑坡果、枇杷果、杨梅、多依果、野芭蕉果等都能够在不同的季节里找到。彝族地区的蘑菇（菌类）十分丰富，很多人可以拾到 50 多种食用蘑菇，如青头菌、木耳、香菇、鸡油菌、鸡纵菌、奶浆菌等。彝族地区的根茎也十分丰富，如山药、蓑衣果等，如果加上狩猎中得到的野生肉类、蜂蜜、蜂蛹等食品，各民族的食物种类不仅多样，还具有丰富的营养成分，这些野生的蔬菜水果等即使在没有发生干旱和饥荒的年份也是各少数民族人民的传统特色饮食。①

如果说傣族人的野菜、野果、野花、野生菌等没有彝族、哈尼族、拉祜族丰富的话，那么，他们在河里找到的东西就要比高山上的少数民族多得多了。傣族人中的傣雅、傣卡、傣洒等支系是非常擅长打鱼的民族，傣族人不仅对水田中的谷（杈）鱼、泥鳅、黄鳝、鳉鱼等非常熟悉，还擅长捕捉江河里的各种鱼类，也擅长养殖鱼类。傣族男女分工不同，男性下河撒网捕鱼，女子在田中用笼子捕捉泥鳅、黄鳝、鳉鱼等。傣族女子除了在本地捕鱼之外，还到彝族、拉祜族、哈尼族的村寨中捕捉泥鳅、黄鳝。

① 李永祥：《民族传统知识与防灾减灾》，《西南民族大学学报》（人文社会科学版）2015 年第 10 期。

在过去，傣族社会中还有不会捕捉泥鳅、黄鳝的女子很难嫁出去的说法。傣族人除了在平时下河捕鱼外，每当碰到暴雨大雨和红河涨水的时候，就会整天捕鱼，很多傣族男子甚至晚上不睡觉，几个小伙子或者家族内的男性成员约在一起，到江边整夜捕鱼到天亮。河谷热坝地区有各种野菜、野花和水果，特别是热带亚热带水果种类丰富，除了传统的水果之外，他们还种植了各种外来品种，他们能够将野菜、冬瓜等做成各种鲜美的食品，其传统饮食腌鸭蛋和干黄鳝更是让其他民族的人赞不绝口，深得市场上各民族人民的喜爱，当地谚语中所谓"腌鸭蛋，干黄鳝，二两小酒天天干"就是当地傣族传统饮食的真实写照。①

少数民族的食物储藏方法也能够为干旱等灾害引起的饥荒或者食品短缺起到重要的作用。高海拔地区的羌族人、藏族人以及高山彝族人、哈尼族人、拉祜族人等将猪肉用石板压干后，挂在通风处，制成火腿，能够保存 3 年以上的时间。河谷地区的傣族人、壮族人、布依族人等，由于气候炎热无法制作火腿，也没有办法吊干储存，他们将所有的猪肉放入土罐中，腌制成酸猪肉，傣语称为"呐木宋"，这样，猪肉可以保存 3 年以上。除了猪肉之外，傣族人同时将鸡肉、鸭肉、鹅肉、鱼等都放入罐中保存，成为酸鱼（傣语叫"呐巴宋"）、酸鸡肉（傣语叫"呐勾宋"）等。在热坝地区食用酸肉可以达到解暑效果。不同地区的食物储存方式都有其民族和环境特点，高山地区的彝族人、哈尼族人、拉祜族人、瑶族人、苗族人、白族人等经常将各种蔬菜晒干保存，等到没有蔬菜或者食品类型较少的时候食用，这些晒干的蔬菜、豆类、竹笋等，与各种腌制品及腊肉、腌肉类结合在一起，不仅可以带不同的味道，还可以缓解食品短缺的困难，加上野外的蔬菜水果的调节，当地人在食品种类上还能实现多样化。②

三 少数民族的传统药物与灾害急救

中国少数民族的传统医药都是比较发达的，藏医、苗医、傣医等相对成熟，但是，各民族都有自己的传统医药，几乎所有的少数民族都有常用

① 李永祥：《民族传统知识与防灾减灾》，《西南民族大学学报》（人文社会科学版）2015 年第 10 期。

② 李永祥：《民族传统知识与防灾减灾》，《西南民族大学学报》（人文社会科学版）2015 年第 10 期。

的止血药物，这些药物具有消炎止血的作用，被广大民众所知晓，并用于日常生活和灾害急救中。例如，彝族中就常用蒿枝来止血，在使用时首先用石头将其舂碎，使浆汁出现在表面，然后涂在伤口上，起初患者会感到非常疼痛，但止血效果很好。还有一种止血效果很好的植物是紫茎泽兰叶子，它是笔者小时候经常使用的止血叶子之一，使用方法与蒿枝的使用方法相似，用石头将其舂碎，然后涂在伤口上，也会感觉到疼痛，但止血效果很好。当然，这些药物对于大伤口的作用是有限的，但临时的止血也很重要。高山地区哈尼族、拉祜族、傈僳族、苗族等，以及河谷地区的傣族、侗族、壮族等都有类似的止血药。在少数民族的传统药物中，藏族医药具有重要的地位，藏医药自成体系，博大精深，是祖国传统医药中的瑰宝。另外，苗族药物具有很大的实用价值，在南方少数民族中广泛使用。止血的药物之所以重要，是因为它涉及灾害发生时期的外伤急救，当政府的急救医疗队尚未到达的时候，地方传统急救方法就显得特别重要，特别是很多村子没有社区医疗点，连基本的消毒都没有办法进行的时候，传统药物就能发挥重要作用。

除了止血方面的药物之外，少数民族传统医药对各种疾病都有较大的贡献，特别应该指出的是，传统医药对骨科有非常大的贡献，几乎所有的少数民族都有骨科医生，而且都认为他们能够解决西医没有办法解决的问题。笔者小时候的同学在房子上玩耍时，从土掌房上掉到天井中，导致腿断了，他的父亲并没有把他送到乡镇卫生所或者县医院，而是将他送到了一个彝族骨科医生那里，大约 20 天，他就可以站着走路了，一个多月之后，他就回家上学了。他在治疗的过程中，并没有吃西药，也没有拍片子，但经过彝族民间骨科医生的医治，他完全恢复了。笔者的家乡在 20 世纪 70 年代时有很多云南地质大队的探矿人员，他们在探矿的时候经常发生摔伤导致身体骨折，地质大队知道彝族的骨科特别好，他们的骨科伤员也是送到彝族村寨中让彝族骨科医生医治，只要几个月的时间，那些受伤的人员就可以回单位上班了。

各民族在骨科上也有丰富的传统医药知识，这些知识都能够在灾害急救中发挥作用。事实上，不论是地震还是其他地质灾害，政府的急救人员是无法在第一时间到达灾害现场的，这种情况无论是在汶川地震还是鲁甸地震中都已经证实了。在救灾队伍和医护人员无法在第一时间到达灾害现场的时候，民族医药能够发挥重要作用。

第四节 少数民族的建筑知识与防灾减灾

少数民族中的建筑文化与灾害的关系十分密切，但是这种关系具有双向力，即少数民族建筑在突发性灾害中还是比较脆弱的，如火灾、地震等；换言之，地震、火灾等对于少数民族的建筑具有非常大的危害。另外，少数民族建筑中本身也具有一些防灾减灾的成分，或者说民族建筑的设计中具有一些防灾减灾的内容。这两个方面相互作用，促进了民族建筑文化的提高。在民族建筑文化的防灾减灾方面，这里进行一些重点的分析。

村寨选址中的防滑坡崩塌内容。少数民族在村寨选址时都非常认真，不仅要考虑自然地理上的便利条件，还要符合宗教意义。换言之，村寨选址不仅要考虑到地质、水源、森林、土地、阳光等条件，还要从风水上确定所选之地是阳地而不是阴地，任何不利因素都会影响到最终的决定。在自然地理方面，村寨房屋和重要建筑群（如寺庙、山神庙等）都会通过精心选址，一般都不会建在泥石流滑坡等环境脆弱性大的地方，对很多民族来说，村寨选址的第一要素就是地基坚固而稳定。因此，绝大部分的村寨都会建在地基坚硬的山梁之上，当然，旁边要有充足的水源，很少会有人将村寨建在低凹的潮湿地带，因为那些地区的地基不稳定也不坚固，即使在平坝地区的民族，村寨地基也必须是寻找到十分坚固和稳定的地方。有些具有泥石流滑坡风险的村寨很多是后来人为因素造成的，大量的人口增长和过度的开发在古代很少出现，古人在选址的时候实际上已经考虑到规避泥石流、滑坡、崩塌等风险。一个彝族老毕摩向笔者讲述了他们祖先的村寨选址过程，他们的村寨从峨山县迁来，看到这里有茂盛的森林，头人派人查看，当看到有水源，土地肥沃，并且村寨建设用地又没有滑坡危险的时候，就决定在这里定居下来。由此可知，村寨选址中必定有规避滑坡风险的内容。

民族建筑文化中具有防火的内容。很多民族建筑中都有防火的内容，如藏式建筑就具有防火的特点（尽管近期的独克宗古城还是被火灾吞噬了，但其防火成分还是不容忽视）。另外，侗族建筑也有防火的成分，他们的粮仓一般都建筑在村边的水塘中，四周都有水，粮仓不与其他的房屋相连。西南民族大学兰婕的硕士学士论文对贵州黔东南地区的侗族建筑进行调查，她发现侗族村寨的建设就具有防火功能，侗族村中的戏台、粮仓等皆为木质吊脚楼，底部木柱建于水塘中，用于防鼠和防火，保护粮仓。她还发现，村中所有的粮仓都集中在一起，与村民住房保持一定距离，这种粮仓与民房相互隔离的设计使粮食得到了保护，即使村中房屋发生火灾也不会烧到粮仓，而侗族村寨之内和周边的水渠、水塘实际上是村民的消防水源。[①] 很多高山地区的少数民族都有传统的火塘，火塘的建设有一整套的规则，并且考虑到了防火的内容，如藏式建筑、彝族土掌房、哈尼族蘑菇房、拉祜族干栏式建筑等都有火塘，彝族人在挖火塘时底部和四周都要用很厚的硬石块隔开，并且与墙壁保持一定距离，楼上的火塘更加注重防火，除了用石板与楼层土隔开之外，还要分几层，不让热量传到楼层的木头上，四周的石板更加坚硬，并用土层再次隔离，做到即使整天烧火也不会产生危险。另外，火塘的位置、风向和排烟方式都与防火有关。滇南的傣族、基诺族、哈尼族、拉祜族、佤族等都住干栏式建筑，他们全部在竹楼上烧火做饭，他们的竹楼全部都用木材建成，非常易燃，加之滇南气温常年都很高，火灾是非常容易发生的，但滇南少数民族的建筑方式也有防火的特点，很少听到有干栏式建筑着火的情况。

民族建筑文化中的防地震灾害内容。滇西北独龙、怒、纳西、普米等民族的传统建筑对地震有很好的防灾减灾作用，房屋的墙不用石头或者土坯砌成，而是用木头穿斗堆积，整间房屋就是一个整体，防灾减灾效果显著，地震时不易倒塌。另外，2014 年发生在云南省普洱市景谷县的“10·15”地震，震级 6.6 级，震源深度 5 公里，这种级别的地震是非常危险的，因此，地震初期人们估计损失会很大，但是，景谷地震只造成了 1 人死亡，324 人受伤，其中 8 人重伤。人们不禁要问，为什么景谷地震的震级那么大，震源深度那么浅，地震伤亡那么少呢？地震发生后，中央电视台记者、建筑专家和抗震专家都到该地区进行采访、调查和研究，专家们惊奇地发现，造成景谷地震损失小的原因是当地的民间建筑，这种房屋被称为“穿斗”，这种房屋的特点是整栋房子连成一个整体，这样地震时即使墙壁震倒了，整间房子也不容易倒。另外，这种房屋具有丰富的传统防灾知识，墙壁与柱子是分离的，柱子在里面，墙壁在外面，墙壁被震倒之后不会往里面倒，因为被柱子挡住了，往外倒的墙壁不会伤到人，这

① 兰婕：《不同灾难风险场景下的本土应灾实践探析——以黔东南南侗地区火灾为例》，硕士学位论文，西南民族大学，2014 年。

在地震中非常实用；当房顶瓦片掉下来时，被房子的楼板隔开了，很少能够砸在人头上，这是造成景谷地震伤亡人员较少的主要原因。那些受伤的人住的房屋是十多年前改装重建过的，不属于穿斗式的房屋。6.6 级的地震只造成 1 人死亡的情况，使该次地震在全国上下引发了很大的反思，人们认为，在大地震发生之后无事可做才是最值得欣慰的，中央电视台记者甚至说“这是最不像灾区的灾区”,①它体现出少数民族建筑中的传统知识，可以为现代建筑设计提供很多有益的东西，为其他地区甚至城市地区的防灾减灾提供经验。

民族建筑文化中的防风、防寒、防高温内容。几乎所有的建筑物都具有防风的功能，少数民族的传统建筑也不例外。在那些风力巨大的地方，各民族都在房屋建筑上下了功夫，他们在建筑物边上加上了防风的内容，如大理白族的“三坊一照壁”房屋结构，为了防风防火，设计出了“三合一”外墙工艺。②滇南彝族、傣族的土掌房具有冬暖夏凉的特点，防寒的土掌房主要出现在彝族山寨，防高温的土掌房则主要出现在傣族河谷地区。彝族和傣族的土掌房在建筑方法、外形和功能上并没有大的区别，主要差别在土质和内部结构上，傣族地处河谷地带，土质中沙土较多，土掌房以沙土盖顶；而彝族地处高山地带，土质以黏土较多，土掌房以黏土盖顶。另外，彝族和傣族的土掌房的差别还在内部结构上，并且与居住环境有关，彝族居住在高山，高海拔地区气候较冷，所以，一般房间都比较小，并且楼上楼下都有火塘，有的人家有 2—3 个火塘，整间房屋都比较温暖。这种情况体现了环境的特点和彝族人的生活习惯。相反，与彝族不同的是，傣族地区气候炎热，他们需要凉快和避暑，所以他们的房屋都比较高，房间大，需要空气不断地流通，不建火塘，一楼宽敞不隔开，二楼虽然隔开（目的是通风），但是房间也比彝族的大。由此可知，彝族土掌房以保温为主，有防寒功能；傣族土掌房以降温为主，有防高温功能。

建筑材料中的防灾内容。几乎所有民族的建筑材料都经过严格的选择，从材料质量和宗教意义上进行把关，材料上都用非常结实的木料，并根据当地的地理气候条件选择，如傣族热带地方从来不用松树建房，因为

---

① 中央电视台新闻调查《震后的七七组》，访问于云南省地震局官网：《云南景谷 6.6 级地震新闻视频资料》，http：//www.eqyn.com/manage/html/ff808181126bebda01126bec4dd00001/ynpejgdzzt/index.html.

② 段炳昌、赵云芳、董秀团：《多彩凝重的交响乐章——云南民族建筑》，云南教育出版社 2000 年版，第 71 页。

傣族地区的白蚂蚁非常喜欢吃这种木料，他们选用的是坚硬的栎木，但高山彝族地区则非常喜欢用松树，说明不同地区的木材选用是不一样的，但都有防灾的意义。此外，几乎所有民族的人都不用雷击过的树木建房，因为他们认为这些被雷击过的木头是不吉利的象征。很多民族不用有鸟窝的树木建房，也不用蛇上过的树木建房，这些都被认为是不吉利的象征。一旦选用了这些不吉利的材料，就有可能给户主带来灾难，所以，很多民族对于建筑材料的选择是非常认真的。另外，建筑材料准备时间也非常有讲究，建筑材料的准备时间通常是农历正月或者二月，因为这段时间建筑材料容易晒干，并且有时间可以及时运到家中。红河岸边的傣族则有点例外，因为他们的建筑材料有很多都是从红河中打捞起来的，每当雨季大雨到来的时候，他们就会整夜不睡，守在红河岸边，准备好各种工具，等待着洪水中冲下来的木头。

房屋建筑过程中的宗教文化内容也具有防灾减灾的意义。民族建筑文化中还有各种宗教上的意义，这些宗教的意义可以防止不吉利的事情发生。例如，无论是哪个少数民族或者当地汉族，建房在开工的时候必须择吉日进行，重要部分的施工也必须择吉日进行，如彝族土掌房开工动土、立柱、上大梁、填土等，都必须择吉日，并举行仪式，其他民族的建筑也是如此。传统上，任何重要部分的施工都要进行驱鬼仪式，以避免未来发生灾害。民族建筑文化除了具有上述自然灾害和人为灾害的防灾减灾因素之外，还有防盗贼、防土匪、防虫等功能，这些都是民族建筑文化中的重要内容。美国人类学家 Eugene Hunn 认为传统知识提供了人类—环境关系的洞察力，这些洞察力是自然科学没有或者无法提供的。[①] 它体现了人类与环境的关系，也是人类对于建筑文化的理解和解释。

当然，民族建筑文化中也有很多潜在的灾害风险，如土坯房的防震能力非常有限，有的民族使用木材非常多，也有潜在的火灾风险，有的民族建筑相互连在一起，一个村子连成一片，只要一家着火，全寨都会处在极度的危险中。这些都是在今后新农村建设、特色村寨建设和抗震安居房建设时需要考虑的问题。尽管如此，我们从上面的讨论中也发现，民族建筑具有深刻的防灾减灾内涵，值得深入探讨和研究。

---

① Hunn, Eugene, What is traditional knowledge? in *traditional ecological knowledge: wisdom for sustainable development*, Edited by Williams, Nancy M. and Baines, Graham., Canberra: Centre for Resource and Environmental Studies, Australian National University, 1993, pp. 13-15.

第五节 少数民族的伦理道德思想与灾害防治

汉族现行的阴历是世界上最为古老的历法之一，它对少数民族的历法产生了深远的影响，很多民族的行为和文化意识都与现在的阴历密切相关。然而，在少数民族地区，还流传着各民族的历法，如傣历、藏历、彝历等，都对世界文明做出了重要的贡献。即使是没有历法的民族，在使用阴历的过程中，也融入了本民族的文化。少数民族的行为、仪式、时间选择等都与对历法的理解有着密切的关系。彝族历法被认为是最为古老的历法之一，虽然使用仅限于今天的大小凉山地区，但是，影响深远。彝族历法一年有 10 个月，每个月有 36 天，剩余 6 天为过节日。正因如此，大小凉山的彝族一般都在 10 月过年，称之为“彝族年”。根据彝族学者刘尧汉的研究，彝族还有一种 18 月历，即每年有 18 个月，每月有 20 天，仍然留有 6 天作为过年日。[①] 据说这种历法与美洲的玛雅历法非常相似，但是，在彝族地区没有看到具体的使用情况。当然，在多数情况下，彝族人主要还是在使用汉族阴历和罗马阳历，这与其他少数民族相似。

然而，无论是有自己历法的民族还是使用汉族阴历的民族，其行为都受到历法的影响。在彝族历法中，除了凉山彝族之外，几乎都使用阴历。彝族的十二属相，有的地方与阴历的相同，有的地方则不同，其中最关键的是历法对于人类行为所产生的影响。彝族人认为，所有的日子都有凶吉好坏之分，即所谓的吉日和凶日，吉日就是人们选择各种重要事件的日子，如婚丧嫁娶、建房、节日、出行、举行仪式等，无不与日子的凶吉有着密切的联系。彝族毕摩教导人们，出行和回家的时候都要算清楚日子才能进行，尽可能避开属猪、属蛇之日，即所谓“蛇日不出门，猪日不归家”的说法。

同样，红河流域的傣族花腰傣人也分吉日和凶日，他们对此非常重视，所有的重大事情都要在吉日举行，他们也认为蛇日、猪日等不是好日子，一般都会避开蛇日、猪日。傣族人也坚信做任何事情都要避开不好的日子或者与自己相冲突的日子，包括建房、结婚、举办节日、仪式等，都需要看日子后决定。日子不好的话，就会在活动中带来灾难。同时，他们

---

① 刘尧汉：《〈彝族文化研究丛书〉总序——弘扬中华彝族优秀文化传统》，钟士民《彝族母石崇拜及其神话传说》（序言部分），云南人民出版社 1993 年版，第 1—41 页。

也认为属相与婚姻之间存在某种关系，属相相冲的人不能在一起，而只有相配的人才能长久并相互有利。

此外，哈尼、纳西、拉祜、苗、基诺、壮等民族的历法概念也基本相似。历法被认为是人类文明的象征，作为一个民族历史长短的标志。历法的作用对人类的思想和行为产生了深远的影响，几乎所有的少数民族都认为灾害与历法有着密切的关系，很多人在灾害发生时遇难都会被解释为"时候不好""日子对其不利"等，如果能避开这些日子，就会避免灾害发生在自己身上。彝族毕摩对于疾病、灾害、不吉利事件的发生是从历法的角度解释的，他们认为如果记不清楚发生事件的时间，就难以算出是什么原因导致灾难性事件，也不知道需要举行何种仪式。彝族毕摩丢失东西的时候，首先要确定丢失的时间和地点，那天是属什么的，这样就能确定还能否找到失去的物品。彝族毕摩生病的时候，也要确定哪天开始生病，属什么，特别是得病的时辰对于他们来说非常重要，因为这样才能算出什么原因导致疾病，并采取相应的仪式进行治疗。任何仪式都需要在特定的日子、特定的时段举行，如果时辰把握不好，仪式的效果就不明显。

伦理与灾害有着密切的联系，因为伦理文化中有很多与灾害有关的内容，如在灾害发生的救灾过程中就体现出了伦理的意义，在那紧急的时刻，无论是否认识，过去有没有矛盾，人们都会相互帮助。并且很多文化上的禁忌也会暂时为救灾让路，这种情况在2002年哀牢山区傣族社区的泥石流灾害中有鲜明的案例。① 灾害与伦理的关系还体现出它们之间的因果关系。换言之，灾害的降临很多是人类社会的伦理失衡所致，伦理道德的丧失是灾害发生的原因，不尊重天地自然、神灵、长辈、社会道德等都会导致灾难降临。例如，在彝族人的道德观念中，如果伦理道德的丧失是个体性的，那么灾害就会降临到这个人身上；如果伦理道德的丧失是社区性的，那么灾害就会降临在这个社区；如果伦理丧失是全社会，那么灾难就会降临在整个社会；如果全人类都丧失伦理道德了，那么天神就会"换人"，即彝族人从独眼人到直眼人再到横眼人的过程。

对天地神灵的尊重是避免灾害的基础，按照传统观念，天地在宇宙万物中是最大的，所以，任何祭祀和仪式活动及经书中都必须先提到天地神，天地神在所有神灵中必须排在第一位并受到尊重，并且有一整套的祭

① 李永祥：《傣族社会和文化对泥石流灾害的回应——云南新平曼糯村的研究案例》，《民族研究》2011年第2期。

天仪式。如果人类不尊重天地神灵，那么就会受到惩罚，天神使用的最突出的方式就是降灾于人类。事实上，各民族都有与此相关的神话，彝族洪水神话就是格兹天神要惩罚人类道德败坏的典型案例，彝族史诗《查姆》中叙述了从独眼人到直眼人再到横眼人的故事，都说明了人类道德衰败与天神降灾收回人种之间的关系，天神让人类再生也是一种道德选择的结果。例如，彝族洪水神话中有兄弟三人，老大、老二都是良心不好的，只有老三才心地善良，所以，天神选择了老三作为人类繁衍的传承之人。除了彝族之外，几乎所有的南方民族都有与洪水有关的神话，这些神话中大多数都是因为人类道德的问题而受到天神或者其他神灵的惩罚。当人类自身伦理道德堕落到了可以用“极度恶劣”来形容的时候，这样也就是到了天神换人类的时候，如云南省红河州开远彝族人就说，远古时候的人日子太好过了，就不敬天地，他们用白面粑粑作尿布。天神见了这种情况之后十分生气，发洪水淹死了那些人。① 由此可知，道德沦丧是导致自然灾害的原因之一。

风雨、雷电、山川、河流、树木、石头等自然物也是受尊重的对象。最为典型的是滇西藏族的神山崇拜，任何人都要对神山顶礼膜拜，尊重山上的一切。云南省新平彝族傣族自治县的傣族傣雅人禁止向河流做任何不礼貌的行为和话语，包括了向河流中丢石头，在河流边或者附近随意大小便、说脏话，这些都是侮辱河流和不尊重河流的行为，对河流的不敬会引起河神和水神的不悦，并降灾于人类。这是傣族人生活在低海拔地区，生活在河流旁边的缘故。他们的生活与河流和水息息相关，正是这个原因，傣族人对水神非常尊重，每年都要到红河岸边祭祀河神和水神，以避免红河水神降灾于人类。与傣族的情况相似，彝族、哈尼族、白族、瑶族、苗族、拉祜族等都生活在大山上，他们对大山是非常尊重的，每年都要对山神进行祭祀。他们不能在山上做任何不敬山神的事情，不能说不敬山神的话。彝族、哈尼族、拉祜族、瑶族、苗族等还有神树崇拜，如崇拜龙树等，除了神树之外，大树、老树、古树也都必须受到尊重，即使在砍柴的时候，也不能砍树龄太大的古树和老树。高山地区民族在打猎的时候，为了避免灾难的发生，在上山之前都要祭祀山神，打猎回来之后，也要感谢山神。这表明了人类对山神的依赖关系，人类使用山上的资源，同时也要

---

① 李子贤：《彝、汉民间文化圆融的结晶——开远市老勒村彝族“人祖庙”的解读》，《云南民族大学学报》（哲学社会科学版）2010 年第 4 期。

祭祀山神，以感谢神灵的帮助。

祖先、父母、长辈等都是伦理道德中最重要的尊重对象。祖先是彝族最为重要的崇拜对象，祖先神灵是彝族社会中最为重要的神灵。彝族人死后都要通过毕摩将其灵魂送回到祖先的居住地，与祖先团聚，这是对祖先的尊重。对祖先神灵的不敬，对父母、长辈、师父等的不孝不尊重等都会导致灾害的降临。此外，所有的少数民族都有尊老爱幼的传统习俗和道德礼仪，虽然这些习俗并没有法律上的功效，却有道德文化和防灾减灾的意义。如果一个人对老人不尊敬，那么神灵就会降灾于人类，为了避免灾难降临在自己的身上，人们都要尊老爱幼。

在云南省的少数民族中，少年成长、婚恋、性行为等都涉及严重的伦理道德问题。各民族对血亲、兄妹等婚姻和性行为都有严格的伦理控制，各民族洪水神话中的兄妹再婚是“世界上只有同胞二人”这一必备条件，[①] 洪水神话中的兄妹婚配是因为得到了神灵的许可，通过簸箕、筛子、石磨、隔河穿针等验证之后才得以举行婚礼和生育，因为那是唯一的人类延续方式，即便如此，洪水神话中的兄妹俩也只是勉强答应神的旨意，但他们后来生下的还是肉团、肉坨、葫芦等怪物，这种情况使人类认识到了“近亲婚配之弊”，[②] 属于伦理的范畴，尽管在神灵的帮助之下这些肉坨、肉团等变成了各民族的祖先，但在后来的神话中很少出现兄妹婚配的情况。

对宗教观念的不敬也会带来灾害。各民族都有自己的传统宗教观念及其意义，例如，房屋建筑关系到家庭兴衰、子孙后代吉凶祸福、发达与否等大事，彝族建房过程就是地道的宗教活动过程。[③] 房屋建设的地点、开工日期、仪式、材料等都有着各种伦理和宗教上的意义，彝族、傣族、哈尼族等民族的房屋内部结构也有宗教和文化的意义，如堂屋、灶房、火塘、大门、门槛等都有一整套的伦理道德规则，违反这些禁忌就会带来灾难。[④]

对动物的尊重和保护也是伦理文化中的重要内容。动物不仅跟人类是

---

① 谢国先：《中国南方少数民族神话中的洪水和同胞婚姻情节》，《长江大学学报》（社会科学版）2010 年第 6 期。

② 王宪昭：《中国少数民族人类再生型洪水神话探析》，《民族文学研究》2007 年第 3 期。

③ 张含、谷家荣：《简论云南彝族土掌房的文化内涵：写在云南石屏县麻栗树村土掌房调研之后》，《中南民族大学学报》（人文社会科学版）2004 年第 24 卷第 S2 期。

④ 张方玉：《试论彝族的宅居文化》，《楚雄师范学院学报》2002 年第 17 卷第 5 期。

朋友关系，还给人类很多的启发，不保护动物就维持不了生态平衡，没有基本的生态平衡，人类就会面临灾难。在云南的少数民族神话中，人类的各种灾害、灾难都是通过动物的帮助得到克服的，如狗到天上找粮种，公鸡帮助人类把太阳请出来等。很多民族姓氏都会崇拜一种有特点的动物，即所谓的“图腾崇拜”，图腾崇拜中有的崇拜动物，有的崇拜植物，整个民族都崇拜一种动物或者植物，有的则分得比较细。例如，彝族崇拜虎和龙的情况是比较突出的，楚雄州的彝族罗罗颇认为人类源于虎，万事万物源于虎，崇拜老虎的现象非常普遍，崇拜龙的情况更不用说。但是，彝族人图腾崇拜中也有更详细的分类，如彝族普姓崇拜石蚌，方姓崇拜吉吾鸟等，与整个民族的崇拜不同，这些情况说明了氏族祖先与该种动物之间的联系，通常是动物拯救过他们祖先的生命。如果该姓氏的人在打猎时不小心伤害了所崇拜的动物的话，就会带来厄运，需要举行仪式方能避灾。

伦理文化与防灾减灾之间存在某种联系，我们今天几乎到了无灾不成年的地步，从某种程度上讲，应该从伦理道德及少数民族文化上找找原因，我们的社会和文化在哪些地方出了问题，或许会得到某种反思。

第六节 小 结

少数民族本土文化与灾害的关系就是民族文化与防灾减灾之间的关系。对于本土文化与灾害之间的关系，笔者认为如下几点应该得到总结和强调：第一，少数民族的神话、史诗、传说、歌谣、民间故事等都记载了很多与灾害有关的故事，这些神话、传说和故事的内容距今可能非常遥远，也有可能存在于现代社会，但它们说明各民族历史上可能发生过与此相关的灾害，与当下的防灾减灾关系密切。

第二，各民族都通过宗教仪式的方式来进行防灾减灾，具体内容包括：通过宗教仪式来避免灾害发生，或者祈求解决方式，如祈求降雨来解决干旱灾害的问题；通过祈求天地来停止地震的问题；通过祈求不发大水而减少洪灾的问题；等等，都具有通过宗教来实现防灾减灾的意义。

第三，少数民族传统生态和环境知识与防灾减灾之间有着密切的联系，这种联系是在长期的历史长河中形成的，是传统生态和环境知识，是各民族实践的结果，它深深地嵌入社会成员中，代代相传，并得到创新和深化，各民族的成员能够通过传统生态和环境知识达到预防、应对和减灾的目的。传统的人类学家，无论是文化人类学家还是环境人类学家，通常都重视和强调各民族文化的传统，这在灾害研究，特别是防灾减灾的研究中也不例外。学界多位人类学家都对此有深入的讨论，例如，美国人类学家奥利弗·史密斯（Oliver Smith）等人类学家都阐述了传统知识对于防灾减灾的重要性，这是减轻灾害风险的实践者需要注意的。

第四，通过历法的方式来实现避灾，这种方法在云南各少数民族中普遍存在，如不是吉日不举办婚礼、建房、节日等，也不出远门、归家、访友等。遵守了历法的相关规定，就可以避免一些灾难，以达到防灾减灾的目的。

第五，少数民族伦理文化与灾害之间有着密切的联系，很多伦理问题在灾害应急、急救、物资分配、恢复重建等活动中体现出来，说明了民族伦理文化与灾害之间的关系。可以说，伦理文化贯穿了灾害的全过程，包括对灾害发生的解释、救灾活动的开展、灾后恢复建设的完成，都与伦理文化密切相关。

第三编

生态保护与可持续发展

第一章

生态建设与经济可持续发展

何治民　彭　兵

人类社会的发展大致经过狩猎采集、游牧游耕、固定农耕和工业文明四种文明形态。人类为了自身的繁衍发展，必须从所处的生态系统中获得所需的生物能。而人类社会区别于其他生物的最明显之处在于，人类不单依靠生物的本能去获取所需能量，而是在文化的规约下，长时期地向生态环境获取特定的物质和能量。在前工业文明的诸文明形态中，人们利用自然的能力有限，人类社会对自然生态环境的影响作用也有限，生态系统的自我调节能力会在一定限度内缓慢恢复。但人类社会进入工业文明后，随着技术的进步，人们能直接驾驭的能量越来越大，向自然生态环境索取的物质和能量也越来越多，逐渐地超出了自然生态系统的自我调节范围。特别是基于资本的可流动特性，工业文明对生态环境的影响已经不仅仅局限于某一国家或某一地区，这样的影响越来越显现出全球化的趋势。生态恶化、能源危机等问题逐步显现，到如今已经成为全世界人民共同关注的问题。在这样的背景下，生态建设和可持续发展的问题被提到议事日程上来。

第一节　生态建设的实质

生态建设是一项立足于现有认识水平而有计划推进的一项社会性系统工程，然而人类的认识水平总会随着时间的推移而不断得到深化，不断趋于正确。对当下的认识水平必须做出重大的保留，因而才有必要特意强调当下的认识水平。当下的认识水平肯定与工业文明负效应直接关联，其中几个对新一轮生态建设不利的认识将留在下一节集中讨论。在这里需要致力于强调，生态建设不是一劳永逸的行动。随着认识的不断深入和不断趋于正确，生态建设的内容、方式和做法，同样得与时俱进，不断创新。具体到扶贫的应用而言，也需要不断调整，而这正是正确把握生态建设实质的一项根本性立足点。本章的使命仅止于讨论当下及其后不长时段内的生态建设问题。

将生态建设定义为一项社会性系统工程，其依据在于展开这样的社会行动，本身就必然是一项综合性的建设使命。它不仅要涉及具体的实践操作，更要涉及整个社会的协调参与和相互配合，以及观念的转型、伦理道德的社会支持。与此相关的问题若不能达成共识，并实现有效的宏观调控，就不应当视为真正意义上的生态建设。为此，确立当下的认识水平，明辨其内涵和外延，自然成了首当其冲的原因。其基本内核在于，需要澄清人类社会的存在与所处自然和生态之间的关系。在漫长的历史岁月中，人类与自然的关系曾经有各式各样的理解，比如将人与自然的关系理解为亘古不变的既定事实，或者将自然理解为取之不尽用之不竭的库藏，或者将自然理解为神对人类的恩赐，等等。但人类社会发展到今天，此前的这些认识成果显然大有修订的必要。人与自然的关系比此前人类想象的要复杂得多，而且对其终极意义的认识，至今还处在探索之中。因而在这里，只能对当下的认识水平做如下归纳。

一 地球生命体系与人类社会

随着研究的深入，人们逐步认识到，地球生命体系是一个极其复杂而庞大的物质、能量和信息的集合体。这个集合体的存在、延续和运行都与生命现象息息相关，因而也自然表现出一种有序、有节制的规律性存在，在这一点上与宇宙中的无机物质能量信息运行存在巨大的差异。无机世界的存在与运行，主要是遵循物理化学的规律行事，其间的发展和演化都能在物理化学的研究中得到解答，去探索和深化的空间也是仰仗物理化学的研究去实现。但地球生命体系遵循的却是生命规律。而一切生命现象，都必然呈现为有序、有节的运行集合，具体的生命体都有特定的生命周期，从而使得所涉及的物质能量可以循环加以利用，并表现出不同的生命特征来，最终发育成一个完整的地球生命体系。在这样的生命体系内部，必然表现为系统性、自我调节性和相互制衡性。这一系列特征都与无机世界物质能量运行存在根本性区别，而导致这一根本性区别的原因，正是生命系统在其中发挥作用。所谓生命系统，是通过遗传得以世代传递的信息体系。只不过对这一信息体系的认识，当下还处于探索起步阶段，以后的进展则以人类社会的整体发展为转移。

人类及其所建构的社会，则是地球生命体系的产物，而且是极为有限的产物，同时又是一个具有特殊意义的产物。其特殊之处在于，建构人类社会的个人，无不具有自己的独立思考能力、经验积累能力和与其他个人建立并保持社会联系的禀赋。对于这样的特点，马克思和恩格斯将它总称为劳动，并明确定义为劳动创造人类社会并创造了人类自己。而这标志着一个世纪以前的最高认识。其后的认识发展，又有了新的突破和展拓。人们开始注意到，人类及其社会的存在形式，确实与其他生物物种存在根本性的区别。具体表现为，人类社会兼具生物性和社会性的特征，其他生物不具备社会性，仅是一种生物性的存在。至于如何去认识人类的社会属性，则需要做进一步的澄清。

二　人类的社会属性与生态建设

就终极意义来说，人类所具有的生物属性，与其他生物相比，并不存在任何意义上的优势，在物种之间的生存竞争中，获得生存和延续的概率并不比其他生物强。然而，客观的历史事实在于，人类在数百万年前来到这个地球后，其种姓和规模得到空前发展，生存和延续的潜力超越了其他一切生物物种，而且这种超越至今方兴未艾，前途无量。这就使得我们不得不承认，人类的优势不是来自其生物属性，而是来自其他生物不拥有的社会属性。这样的社会属性，经过归纳、整合，至少可以在如下五个方面得到当代人的认可。

（一）个人必须归属于特定的社会

迄今为止的研究表明，社会建制仅属于人类，其他生物物种在其生命延续中虽观察到有类似人类社会的属性和影子，但与人类社会的差距依然无限大。因而我们当下可以认定，社会是人类的专有创造物。与此同时，常识告诉我们，古今中外的一切个人，都必然分属于不同的特定社会，这就是大家习惯所称的民族。个人生活在特定的民族中，最显著的特征在于，个人必须依靠这个特定的社会而获得生存和延续乃至繁衍后代，他的一切生活所需乃至其生存的样态都必须接受特定社会的规约。任何个人如果要做真正意义上的自然人，他将降格为普通生物物种，而不是人。也就是说，个人对社会不是无条件的选择，而是有得有失，甚至是不二选择，他必须部分地放弃来自生物属性的存在方式和延续方式，无条件接受特定社会的规约，并在其中发挥其聪明才智，赢得社会的肯定，在社会中赢得荣誉，争取更好的生活条件。就这个意义上说，人类其实创造了专属于自己的社会，同时在社会的牢笼中赢得生存，实现自己生命的价值。就这个意义上说，人类与普通物种不同，会集中表现为，个人的生命价值是在社会中获得的，而不是靠生命信息和遗传获得，以至他的行为方式不管如何特异，如何超常，其实永远被框定在特定的社会规范之中，而永远不是超然存在的自然人。强调个人的个性、能力、智慧，其实仅是特定社会发展阶段的习惯性认识偏颇而已。必须正确认识到，人类的一切特异性和优势都是社会的产物，是社会赋予的结果，个人所有的价值都是相对的，都随着社会而变化。

个人在进入社会生活后，必然表现为，他需要和与之共生的其他个人，按照社会的规范，结成极其错综复杂的关系，如血缘的、地缘的、利益的关系，等等。这样的人际关系，在社会规约下，同样会表现为一种制衡运行关系。其呈现的物质集合样态，也同样是制衡运行的产物。任何个人都不可能发挥终极意义上的决定作用，终极意义上的决定作用始终来自人类所创作的社会的自身运行。就这个意义上说，人类创造的社会，对个人而言，同样是不可控的，却是可以参与，可以发挥聪明才智的地方，而且个人对社会还必然具有依赖性。这一切在漫长的历史岁月中，总是不断被证明、强化，并至今还制约着一切个人的存在方式和行为规范。对此，我们显然需要注意到，放大个人作为的相关认识，肯定需要做到理性的回归。将个人与社会融为一体，才有可能把握人类社会属性的本质。

（二）社会具有放大个人体力智力的禀赋

单个的个人与其他任何生物个体相比，不具备任何意义上的优势，但个人一旦融入社会后，社会就可以把个人的体力和智力加以有效的重组和整合，从而实现了前所未有的创新和突破，使个人体力、智力的组合有序地存在和延续，获得全新意义上的社会合力。社会合力的总量会明显地大于其个体的叠加和总和，使个人的体力和智力在社会运行中得到放大，从而使人通过长期历史积累，会表现为比其他生命物种的生存能力、延续能力和对地球生命体系的加工能力都要大，从而造成了人类在地球生命体系中的独特地位。

这样的独特地位包含着如下三方面的内容：一是人类社会活动具有鲜明的目的性和功利性；二是人类的活动会表现为，个人知识和经验能够得到有效的传递，包括人际传递和代际传递；三是个人活动的后果会具有可持续的积累性。

我们不妨假定，任何个人都具有认知周围世界和经验总结的能力，当然，就一般意义而言，其他任何生命个体，光凭生命信息，也具有一定意义的类似能力。然而，正因为人类具有社会属性，个人对外界的认识和经验的总结也必然打上社会烙印，使这样的经验总结也获得了社会属性，并将所属社会的功能融入个人经验中，从而使个人在认知外部世界和总结经验时，也带上了特定社会的目的性和功利性。具体而言，对于处于狩猎采集文明下的个人，无论是对外界的认知还是经验的积累，都绝对不会关心狩猎采集以外的其他生物及生物之间的关系。处在游牧文明下的个人，除了关注他们掌控的牲畜外，通常也不会过分关注其他的生物物种。处在游耕类型文明下的个人，通常仅关注他们能掌控和利用的生物物种及其相互关系。而农耕类型文明下的个人，更会集中关注他们所种植的作物和伴生的生物。这一切都明显地表现为，个人的认知和经验积累并非天马行空任其自然，而总是在社会规约下，按照所属社会认定的目标和功利要求去从事自己对外界的认知和经验积累。因而，此前文明诸形态所积累的经验，也和民族文化一样，具有鲜明性，无论是认识的目的还是经验积累性，其目的和功利无不具有相对性。接下去发生的认知和经验的积累，也具有相对性，仅属于特定的文化及其社会。不同的文化和社会，所形成的认识和经验积累相互之间不会自然地实现沟通、整合和提升。要实现目的和功利的整合和提升，都需要通过跨文化的手段，而且通常是通过强制手段，才可能实现。这些事实都会使得人类对所能从事的生产建设，在目的和功能上，也会出现不容忽视的相对性。当然，这也是当前生态建设难以协调、难以准确到位的原因所在，而且这样的困难不是哪个人或哪个民族文化可以化解的本底性困难。

个人形成的认知和经验积累不仅具有鲜明的文化属性、相对性和有限性，与此同时还具有可传递性。任何个人都可以把个人认知和经验，通过语言和其他方式转达给其他人，也可以通过教育和强制手段让下一代永远得以接纳这样的认知和经验积累，最终形成特定民族乃至整个人类社会可以共享的精神财富。不过在实现共享前，如何接纳、吸收这样的精神财富，个人同样做不了主，而是靠社会合力去实现。而这一点，在历史长河中总会表现为，同一内容的认知和经验总会不断被人发现、遗忘、再发现、再利用。出现这样的曲折和耗费不是个人意愿使然，而是特定时空范围内社会需要使然。

今天我们的生态建设面临的正是这样一种尴尬的局面，在历史上，曾经被人类发现和利用的经验，能够传递到今天的都是小部分，绝大部分都被淘汰和遗忘，而这样的淘汰和遗忘的内容对今天的生态建设有价值。为此，今天的生态建设，需要不断发现、解读、创新和利用此前早已发现利用的经验。这将意味着当代生态建设不仅需要往前看，立足当代建设需要，还得往回看历史上的有用经验。对当代生态建设而言，传统依然必不可少，无法替代，不仅是本民族的认知和经验，乃至异民族的认知和经验也得传承和发扬，还得根据现代生态建设的需要融会贯通，才能成为有意义的精神财富。

认知和经验积累在人类社会中，具有鲜明的可积累性，在其他生物物种中则表现得不明显。其间的差异集中表现为，人类在建构社会的同时，也连同建构了认知和经验积累的框架，建立了可积累的系统。凭借框架和系统，个人通过整合、确认或者汰选后所保存下来的内容，都会随着时间推移而不断完善，并成知识体系。这样的知识体系对特定民族而言，可以称为本土知识和技术体系。在这样的体系中，各种认知和经验都得到有序组装，能用同一理性加以接受、传承和创新。但对异种文化而言，则不具备这样的必然性。认知和经验可以积累和放大，人类社会在其存在和延续过程中，对所处生态系统的改造也可以积累和放大。具体表现为，处于狩猎采集文明下的个人认知，会按照狩猎文明的目标工艺的要求，积累放大成一个仅适用该种文明的知识和技术体系。其他文明形态也无不如此。在这样的本土知识和技术体系下，对所处自然与和生态改造的成果也会放大，具体表现为，固定农耕文化下的诸文化随着时间推移，其耕地的范围会不断展拓，直到该种文化无力去推动其扩大为止。之所以无力扩大，是该特种文化与所处自然和生态系统制衡运行的结果，而不是文化的意愿使然，其他文明类型也是如此。其总体结果就会表现为，人类的生存空间和生产空间的结构特点，会在空间上不断扩大，不断蚕食纯粹自然状态下的生态系统。

到了今天，经由人类加工改造的次生生态系统，几乎展拓到了地球陆地 90%的范围。除了人类尚未抵达的地方外，其他地方的生态系统，就其本质而言，都是人为的次生生态系统。换句话说，人类的认知和经验积累，造就了人类社会的可放大性。包括特定文化的放大和人类社会的总体的放大两个层次，这样的放大，又会导致人类社会掌控的并可以利用的次生生态系统也具有可放大性。这将意味着，当前从事生态建设，我们面对的并不是纯粹意义上的自然生态系统，在绝大多数情况下，需要面对的都是在历史上加工改造后被特定文化创造的人为生态系统。要从事生态建设，不了解生态系统的历史由来和文化属性，肯定是劳而无功的做法，不注意到生态系统的次生性，误将它看成纯自然生态系统，更会使当前生态建设误入歧途。

（三）人为次生生态系统具有民族文化性

社会对个人认知和经验积累的规约节制作用，还会导致经由不同民族文化建构起来的人为次生生态系统，也具有鲜明的民族文化独特性。就这一意义上说，生态系统可以称得上是物归其主了，已有的民族学资料积累会使得这一认识更加清晰可信。举例说，同样是农耕文明下的稻田经营，汉民族建构起来的圩田生态系统，与孟加拉文化所建构起来的板漂浮稻作就会表现得极为不同。汉民族建构的稻田需要严密防范水淹，而孟加拉文化建构的同样的稻田，却可以做到任凭水淹。当代的孟加拉国，国土面积（包括稻田在内）在洪水季节被 2—3 米的水淹没 1/10 的情况下，照样可以稳定延续。这对汉民族而言不可思议。同样，孟加拉人不可思议汉民族如何做到稻田基本不受水淹。这不仅是一个客观存在的普遍事实，对当代生态建设而言，还具有更其深远的意义。因为这将意味着，对时下所能观察到的人为次生生态系统加以维护创新，或者对受损后的生态系统实施修复的主人——特定民族，必将扮演关键角色。其理由全在于，他们对这样的生态系统积累的认知和经验，最适用于这一生态系统。凡涉及这样的生态系统的有效生态建设，离开了他们，几乎是无从谈起。换句话说，在民族文化多样并存的今天，具体的生态建设同样要遵循物归其主的原则，主要靠生态系统归属的民族和文化去发挥主观能动性。生态建设的目标、手段和最终的结果，主要得靠相关的民族及其文化去完成、维护。其他的民族和文化积累的经验仅具有参考借鉴价值，而不具有直接应用价值，异民族的经验都必须由相关民族加以吸收整合才能派上用场。

因而，广义的生态建设仅是理想化的抽象而已。每一项具体的生态建设，其实施的对象有它的文化特异性，也有它的主人，仰仗的对象主要是它的主人，而不是由他人越俎代庖。这样，将生态建设作为扶贫手段加以利用，虽说至关重要，但如何尊重相关生态系统的主人及其文化的关键作用，则不容忽视。更不能将复杂的生态建设强加于其他民族，文化的相对性必须在生态建设中得到具体落实和体现。在中国，长期延续的一刀切生态政策，需要加以审慎的宏观调控，尽可能做到因地制宜，因人而异，才可以确保生态建设和扶贫工作实现完美的对接。

（四）生态建设的措施及其价值判断具有相对性

社会对个人认知和经验积累的节制，还必然会导致每一项具体的生态建设的措施及其价值判断也必然具有相对性，也需要做到物归其主。常识告诉我们，地球陆地自然存在的生态系统极其丰富复杂，其间的差异极其鲜明，而这些特性是原生生态系统，都是自然与生命规律综合作用的产物。它们都是中性的存在，并不具备优劣之别。但不管是什么自然生态系统，一经利用和加工改造后，该种文化建构起来的价值体系，必然对次生生态系统做出价值评价，而且以后的社会运行会沿着这种价值取向去实现对生态系统的加工和改造，并赋予所加工的人为次生生态系统最高价值。其他生态系统，不管是原生还是次生，都赋予等而下之的价值。

当代的自然科学业已证明，地球陆地上的自然生态系统都是其所处自然背景，包括岩石结构、气候条件、自然力作用大小和方式所造成的。而这样的自然力的作用方式，人类社会都不能做出彻底的改变，因而自然科学工作者会将特定的生态系统在研究的基础上，对其本底特征做出归纳和总结，进而确认，对这样的本底特征，人类的努力不能做出改变，只能做出相应加工和利用而已。这样一来，将意味着不管我们的生态建设如何做出努力，地球上依然还会有沙漠存在，也会有森林存在，还会有苔原带存在，人类的一切努力最多只能表现为相关民族建构的次生生态系统在规模上做的一定程度的扩大，并可以靠人力保证其稳态延续，以满足特定民族生存需要而已。那种把生态建设曲解为消灭价值低的生态系统、无限膨胀价值高的生态系统，显然是不切实际的幻想，根本不能切中生态建设的目标。事实上，即令到了今天，任何意义上的生态建设，只需要做好三件事就够了。一是保证生态系统有最大限度的生命物资和生物能的产出能力。二是确保这些不同的生态系统都能得到超长期的稳定延续，确保相关民族获得可持续存在和发展的根基。三是确保所有为此付出的社会劳动力和智力，尽可能最小化，尽力追求习惯所称的事半功倍。而这三项目标又只有在尊重不同次生生态系统文化归属的前提下，其价值具有相对性的原则基础上，去加以兑现，尽可能使这三项建设目标获得全人类的普遍认同。

就这一意义上说，实施生态建设既需要尊重文化属性和生态的独特性，又要高度关注其可行性，决不能用社会力量去无限度地违背不同生态系统的本底特征，去再造心目中高价值的生态系统。要将生态建设作为扶贫手段去加以实施，同样不能违反上述原则。

（五）人类认知的有限性与地球生命体系的复杂性

诚如上文所言，迄今为止，人类对地球生命体系的认知始终没有越出社会的轨范，更没有越出特定民族文化的轨范。然而，人类社会是具体的，民族文化更是具体的和有限的，有限的文化规约下的个人认知更是极其有限的存在。从而致使历史上积淀下来的自然和生态的认识，无不具有有限认识，人类用有限的认知去认识无比复杂的地球生命体系，这显然是十分尴尬的局面。人类不是在充分认识后才改造，而是认识不充分就急于改造。其后果表现为这样的努力是一把双刃剑，其中的得与失密不可分，永远不可能剥离。正是在这一意义上说，既有的积累必然具有不可替代的价值，人类和所处生态系统不断磨合才找出其间的可结合点来，这才使得相关文化和所属生态系统可以在有限的时空范围内做到有限的和谐共荣。一旦这种格局被打破，就得展开新一轮的经验积累和人与自然的互动磨合。这肯定是一个有始无终的客观过程，人类社会对生态系统的改造和人与自然关系的再建构将永远持续下去，除非人类社会不存在，否则都得进行下去，人类社会才可能获得所谓的可持续发展。因而，生态建设将是一个人类社会的永恒奋斗目标。要在永恒的探索认知过程中不断深化对生态的理解，不断创新生态建设的内涵和建设手段，因此人类的认知不断趋近于对生态属性的完整认知。

从理性的视角入手，我们还必须注意到，理性仅属于人类社会，而不属于生态系统，生态系统只能按自然规律和生命规律存在、运行和延续。而人类社会的理想则完全是人类自身建构起来的，而且其间还存在鲜明的不容忽视的文化差异。就这个意义上说，人类社会与所处生态系统必然表现为两个并存的体系。两个体系之间，围绕人的生物属性，人类社会具有必然的依赖性，人类的理性也会带有依赖性。对这样的事实，可以比喻为人类社会其实是寄生在地球生命体系中，人类社会离不开地球生命体系却不完全属于地球生命体系，因为它有一系列自身的创造，并使自己成为特色的生命体系。结果意味着，人类的理性不能驱动任何意义上的生态系统，对人类社会而言，生命系统的存在，并不具有人类的理性，在人类社会和生态系统之间，更是非理性的存在。

人类社会的理性只能驱动社会中的个人，不能直接驱动所处的生态系统自身，以至人与生态系统之间的和谐共荣肯定是特定人类社会建构起来的存在形式。而这样的建构需要仰仗长期的相互磨合、相互制衡、互为对象、互为因果。人类要建构与所属生态系统关系，除了经验积累之外，别无他法，除了不断认知所属生态系统、不断修正自己的失误外，也别无他法。然而，由于人类认知的有限和地球生命复杂的无限，最终使得这种认知过程伴随人类社会之中。具体生态建设是立足于特定生态系统，对特定的生态系统做出具体的努力，其目标则回归于上文已经提及的三大内涵，而这三大内涵的完成或者基本完成则可以定义为特定生态建设目标的实现，但不能理解为终极意义上的实现，新的认知还得做下去，新的生态建设内容还得不断提上议事日程。这就使得借助生态建设作为扶贫手段加以利用，其使用对象、范围、可生效的时间和空间范围都是具体的，而不是泛化的，更不是一劳永逸的。相应的扶贫成效也得作如是观。

当下，之所以借助生态建设这一手段去实现既定的扶贫目标，其依据在于工业文明的兴盛和负效应的不断扩大。具体到中国而言，不同类型、不同样式的生态系统都出现了退变的趋势，都表现为生态问题的频发和受损的严重化，而且逐步得到了社会各界的公认，从而使得社会化舆论导向和社会努力方向都将致力于实施大规模生态恢复和生态维护，并成为社会一致的意愿和要求。在这一背景下，与生态维护和生态恢复直接相关的人群，将会理所当然地成为生态建设的主力，也可以从中获得报偿性的实惠，而这才是当下扶贫工作的客观事实，也是将生态建设作为手段去加以利用的基本依赖。

第二节 生态建设与可持续发展

当前“生态建设”一词几乎到了家喻户晓的地步，但生态建设的内涵和目标却存在争议。习惯性的看法认为，生态建设就是要把生态系统建设成最好的生态系统，甚至更简单化地理解为，就是恢复森林。至于什么样的生态系统是好的？建设什么样的森林？对这些问题，加以细究的人不多。诚如上文所言，生态系统多样并存，本来就是地球生命体系的本底特征。其中，什么样的生态系统算是好的生态系统，本身就需要民族文化去界定，根本不存在全球话语的标准。至于恢复为森林生态系统，同样是一个值得深究的问题。在地球表面，陆地森林生态系统千姿百态，不一而足，具体到特定的区域，该恢复为什么样的森林生态系统，其间的区别巨大，不容相混。因而，对生态建设的内涵和目标显然需要作出准确的界定。

一　生态建设的目标与内涵

大致而言，当下所实施的生态建设其实需要分为两类，其一是生态恢复，其二是生态维护。两大任务的合称才是对生态建设的全面理解。生态恢复是针对工业文明的负效应而言的。在工业文明负效应的驱动下，我们正面临着大面积类型各异的生态退变，这一切是生态危机和生态灾变的总根源。实施生态恢复就是要将已经退变了的生态系统恢复为能够独立运行、稳态延续、相关民族能高效利用的生态系统。总而言之，需要具体问题具体分析、具体对待。退变前是哪一种生态系统，自然成了实施生态建设的目标，就是恢复此前存在过并能稳定延续的生态系统，实施生态建设的地区此前是常绿阔叶林的，就得恢复为常绿阔叶林，此前是草原的，就得恢复为草原，退变前本来就是沙漠绿洲的，其目标也要恢复为沙漠绿洲，如此等等，而不应当一概恢复为森林或者草原。那样做，肯定会违反当地生态特征，不仅恢复的成本大，恢复后也不能发挥应有的生态效益。

因而，生态建设的内涵必须明确地界定为，在深入研究历史和当代实情的基础上，选定恢复的目标，并采取相应的措施，使生态系统在人类劳力和智力的投入下，重新呈现为此前存在过的生态系统。在这一界定中，并不意味着另造一个生态系统，或者恢复为当事人心目中认定的良好的生态系统。

二　生态恢复

实施生态恢复是一项复杂的系统工程，它必须立足于深入系统的研究，以研究的结论为指导，去探寻最佳的恢复方案和恢复手段，而不能降格以求，将生态恢复曲解为群众运动式的植树种草、退耕还湖，而必须是一项需要专家学者共同参与的，由各民族乡民有步骤、有计划实施的科学的社会活动。生态恢复的全过程中，显然需要持续的劳力和智力投入，还需要持续不断地观察分析，以确认恢复的成效，提出需要补救的手段和方案，才能达到预期的生态恢复目标。至于为何要按照历史上曾经有过的理想生态系统，其依据在于，凡属当地曾经有过的生态系统，必然最适合当地无机自然背景的结构特点，生态的自我存活、自我延续、自我调节的功能都能得到最大限度的发挥，一旦恢复成功，人类所需要的生态维护成本就会大幅度降低，可以凭借生态系统自我的生存能力去降低劳力投入，并且发挥可利用成效。

我们必须清醒地意识到，即令在科学发达的今天，要凭借从头做起式的生态恢复，去了解当地无机自然结构特点，肯定是不胜其烦、耗神费时的艰巨的科研活动。这对于生态恢复而言，肯定成为一项不胜重负的任务，但如果以史为鉴，以各族乡民的记忆为鉴，这样的繁琐工作无须从头做起。因为这样的生态系统在历史上既然存在过，而且留在文献中，留在乡民记忆中，那就表明这样的生态系统本身就具有自我延续、修复和创新的能力。相应地，复杂研究就可以从简，而成效有充分的保障。甚至是生态恢复的目标中，需要包括哪些生物物种，各物种的空间布局，都可以借助历史资料的积累和乡民的记忆去做出明确规划，对生态恢复实施而言，也是一件有利无弊的资料积累工作。

此前，不少人理解生态系统只是简单想到植树种草，以至于恢复工作完成后，即令恢复成功，形成的往往仅是单树种的纯林，或者是草种单一的草地。这样的做法，即令恢复为树林和草地，那仅是人工制造出来的绿地而已，它们并不是真正意义上的生态系统。真正意义上的生态系统，必须是一个物种多元并存的、能够自立运行的生命实体单元，其中既要有各式各样的植物，又需要有各式各样的动物和微生物，只有这三种物种搭配处于和谐状态，才有资格称为生态系统。这样的生态系统，经过一段时间的验证，证明具有自立运行能力和自我修复能力，而且能保持稳态延续状态，才算是实现了生态恢复的目标。恢复后，既能保持较高的生命物资和生物能的产出能力，又不需要人类实施更多的劳力和智力的投入，并能为相关民族所高效利用，符合生态建设要求的生态恢复才能算完成使命。

三　生态维护

生态建设中的生态维护，是一项常态化的社会工程。做出这样的认定，不仅是基于历史原因，也是因为此项工作具有不可替代的现实需要，更因为这项工程具有坚实科学理论支撑，同时，也正因如此，当前及其以后的生态维护才可能成为扶贫工作的一项常备手段，并能持续生效，确保贫困人口的可持续脱贫。

从历史的维度看，在工业文明前的漫长历史岁月中，不同文明类型和不同样式的民族及其文化都曾经在相对有限的范围内，在利用好资源的同时，展开好生态维护工作，从而积累了丰富的经验。可以确保人工建构的生态系统能够实现稳态延续，相关的知识技术储备能够较好地承担起生态维护的使命来。

从现实需求看，在实施生态修复后，当代所面对的自然和社会背景于历史上看肯定会出现难以把握的变迁。因为，即使按照历史上已有的经验完成了生态恢复工程，但这样的生态工程能否达到预期的目标，显然需要长时期的观察和验证。其间，不仅需要常态化的劳力和财力投入，还需要与现代科学技术相结合，以至于常态化的生态维护工作任务仍然很重，这更是生态恢复必须常态化推进的客观需要。

从生态人类学的已有理论出发，凡属人为建构的次生生态系统，肯定会打上相关民族文化的烙印，而不可能完全按自然规律和生命信息去独立运行。生态运行中总不免会出现各式各样的生态偏差，引发为不可控的生态变迁，甚至会诱发生态灾变，这就会使得生态修复工程完成后形成的次生生态系统还需要相关的民族文化去加以维护，及时处理始料不及的变故和变迁，这也是生态维护必须常态化的一大原因。与此同时，凡属于纯自然生态系统，其自我修复自我调节所耗费的时间都会拖得很长，短则一年，长则百年，这势必会影响到我国国民经济的需要，相比之下，人类投入人力、财力所需要的时间很短，才能满足社会发展的需要，这是生态恢复必须常态化的又一原因。除了人类自身的需要外，人为生态系统与纯自然的生态系统一样，都会遭受概率性的社会风险，地震、山崩，自然异常，森林失火，总是难免的，人工建构的自然生态系统在遭受自然风险时肯定会受损，任其自然恢复肯定要耗费漫长的岁月，恢复的质量很难达到预期的目标，实施人工可以锁定恢复的时间，确保恢复的质量，这更是生态维护需要常态化的关键原因。

需要强调之处在于，生态维护的行动目标，主要是确保生态系统能够稳态延续，并能做到最大限度的自我恢复，人类在维护的工程中投入大量的人、物、财仅是帮助生态系统，不是人类去代替生态系统。因为，在常态化的运行中，通常仅是在利用生态系统各种资源的同时，发现问题能做出正确的应对，而不需要专门安排资金、人力从事维护工作。但在实施生态维护过程中，由于维护者不论对生态系统做出多么及时、准确的观察和判断，往往需要等到严重化后才可能引起警觉和重视，在这样的情况下，往往会错过最佳的维护时间，因而在维护的实际中，坚持维护的辩证统一至关重要，可以极大地避免维护不及时、措施不到位等诸多人力弊端，可以确保生态维护工作实效的提高。

展开生态建设，既然是一项复杂的社会工程，需要投入的劳力、智力和需要耗费的时间肯定不会少，但如果处理得当，建设时间和资金投入就可以得到最大限度的节约。其有效的对策正在于，必须将与相关人造生态系统直接关联的各民族民众确立为生态建设的主体，让他们承担起生态建设的使命，支持他们为生态建设投劳、投资，去分期分批地实现生态建设的各项任务，而不应当由专业性企业去开展生态建设工程。原因在于，我们需要面对的生态系统过于错综复杂，不同的生态系统形成的历史过程又互有区别，以至于在不同的生态系统中从事生态建设可能遇到的问题差异很大，实现生态修复和生态维护的知识及技术要求差异很大，专业性的公司很难做到区别对待。因为要摸透不同生态系统的属性和变化，需要经过漫长的持续观察工作，这样的工作如果不生活在当地就很难做好，而一般的专业公司是很难做到这一点的。只有当地的各民族长期生活在当地才比较熟悉，同时积累先辈的经验，他们又掌握了当地所需要的技术和技能，靠他们去实施生态建设，成效更有保障，当然，这样做更有利于将生态建设作为扶贫手段去加以利用。

总而言之，当前及以后很长一段时间内，生态建设工作在一般情况下都不应当机械照搬各式各样的成功经验和成功做法，而是应当尽可能地借鉴和消化吸收当地各民族积累起来的本土知识和技术，这样才对生态建设更有利。然而，要这样去加以利用，要把对各民族的本土生态知识、技术的发掘、整理和解读的各项工作都必须做好，只有做好这些工作，生态建设才能达到预期的成效。

第三节　小　结

综上所述，当代可以实施和需要实施的生态建设，以及从事怎样的生态建设，能够在多大程度上实现其预期目标，取决于如下三个方面的落实程度。

其一，特定民族与其所处的自然和生态系统的和谐共荣关系，能否达成，不取决于生态系统本身，也不取决于民族文化本身，而是取决于相关文化在其自身的功利和目的的驱使下，在多大程度上能够通过经验的积累和不断的认知对所属的生态系统的认识水平，并在这一认识水平下，去能动地支配其成员通过与环境的磨合，达成对所属生态环境的适应。也就是说，相关人群对生态系统的认知和经验积累是唯一可以依赖的力量。人类在这一过程中始终发挥主观能动的作用，生态系统只是被动接受人类的模塑，是否能表现为和谐共荣的关系完全取决于人类及其文化的努力。但无论怎么努力，文化与生态之间的对应关系都是人类不可能轻易逾越的鸿沟。生态建设必须具体问题具体对待。文化在其间发挥的作用绝对不容忽视，更不容许随心所欲地混用，扰乱其对应关系。

其二，特定文化与所属生态系统的和谐共荣关系仅是在特定时空场域有效，随着时空变化，特别是民族间制衡关系变化，此前生态建设取得的效果就会失效，就必须实施新一轮的生态建设。这种从适应到不适应的周而复始的运行过程，将永远延续下去，这将标志着当代生态建设只是人类社会特定阶段的内容。生态建设必定要与时俱进，不断创新。因而当下将生态建设作为扶贫手段，也仅是特定时空场域下的需要和可能，绝不是终极意义上的一劳永逸的社会行动。

其三，由于工业文明发展派生结果必然使得当代的生态建设通常具有跨文化、跨区域的特点，因此，生态建设在当代的进程中，每个民族维护其特定的生态系统开始变得不仅是自己的事，也必然牵涉到周边其他民族。更因为并存文化之间的价值具有相对性，因此对并存生态系统价值的判断又必然随文化差异而不同。要实现跨文化生态建设，就必须考虑到并行的不同生态建设内容和手段之间的协调和相互兼容。这样的协调和相互兼容，在工业文明背景下是通过强权实现的，其结果必然表现为不公正性。当代生态建设，特别是具体到中国国内而言，跨文化之间的协调职能可以通过相互协商、相互了解去形成可靠的保障。而这一保障体制的不断健全和完善才是生态建设可以作为扶贫手段的重要前提。要满足这一重要前提，需要时日和密集的沟通协调，但最根本的出发点是必须对时下习惯性的各种认识偏颇做一个根本的廓清，对那些与生态建设相左或者无法兼容的过时的认识，必须做出匡正和清理，这样才能保障当下正在推进的生态建设为扶贫工作助一臂之力。

第二章

生计转型与生态环境变迁

皇甫睿　耿中耀

任何民族生计的形成都是民族文化对生态环境调适的产物，从历时性视角来看，民族生计不断演化，是一个动态的过程；从共时性视角来看，民族生计在经历一定变化后，在一段历史时期内又逐渐趋于稳定。民族生计的形成会受到自然生态环境的影响，而生计方式的变化又会引起自然环境的变迁。在前工业文明时代，民族生计也在不断发生变化，但是引发的人为生态退化或生态灾变并不显著。然而，随着经济全球化时代的到来，人们的生产生活方式都发生了很大的变化，随之带来的生态问题却越来越严重。我们不得不去重新审视民族生计与生态环境之间的内在关联，并结合传统社会的生计转型和现代社会的生计转型后所带来的生态环境变迁，来探究引发生态问题的根源所在。

第一节　生计与生态环境之关系

"生计"在汉语中有三种解释：产生计策；生活用度；维持生活的办法，亦指赖以度生的产业或职业。这里探讨的"生计"应指第三种意思，"生"指基本生存，谋取生活，"计"指选取的满足基本生存的方法、手段。该意原出自《陈书·姚察传》："（察）清洁自处，资产每虚，或有劝营生计，笑而不答。"① 无论选择什么样的谋生手段，生计都体现为人类的生物属性和社会属性的双重属性。人类的生物属性决定了人类必须从自然界中获取物质、能量与信息，从而满足自身的基本生存与繁衍。人类的

① （唐）姚思廉：《陈书·姚察传》卷二十七，列传第二十一。

社会属性决定了人类必定依靠自身所持有的文化对自然进行利用、加工和改造，以特定的方式从自然界获取满足自身生存与繁衍的物质、能量与信息。这样的过程实际上体现了人类对其所处自然环境不断适应的过程，更体现了人与自然之间的互动过程。没有人类活动的自然环境，属于纯自然的生态环境，并不是我们这里要研究的范畴。而经过人类利用、加工和改造后的生态环境才是我们所要探讨的环境。这样的生态环境已经不再是纯自然生态环境，而是次生生态环境，同样涵盖了人与自然互动的内容。人类在凭借自身独有的文化对所处生态环境进行改造和利用的同时，生态环境并不会任由人类的意愿肆意改造与利用，反过来会对人类的相应行为起到模塑与限制的作用，会以相应的生态后果给人类以反馈。显然，人类的生计与生态环境之间呈现出互动制衡的关系，只要任意一方发生变化，另一方也会随之而产生不同程度、不同方式的变迁。

在人类生计与生态环境互动制衡的过程中，人类生计中的人类行为占据主动地位。也就是说，如果没有人类对生态环境的干预，生态环境只会按照其自身的规律稳态运行；一旦人类的行为干预生态环境，那么生态环境便会根据人类的不同行为而产生相应的反馈。人类的行为干预只要没有超出生态环境所能承受的范围，这类的生计方式则与所处生态环境形成相互制约的耦合状态，人类社会与生态环境均可稳态运行、延续。但是，人类的行为干预方式若超出所处生态环境能够承受的范围，人类社会则会与生态环境产生偏离，并严重破坏原来生态系统的整体平衡和稳定，生态环境也随之会以生态灾变或生态退化等生态后果反馈给人类，进而又威胁到人类的基本生存条件。可见，生态危机的根源在于人类所采用的不合适的行为干预方式，或者也可以说是不合适的生计方式。

在一定程度上，人类的生计方式会因生态环境的差异性而表现出千差万别的模式或类型。人类与地球上的其他物种在生存方式上，虽然都具有生物属性的共性，但是由于人类所具有的社会属性，使得人类与其他物种的生存方式有着本质的区别。其他物种的种群，虽然其规模大小各异、生命力强弱不等、栖息环境有微小差异，但是它们的生存方式基本一致。只要弄清其中一个种群，该类型物种的生存方式也就基本了解了。对于人类社会而言，了解了某一个民族群体的生计方式，并不等于了解了所有民族群体的生计方式。人类的生计方式是民族文化的一个重要组成部分，同时也是与生态环境关系最为密切的部分。按照一般进化理论，人类的生计呈现出纵向的等级差异，借鉴莱斯利·怀特能级差的归类方法，可将人类的生计方式归为五个类型①，即狩猎采集类型、斯威顿类型、畜牧类型、农业类型和工业类型。如若按照特殊进化论，因生态环境的千差万别、民族团体的规模大小、社会整合能力的强弱，以及民族文化的琳琅满目，而诱导出千姿百态的生态行为，进而使得生计呈现出横向的样式差异。显然，生态环境对生计方式的形成起着一定的模塑、限制作用。

人类的生存离不开生态环境，生态环境是人类种群能够生存、繁衍的基本保障和前提。人类的社会属性赋予人类凭借特有文化对所处生态环境进行利用、加工和改造，通过对生态环境的不断适应，而逐渐形成了具有稳定性的、专有性的、多样化的生计方式。生计方式的形成是生态环境和社会环境两种因素共同作用的结果。社会背景的不稳定性容易引起生计方式的变化，生计方式发生转型，生态环境也随之变迁；生态环境发生变迁和社会背景的不稳定因素共同作用，又可使得生计方式随之转型。

第二节　传统生计对生态环境的利用与适应

一　以所处生态环境的本底特征为基础

任何民族传统生计的形成，必然是一个凭借本民族文化对所处生态环境不断适应、改造和利用的超长时段的历史过程。不同类型的生态环境，在一定程度上会模塑和限制民族传统生计的产生。也就是说，不同生态环境的本底特征在一定程度上决定了民族传统生计类型和样式的形成。

比如，北方草原生态环境，以辽阔的高原地区为主体，平均海拔约为1000米，山脉较少，以平坦草原为中心，夹杂有低山丘陵、戈壁、沙漠等地貌类型。植被以草本植物为主，内外河流均有，湖泊众多，易于迁徙和放牧。因而，在这样的草原生态环境下，蒙古族居民逐渐形成了独具地方特色的游牧生计。华北平原生态环境，平均海拔不及百米，地势平坦辽阔。由黄河、淮河、海河、滦河等河流汇集大量泥沙沉淀，而形成了冲积平原地貌，属暖温带季风气候。这一地区平均气温较高，水源充沛，土层深厚，土质肥沃，适宜喜温抗旱作物的生长。故而，这一地区的汉族居民

① 张猛等：《人的创世纪》，四川人民出版社1987年版，第256—259页。

逐渐形成了传统的固定农耕生计。南方少数民族生息于亚热带山地丛林生态环境之中，平均海拔较高，山多地少，沟壑纵横，植被茂密，降水量充沛，且气候湿热，生物多样性极为丰富。这里的古百越民族逐渐形成了传统的斯威顿生计。

当然，在上述各种不同类型的生态环境中还存在众多具有差异的、小类型的生态环境，而这些互有区别的小类型的生态环境在一定程度上也可影响不同民族形成样式各异的生计方式。比如，贵州的斯威顿生计类型又大致可细分为高寒山区旱地耕作样式、中山旱地耕作样式和低山坝区的稻田耕作样式。

不管这些民族的传统生计具体分属于何种生计类型或者生计样式，他们的传统生计都是根据各自所处的生态环境特征，综合利用所处生态环境资源，而表现为一种复合型的、多业态的、互有区别的生计方式。

二 规避所处生态系统的脆弱环节

所谓生态系统的脆弱环节是指在一个能够长期稳态延续的生态系统中，受到人类活动的干预和冲击后，最容易蜕变的那些生态构成要素，随着这些构成要素的蜕变，还必然引发其他要素的牵连性蜕变。这样的构成要素，对于相关的民族文化而言，就属于该生态系统的脆弱环节。[①] 而各民族的传统生计总能体现出相关民族对生态系统脆弱环节存在的客观认识，以及在其正常运行的过程中孕育出规避这些脆弱环节的对策内容。也可以说，生态系统的脆弱环节同时兼容了民族文化与生态环境两个方面，同时也是民族生计与所处生态环境的结合点和二者形成耦合关系的关键因素。

经过田野调查，我们可以发现青藏高原黄河源地带的牧草根部一般不能直接看到泥土，牧草其实是着生于土壤表面一层厚薄不等的、连片的腐殖质层。这样的腐殖质层主要是由牲畜粪便、植物残株和沙土等混合物质堆积而成，其结构呈蜂窝状，疏松透气，牧草很容易穿过长出地面。黄河源地带位于高原冻土带，地表以下三四十厘米处有永久冻土层。[②] 如果牧草直接长在这样的土壤中，根部向下生长，一旦触碰到永久冻土层，牧草将无法存活。由于腐殖质层的保护，与其说草甸植被是长在土中，还不如

---

① 杨庭硕等：《生态人类学导论》，民族出版社 2007 年版，第 83 页。

② 梁四海：《黄河源区冻土对植被的影响》，《冰川冻土》2007 年第 1 期。

说是长在这历年沉积下来的腐殖质层之中。腐殖质层由于其特殊的结构，具有防冻、储水、透气、透水等功能，非常适合牧草的生长。因其连片覆盖于土壤表面，强风吹不走牧草；具有极好的隔热性，夏季还可避免土壤被太阳直射而导致的高温和水分的无效蒸发。当地的藏族居民在历史上主要依靠畜牧为生，他们放牧时不会让牲畜走回头路，并规划有一定的放牧路线，生怕牲畜踩踏破坏腐殖质层。藏族居民很少从事农田耕作，因为农田耕作需要多次翻耕土壤，很容易破坏土壤表层的腐殖质层。众所周知，他们以青稞制作糌粑为主食。青稞根系的横向发育能力较强，在生长过程中比其他麦类作物更具有抵御永久冻土层干扰的优势，腐殖质层为其提供生长所需的养料和环境，而且青稞比其他麦类作物更能抵御大幅度升温和降温的侵袭。他们早年也有从事过采集药材的生计，其采集操作十分讲究，基本都是手工采集，绝不会使用工具松动周边的泥土，采集完后，还要用手将采集过的地方用腐殖质填满。这样的生计方式显然能够帮助他们很好地规避当地生态系统中的脆弱环节，以确保高原草原生态环境的稳态延续，实现人、牲畜和草原的耦合演进。

遗憾的是，近二三十年来，由于外来干扰因素的进入，比如外来居民在这一地区开采黄金①，疯狂采集冬虫夏草、藏红花等名贵药材，在低洼地实施农田耕作等现象层出不穷，掀翻和破坏了当地珍贵的腐殖质层，对当地的生态系统的脆弱环节造成了严重的冲击。腐殖质层一旦受损，土壤直接暴露在地表，强烈的日照使得地表温度急剧上升。一方面造成地表水分无效蒸发，另一方面，热量传至永久冻土层，使其解冻，地表液态水极容易向下渗透。这样导致地表缺水严重，牧草很难生长，以致我们今天看到该地区大面积土地沙化日趋严重。

三　抵御所处生态环境的自然风险

在人们所处的生态环境中，出现气温的大幅度波动、降水量的大幅度波动、病虫害暴发、有害植物蔓延等现象是人们都不欢迎的事情，但也是人们都无法预测和掌控的事情。对于人类来说，这些现象的发生毫无规律，自然环境有时也是变幻莫测，在任何类型的生态环境中都有类似现象出现的可能性。各民族之所以能够在各自所处的生态环境中稳态延续至

---

① 林岚：《挖金子就像是挖了大地心脏》，《人与生物圈》2009 年第 1 期。

今，其传统生计中必然包括抵御自然风险的内容，而且已经融入各民族的日常生活当中。当然，这样的内容具有隐蔽性，只有在风险来临时，传统生计中的抗风险内容才能体现出来。

在内蒙古草原，降雪在年际间或者区域间都表现出极不均衡性。对于干旱的荒漠草原而言，降雪有利于草原水资源的储备。倘若冬季降雪量过大，以致将牧草全部覆盖，牲畜则无法觅食。蒙古族牧民将这样的自然灾害称为“白灾”。仔细观察牧民们的传统生计方式，则可发现，他们早已为“白灾”的出现做好了充分的准备。牧民们放牧的畜群往往由马、骆驼、山羊、绵羊和牛五种固定牲畜组成，习惯性地称为“草原五畜”。不仅如此，“草原五畜”组合有特定的比例，羊群中还要保留一定数量的成年老公羊，五畜的出行也有先后顺序。这样的搭配逐渐被固定下来，在平时并没有什么特别之处，甚至被人们轻易地忽视。然而，一旦遭遇“白灾”天气，畜群开路的是马，马可用马蹄轻易地扒开积雪，翻出枯草食用。不等马食用完，牧民继续驱赶马开路。后面牛羊跟上，食用马翻出的枯草，如果草料不够，马粪也可用作牛、羊的饲料。羊群中保留一定数量的老公羊，并不是出于经济价值的考虑，而是老公羊可以率领羊群跟上马的步伐。当然，牧民也会控制畜群不走回头路，以免破坏地表的“风化壳”。这里的“风化壳”与上文提及的腐殖质层的功效类似。这样的放牧模式可保证畜群们安全度过“白灾”，顺利越冬。还比如，湘西保靖黄金村的苗族茶农在古茶园中配种被人们看似杂草的辣蓼草，其实是利用辣蓼草防治茶树的病虫害。还有贵州清水江流域的侗族居民，历史上以经营人工营林为生，他们在杉木林中配种一定比例的其他树种。其中，就有一种当地的原生物种油茶，是一种木本油料作物。油茶树作为当地的土生乔木能够很好地适应当地气候与土质，能够分泌化感物质和抑制病虫害的滋生。[①] 湘西苗民在茶园中配种辣蓼草，侗民们将杉树与油茶树混合种植，都是凭借物种间的制衡作用，使得茶树林和杉树林染病、遭虫害的风险降到最低限度。

在风险来临前，这些民族都已做好防范的准备，包括物质上、行为上和意识上的有意安排，充分利用不同物种的生物属性和生理特征，能动地做出调整、组合，并以此形成合力去化解和防御非规律性的自然风险，这

① 皇甫睿：《贵州各族传统林粮间作技术体系的文化生态解读———以清水江林业契约文书为依据》，《中央民族大学学报》（哲学社会科学版）2017 年第 1 期。

正是各个民族传统生计中抵御自然风险的具体表现与核心价值所在。

四　对所处生态环境的持续维护和循环利用

各民族的传统生计不仅仅是经济行为，也不仅仅是一个纯生产单元，其间也包含了各种社会功能，集生产、生活、消费、娱乐、教育、宗教、生态维护等内容于一体。这些民族的民众在其所处区域的狭小范围内，不仅是生产者，而且在生产的同时都在做着生态维护的工作。因为他们深知生态环境的可持续利用是他们生存的基本保障，他们将自己也视为生态环境中的一部分。

各族民众对生态的维护，在其传统生计中表现最为突出的就是对土地的呵护。美国国家土壤局局长富兰克林·金（F. King，1911）曾经带着"中国的农田连续耕种了上万年，为何地力没减退，反而越种越肥沃"的疑问，专程来中国考察中国农业，并撰写了《四千年的农民》。中国各族农民会根据土地类型、肥料种类与相应农作物搭配，因地制宜，主要通过配置管理、耕作技术和施肥技术来保持地力。湖南、贵州的苗民在其传统游耕生计中，采用"免耕"和"轮歇耕种"的农作方式。"免耕"农作即为"耕不挽犁，以钱镈发土，耰而不耘"。[①] 这里的"钱镈"是一种类似于耒耜的小农具，翻不了土，仅用来在地上凿一个洞，以利于下种。由于当地土壤稀薄，其土地中的土石结构非常疏松，深挖会对这样的结构造成破坏，进而引发水土流失。因此，他们只会简单整地，尽量避免在种植过程中整体性地挖翻土壤。"轮歇耕种"，即为"即种三四年，则弃地而别垦，以垦熟者硗瘠故也。弃之数年，地方既复，则仍垦之"。他们出于考虑土壤肥力会因长期使用而下降的因素，刀耕火种三四年后就会更换土地，等到土壤肥力恢复后再回来重新耕种，实行轮歇种植。

对于传统肥料而言，各族农民主要使用草木灰、绿肥、沤制肥、动物粪便和人粪五种。[②] 草木灰主要来自灶窝灰、火塘灰、杂草树枝火焚灰等；绿肥指特定的有肥料功效的植物，比如桦木科的旱冬瓜树和豆科的苦刺花等都是肥力较好的植物；沤制肥就是把杂草和一些农作物的秸秆放入池中沤制而形成的肥料；动物粪便作肥料一般包括猪粪、牛粪、羊粪、鸡

① （明）田汝成撰：《炎徼纪闻》，欧薇薇校注，广西人民出版社 2007 年版，第 112 页。

② 衔顺宝：《肥料与传统农业的变迁》，收录自《人类学生态环境史研究》，中国社会科学出版社 2006 年版，第 446 页。

粪等，这才是真正意义上的农家肥；人粪多施用于菜地，厕所修建与菜地靠近，便于施肥。黔东南黄岗侗族村寨在其“稻鱼鸭”复合系统中，厕所直接建在水田中，人粪不仅可以提高水田地力，还可直接用作鱼的饲料。这些都是纯天然的生态肥料，不仅不会污染环境，还会变废为宝，增加土壤肥力，使得土地能够被长期地循环利用。

此外，在各族民众的传统生计中，对水资源的管理和利用最能体现他们对所处生态资源的循环和可持续利用。西双版纳傣族以适宜稻作农耕的自然生态环境为基础，在长期的生产实践中形成了以稻作为核心的生计方式。西双版纳地区虽然年降水量和地表水资源丰富，但是由于降雨和河流的时空分布不均，使得傣族的稻作农耕对人工水利灌溉设施的依赖性很大。勐景洪地区的曼远村是一个亦山亦坝的村寨，在其传统的稻作生计中就含有比较完整的水文化以及可持续利用和管理水资源的内容。曼远村灌溉农田所需的水资源，主要依靠天然降雨，从基诺山流下来的河水，以及本村傣族居民自行修建的连接河流和小溪而又在田中纵横成网的人工沟渠。曼远村傣族居民一直以来就有因地制宜兴建众多水利设施包括水渠、水库等的传统。[①] 在其长期实践中，逐渐形成了一套传统的水资源管理制度，包括严密的垂直管理系统、水利设施定期维护、公平合理分配用水、保护森林以确保水资源永不枯竭、制定水资源管理的习惯法等。不仅如此，还通过一系列的宗教仪式等，加强傣族居民对水资源保护的意识和水信仰，以巩固水资源管理和利用的整套制度。通过这样一套因地制宜的水利技术、持续有效的水资源管理制度和充满理性的水资源认识和信仰，保障了当地传统稻作生计的持续发展，实现了当地自然生态环境与人文生态、社会经济和民族文化的平衡和谐、长盛不衰。

在侗族黄岗村的传统生计中，稻田水库的“生态坝”，使人工水域系统与当地的丛林生态系统高度兼容。[②] 侗族村寨的塘、田、渠、河等人工水域系统都能与天然水域联网，还能与山地丛林相匹配，不管是什么样的水域，水位都能做到精确控制，做到确保林田两安。不仅如此，侗族居民还会选择与水源储养关系最为密切的糯稻品种种植。这样的糯稻品种秆

---

① 郭家骥：《西双版纳傣族水文化的变迁与可持续发展》，收录于《人类学生态环境史研究》，中国社会科学出版社 2006 年版，第 8 页。

② 罗康隆：《地方性生态知识对区域生态资源维护与利用的价值》，《中南民族大学学报》（人文社会科学版）2010 年第 30 卷第 3 期。

高、秆硬，不怕水淹。同时，他们还采用“林粮兼种”的方式有效避免水资源的气态流失，保证液态水的正常运行。在秋冬的浓雾季节，稻田周边的丛林能够发挥汇集雾滴，以水滴的形式提高土壤和稻田水资源储备的资源再生功能。当然，侗寨人工水域系统的建构也拥有充分的制度保证和精确管理的习惯法。

在内蒙古自治区的田野调查发现，内蒙古目前有科尔沁沙地、毛乌素沙地和浑善达克沙地等流动沙丘的沙地，约占内蒙古全境面积的1/8。在外人看来，沙地上面除了能够长出稀疏的沙蒿和针茅，几乎是一无所有。让人费解的是，20世纪80年代国家实行家庭联产承包责任制，当地牧民却争先恐后地要求承包沙地。其实，他们承包沙地的目的并不在沙丘本身，而是看重沙丘与沙丘之间必然存在湿润的低洼地，而且低洼地能够长出丰富而优质的牧草。结合田野调查和物理学常识，可知看似不毛之地的沙丘几乎就是一座座储水塔。沙丘的沙粒较粗，直径一般超过1毫米。经过长期的强风吹拂和摩擦，沙粒表面的棱角被磨平。这样沙粒在自然堆积的过程中，沙粒之间形成较大的空隙。一旦沙漠降雨，雨水透过空隙沉淀至沙丘中部。沙粒之间的空隙充满空气，可起到隔热作用。即便遭受强烈的日照，沙丘表面温度急剧上升，沙丘内部的沙粒温度因空隙处空气的隔热作用并不会很高，中部储存的水分也不会被无效蒸发。一个个的沙丘好似水管里安装的止回阀，宝贵的水资源只进不出，最终富集到沙丘之间的洼地，足以支撑牧草和树木的生长。当地牧民选择牧场都会凭借这一经验，他们相信只要有沙丘就会有好牧地，也就解释了牧民争先承包沙丘的原因。他们绝对不会在低洼地建构城池或村庄，他们住的是流动的蒙古包，固定建筑都建在山梁上。这样的认识，是当地牧民长时段的经验总结，水资源的存储和利用是支撑他们传统游牧生计的核心所在。

第三节　生态环境变迁引发的生计转型

一般而言，无机环境和有机环境不是一成不变的，但是它们的变化速度十分缓慢，在人类生命周期存在的范围内很难被察觉，是一个超长时段变化的过程。这样的生态环境变迁对人类的影响，并不是我们这里要讨论的范畴。人类是地球生命体系中最为活跃的因素，人类的有意识干预虽然不能从根本上改变所处生态环境的本性，但是从短期、狭小范围来看，人类完全可以做到对所处生态环境实施局部改性。“恢复生态学理论”认为将退化或受害的生态系统封闭起来，使其形成自然群落，在生态演替的作用下，可通过生态反馈作用，使自身结构和功能得以自行恢复。[①] 也就是说，如果人们将一片原始森林全部火焚、砍伐，森林最终还是可以恢复到与原来结构基本相同的森林。但是，森林的自行恢复周期非常长，甚至可超越人类的生命周期。那么，这就意味着刚刚焚毁的森林在不加以人工干预的情况下，二三年内可长出小灌木或者草本植物之类，然后再经过几年才逐渐长出灌木和粗大的藤本植物，甚至小树，再往后延续，逐渐发育成次生林。对于人类而言，这是一个长时段的生态环境递变的过程。当人类面对这个时段内人为改性后的生态环境，必然做出新的调整和适应，其生计方式也必然随之发生递变。

湘西自治州花垣县子腊村，位处亚热带季风湿润气候区，村寨内崇山峻岭，溪河交错，形成众多不同的小气候地区，年均气温为 13℃—17℃。子腊村是一个典型的苗族聚落村寨，山多地少，当地苗族的传统生计为斯威顿生计。“改土归流”后，中央王朝为了统一赋税和行政管理，在当地开辟水田，引种水稻。当地传统生计内容中并没有水稻生产，采用的是刀耕火种式的旱地游耕。汉族固定农耕技术体系的引进而引发的生态环境的局部改性，使当地苗民的生计也发生了一定程度的改变。子腊村所在地区原本属河谷、沼泽地带，同时又位于高寒山区，这样的深水环境、偏低气候和水温都不适宜水稻的生长。但是，子腊村民在世代经验积累的基础上，形成了一套“铺树造田”的技术体系，攻破了水稻生长的环境难题，以及配套的地表溪流沟渠和地下人工暗流双重灌溉系统。双重灌溉系统相互独立，又相互补充，雨水丰沛时节，砂土田上方的水渗透到下层储存起来；天干时节，砂土田下方的水流部分逐渐上浸。通过这样的人工改造，不仅使得产出的大米非常优质，曾作为贡品上贡朝廷，而且当地地表植被层次结构繁多，河谷坡面的储水、保水能力较好，历史上很少发生季节性干旱和洪涝灾害。在这样的不断与新环境适应的过程中，花垣子腊的苗民稳态地延续了独具特色的“花垣子腊贡米复合种养系统”。2017 年，该种养系统成功申报“中国重要农业文化遗产”。目前子腊贡米的市价翻了一倍，不仅可以在很大程度上改善当地乡民的生活，最大限度地传承和保护

① 赵哈林等:《恢复生态学通论》，科学出版社 2009 年版。

苗族文化，还在最大程度上维护了当地的生态环境。

第四节 生计转型导致的生态环境变迁

比起自然生态环境的变化速度来，一个民族的社会环境的变化速度要快得多，因而一个民族的生计方式是在经历一个不断调适和变化的过程。在这个过程中，“人类用文化的手段满足他们的基本需要”①，外部生态环境则成为文化的加工对象，经过加工、改造后的外部生态环境被赋予了社会属性和文化归属性，并与社会文化紧密结合而成为该民族的一个有机组成部分。一个民族的生计方式在对其外部生态环境的改造和利用过程中，与环境的各组成部分之间的关系也会呈现出层次性的系统差异。也就是说，一个民族面对其纷繁复杂的外部生态环境各组成部分，有的关系密切，有的关系疏远，有的甚至无关。特定民族的生计方式总是与这个大系统进行着有层次的、有等级的交流。② 在不断交流互动的过程中，民族生计也在不断发展变化，而每一次的或者某一项内容的变化都会对所处生态环境产生不同程度的影响，逐渐导致生态环境的局部变迁或改性，并以不同形式、不同程度的生态后果反馈出来。

一 前工业文明背景下生计转型对生态环境的影响

一个民族的生计方式并不是永恒不变的，往往处于一个“变化—调整—适应—稳定—变化”的更新循环之中。在前工业文明时代，各民族在长期的生产实践中逐渐形成了稳定的传统生计，这一时段生计发生变化或者转型，其驱动因素往往来自统治阶层，出于军事或政治的目的而推行的相关政策。

贵州麻山地区属于典型的喀斯特地貌，其山脊和陡坡表土极缺，峰丛洼地底部因地漏斗和岩缝被土石及植物残株堵塞，而阻止降水流入地下的伏流和溶洞，使得土壤在此富集。自然状况下，峰丛洼地底部形成溶蚀湖或者浅水沼泽，成为当地苗族居民游耕生计的一部分，是他们狩猎采集的场所，同时也是旱季水源的供给地。“改土归流”后，由于当地所产与外

① ［英］马凌诺斯基：《文化论》，费孝通译，华夏出版社2002年版。

② 罗康隆：《论民族生计方式与生存环境的关系》，《中央民族大学学报》（哲学社会科学版）2004年第5期。

界产品差异太大，不利于市场的流通，更重要的是无法充当驻军粮食。因而，清廷实行奖励政策，鼓励引进棉、麻来替代当地农作物，以期摆脱朝廷征税和军粮供给的两大难题。棉的引种以失败告终，因为棉根本无法适应当地潮湿的气候，容易出现烂籽现象。麻的引种算是成功了，当地家家户户都种植麻，并从中获利不少。麻山地区山多地少，麻的大片种植需要开垦更多的田地，最终众多的峰丛洼地都被开垦出来种麻。但是，麻的地下根十分发达，其生长必须依托丰厚的土层，还要求排水性能良好。峰丛洼地底部土壤和水源富集，一旦面临季节性洪泛，洼地底部水位上升，麻类作物很容易被淹死。于是他们就将地下的地漏斗和岩缝人为戳穿，让积水向地下伏流和溶洞排放。后来，在当地还陆续引种玉米等旱地作物，其种植的操作方式与麻很相似，都要求把地漏斗和岩缝全部戳穿，最终导致峰丛洼地底部的水土资源不断流失，原来的湿地生态系统已被人为改性为旱地农田。长期的水土流失，原本降水量极为丰富的麻山地区，却陷入了旱季极度缺水的困境，同时也是当地石漠化灾变的重要诱因。这一生计的变化，直接导致了当地生态环境的变迁，而当地苗族做出的相应调适因破坏了生态环境中的脆弱环节，引发了生态灾变。

湘西保靖县黄金村，在人们未做过分干预之前，其自然生态系统由河谷坡面的亚热带常绿阔叶林、冷寨河洪泛带的典型亚热带湿地和高海拔石灰岩山脊区段的疏树草地三种类型的生态系统构成。当地古代苗民经过对这样的生态环境的不断适应，而逐渐形成了稳定的游耕生活。“改土归流”后，当地苗民摆脱了土家族土司的统治，开始接受中央王朝的统一管理，外来文化的渗透使他们的生产生活也随之发生了一系列的变化。在税赋方面，过去当地苗民按照惯例由土司制定征收内容和份额，而现在必须得按国家统一税法，以稻米和银两作为税赋内容。当地本不产水稻，各种土特产也很难在市场上流通换回银两，于是他们不得不接受国家推行引种水稻的政策，以便于国家的统一管理。明朝以前，在他们传统的游耕生计中没有生产水稻的项目，明朝曾出兵在此地设置卫所、圈地屯田，屯军有过小范围内开辟水田、引种水稻。直到“改土归流”，中央王朝大力度在当地开辟水田和推广种植水稻，汉族的固定农耕开始全面、系统地传入，在很大程度上导致了传统游耕生计向固定农耕生计的转变。

随着水田面积的不断扩大，原来湿地生态系统中的广大洪泛地带被开辟成水田，使得冷寨河河床变窄、变深，原湿地生态系统中的相关物种种群急剧减少，甚至消失。水田的开辟意味着固定农耕的开始，当地苗民季节性迁徙的频率开始下降，寨址也逐渐从山上下移至水田上方的坡面，这样便于耕种和管理水稻。寨址下移，离他们原来山脊地段的烧畲地就越来越远，这样很多太远的烧畲地只能抛荒。原来山脊地段的疏树草地生态系统，其成土量小，成土速度慢，主要依靠烧畲来帮助成土和种植旱地作物，这样可保证一定面积的植被覆盖率，以避免基岩裸露，抑制水土流失。烧畲地被抛荒，无人管护，山顶土层越来越稀薄，水土流失现象严重，以致山顶有的地方寸草不生，退化而成“老头山”。

二　现代化背景下生计转型对生态环境的影响

进入经济全球化时代以来，民族地区人们的生活可谓发生了翻天覆地的变化，人们的传统生计方式也发生了极大的转型，下面以几个案例来进行分析。

（一）曼暖远克木人的生计转型①

曼暖远村位于中国西双版纳的勐腊县西南部境内，古高棉一支的克木人居住在此，当然还有部分聚居在中国与老挝边境一线的其他十几个村寨。曼暖远村所在区域，四周为低山丘陵，中间为宽谷盆地，平均海拔1100米。气候属热带季风湿润气候，无四季之分，全年共旱雨两季，境内森林有明显的热带、亚热带植被特征，降雨量充沛，年平均湿度为80%，平均气温为21℃。这里的克木人过的是以刀耕火种为主要方式的传统游耕生计，迁徙较为频繁，逐渐形成了居无定所、流动无常的生产生活习性。20世纪50年代以前，勐腊地区受辖于傣族土司，其统治关系仅仅表现为名誉上的隶属和经济上缴纳贡赋等方面，克木人的传统社会组织并未被取代。20世纪50年代以后，曼暖远村的克木人也先后经历了土地改革、联产承包责任制等社会主义改造，生计方式也逐渐趋于固定化，迁徙频率逐渐减少。直到他们搬迁至现在的寨址，可耕种的山林减少，水田农耕替代了旱地农耕，而成为他们主要的资源利用方式，刀耕火种从完全依赖型向部分依赖型转变。然而，20世纪80年代以后，随着国家土地承包政策的实施，以及市场经济的发展与渗透，民营橡胶种植业在当地迅速

① 杨晓冰：《环境变迁与生计方式的调适——曼暖远克木人的刀耕火种文化》，收录于《人类学生态环境史研究》，中国社会科学出版社2006年版，第406页。

兴起并发展，曼暖远克木人的刀耕火种式游耕生计逐渐被橡胶种植业取代，克木人逐渐从自给自足的自然经济转向商品经济。

20 世纪 50 年代以前，曼暖远克木人所在区域山多地少，山地面积占总面积的 95. 63%，森林覆盖率达 70%左右，动植物资源极为丰富，这些都为当地克木人的游耕生计提供了良好的自然条件。20 世纪 70 年代初，在国家帮助边疆少数民族“下山”“下坝”的政策指导下，曼暖远克木人迁至现在的坝区。自然环境发生了变化，克木人的刀耕火种也受到了一定程度的影响。坝区除了克木人，还有傣族和汉族居民居住，在这些民族的帮助和影响下，克木人开始开辟水田，从事水田稻作。同时，为了解决地少、土地休闲期短、森林退化的矛盾，克木人还坚持以刀耕火种的方式人工造林。坝区的生态系统逐渐恢复，呈现森林覆盖率高、生物多样性丰富的生态景观。随着橡胶业的兴起，克木人的生计已经转型为以橡胶种植业为主的生计方式，橡胶产业占全村经济总收入的 51%。村寨总面积约为 1600 亩，其中耕地面积约 400 亩，林地面积约 1180 亩，林地几乎全部种植橡胶。随着橡胶树的大面积种植，原来的森林几近消失，生物多样性急剧下降。

不仅是曼暖远村，现在的西双版纳大片开辟橡胶园，截至 2004 年年末，全州橡胶种植面积已达到 17. 31 万公顷，干胶产量达 16. 75 万吨，是我国第二大橡胶生产基地。通过查阅相关文献资料可知，西双版纳过去都是茂密的森林，其天然森林覆盖率在 70%—80%。[①] 与曼暖远村的克木人一样，西双版纳境内的各民族巧妙利用各种野生动植物的知识和技术技能体系的传统生计方式被搁置起来，围绕以种植橡胶为中心的生计方式被抬到了显赫的地位。但是，随着橡胶园的大面积开辟，以发展天然橡胶树为主的经济作物的垦植，砍伐了大量的原始森林，西双版纳的天然森林覆盖率已下降到 34%。后来国家为了维护南方地区的生态安全，也曾出台相关保护政策，控制橡胶林的种植规模，目前西双版纳境内国家保护的天然森林面积为 24. 23 万公顷，约占全州土地面积的 12. 68%。

橡胶树本是热带雨林植物，在其生长过程中需要大量的水灌溉。西双版纳虽然降雨量很高，但也难以满足如此之多的橡胶树的种植需求。橡胶树一旦成林，就会使树下寸草不生，严重威胁到生物的多样性。加之烤胶

---

① 周宗、胡绍云等：《西双版纳大面积橡胶种植与生态环境影响》，《云南环境科学》2006 年第 S1 期。

片时还需消耗大量木材燃料，就得依靠砍伐森林来维持橡胶的生产。随着橡胶产业的不断扩大，西双版纳也开始出现井泉干枯，水源枯竭，甚至有的山区连饮用水供给都成问题。除此之外，橡胶树的种植容易染上橡胶蚧壳虫害。“自 2002 年 2 月首次在勐捧镇发现以来，到 2004 年 9 月 21 日，全州国营、民营橡胶树遭受蚧壳虫危害面积达 40690 公顷，占种植面积的 25.3%。蚧壳虫在橡胶树上的大面积危害，目前国内外未见报道，也没有相关技术储备，更无特效的防治方法，对橡胶种植业造成了较大的减产。”① 这些年，加之橡胶的出售价格非常低廉，当地乡民并不能维持较好的经济收益。此外，随着橡胶种植业发展壮大，带动了橡胶加工业的发展。“橡胶加工的同时带来了环境污染问题，主要污染物是制胶废水中的化学需氧量、氨氮、悬浮物、总磷等，2001—2004 年全州制胶废水排放量占工业废水排放量的 10%左右。制胶废水对澜沧江、补远江、南腊河、南阿河、南览河等多数河流水质有一定的影响，使许多生活、生产用水受到不同程度的污染。”②

（二）保靖黄金村苗民的生计转型

湖南湘西土家族苗族自治州保靖县黄金村的苗族居民，居住地属亚热带低山丘陵地带，在“改土归流”以前一直过着传统的游耕生计，其从事的生产内容是丰富多样的，没有明显的主业，生产和生活是随季节的变化和物种的生物周期而不断变换。“改土归流”后，中央王朝为了便于统一管理，而在当地引种水稻，黄金村苗民的生活逐渐从游耕转向固定农耕，但是其传统游耕生计中的众多内容仍然有所保留。他们实际上过的是游耕与固定农耕两种生计方式并行的“双轨”制生活。虽然茶叶生产在黄金村历史悠久，但是茶叶生产仅是黄金村苗民众多生产内容中的一项而已。当年的茶树都是混种在森林之中，几经变迁，至今黄金村仅存留七片非连片的古茶园，占地面积约 534.9 亩。20 世纪 90 年代以后，因短穗扦插无性繁殖技术有所突破，加之茶叶商业盈利的驱使，黄金村开始大面积推广种植茶树，并将原来的“冷寨河茶”更名为“黄金茶”。原本古茶园中拥有优良性状的茶树单株约 260 个，最后科研团队仅从这些单株种类中

① 周宗、胡绍云等：《西双版纳大面积橡胶种植与生态环境影响》，《云南环境科学》2006 年第 S1 期。

② 周宗、胡绍云等：《西双版纳大面积橡胶种植与生态环境影响》，《云南环境科学》2006 年第 S1 期。

选育出“黄金一号”和“黄金二号”两种，并认定其是最具潜力的株系。此后开辟的新茶园，几乎全部种植的就是这两个品种。黄金村辖地面积约为12364亩，到2016年，“黄金一号”和“黄金二号”茶园推广面积达9500亩。全村苗民生活的唯一来源就是卖茶叶的收入，茶叶生产占据了他们生产和生活的最重要的位置，也是唯一的位置。

黄金村辖境内的生态环境也随之发生了很大变化，其中最为明显的就是生态环境的改性。上文中已有提及，黄金村在未做过多的人工干预前，其生态环境呈现出山脊疏树草地生态系统、坡面常绿阔叶林生态系统和河谷湿地生态系统三种类型。“黄金茶”时代的到来，使得原有的疏树草地生态系统和坡面森林几乎全被置换为现代黄金茶园。河谷的湿地生态系统，在“改土归流”后因水稻的引种而大部分被置换为水田，到现在，水田又几乎全被置换为现代黄金茶园。可以说，除了七片古茶园和村民的住所，其他能够开辟茶园的地方，基本上已经全部种上了“黄金一号”和“黄金二号”，村中已无可扩建茶园的位置。于是，茶园的扩建逐步延伸至外村，甚至目前整个保靖县都在大面积扩建黄金茶园，黄金茶已经成为保靖县的龙头产业。这样的生态改性，给当地的生态环境带来了以下几个危害。

其一，破坏了茶树的最佳生长环境。茶树原本杂生于坡面常绿阔叶林生态系统当中，这里的土壤属次生土石堆积而成，又有陆羽所提的“阳崖阴林”① 的最佳生长环境，历来所产茶叶就品质优良，属于上等佳品，曾经作为贡品进献给中央王朝。而现在的种植环境，森林已被砍伐，茶树失去了高大乔木的庇荫，完全在阳光的暴晒之下，与茶树需要接受“散射光”照射才能品质上乘的条件已是背道而驰。水田种植茶树，田中积水富集，与茶树生长所需的透气、透水条件也相违背。正如陆羽所评价的“下者生黄土”②，意思就是说，生长在黏性重、透气透水性能不好的黄壤中的茶树所产茶叶品质是最差的。单一品种的密集种植，茶树很容易染上病虫害，并可快速蔓延。最快捷、最显著的解决方案就是喷洒农药，这不仅会影响茶叶的品质，还会给饮茶人的身心健康带来严重威胁。为了保持土壤的肥力，保证茶树生长所需营养，还得追加化肥。农药化肥的大肆使用，必定造成生态系统的持续恶化。

---

① （唐）陆羽：《茶经》，沈冬梅编著，中华书局2010年版。

② （唐）陆羽：《茶经》，沈冬梅编著，中华书局2010年版。

其二，破坏了当地的生态脆弱环节。黄金村所在区域位于高原台面向平原坝区过渡的地带，山高谷深，在这样的界面上，由于重力和流水的侵蚀使得水土流失隐患极为严重。而当地传统生计所形成的游耕式的复合农业系统，将不利条件转化为有利条件，使得当地林区的植物群落层次结构多达5—6层，地表覆盖率接近100%。这样河谷坡面的储水、保水能力强，针对性地解决了水土流失的隐患。而现在的生态景观却是，森林已被砍伐，除草剂已将茶园中的杂草已清除，地表覆盖的植物不复存在，直接导致河谷坡面的储水、保水能力逐渐减弱。原本这样的地区，由于其特殊的地质结构，成土速度慢，好不容易多年积累的珍贵土壤却逐渐流失。更为严重的是，一旦遭遇暴雨天气，水土流失更为严重，甚至导致泥石流等自然灾害。近年来，当地已经出现了茶园被雨水冲毁、土地撂荒、山体滑坡等灾害。

其三，损害了生物多样性。黄金村原生的三种类型的生态环境，其生物多样性极为丰富，当地古代苗民能够充分利用和适应这样的多样性，而形成了其独特的游耕生计，并在很大程度上实现了人与自然的协同演化。现代社会，由于茶叶市场的高度市场化，茶园的无限扩建，生态环境的改性所带来的最大影响就是对生物多样性的破坏，导致了生态系统的失衡，大大削弱了生态环境的自我修复能力和气候调节能力。

（三）北极地区的雪车革命①

芬兰和俄国北部的拉普人，阿拉斯加、加拿大北部和格陵兰的因纽特人（统称爱斯基摩人），生活在地球北纬65°以上的北极地区。北极地区的这些爱斯基摩人过的是以采集渔猎为主的游牧生活，拉普人饲养驯鹿，驯鹿是其主要的交通工具，因纽特人以狗拉雪橇为主要交通工具。20世纪60年代开始，这两个地区普遍使用雪车，又称“雪地摩托”。

如果在这一地区定居，不利于生计，他们只能选择在很大范围内的流动性谋生，因而这里的人们对交通工具是极为重视的。他们相信狗和驯鹿的灵魂比人类的灵魂还要高贵，并将狗和驯鹿的畜养和培育置于传统生计的一个重要组成部分。雪车不需要喂饱食物，也不需要悉心照顾，体积小巧，方便随时随地使用，可节省很多的畜力。加之雪车行驶速度快，节省了驯养驯鹿和狗消耗的大量时间及行驶途中的大量时间。

① ［韩］全京秀：《环境人类学》，崔海洋等译，科学出版社2015年版，第27页。

可是，购买雪车的同时，还要购买运行雪车的燃料。紧接着北极地区开通了有组织的汽油运输通道。原本北极地区多苔藓类植物，这类植物比其他高等植物更加脆弱，化石燃料产生的污染物将大面积的苔藓类植物置于死地。苔藓类植物并没有分解化石燃料污染物质的生理结构，污染物积累在植物体内，并将这样的污染物质直接传送给食物链中的下一个食草动物，最后又转化为当地居民口中的食物食用，使得整个北极地区的海洋和陆地植物生态系统造成连锁污染，对当地居民的身体健康也造成了巨大的威胁。

从上述三个案例来看，现代化背景下，民族地区的生计转型主要体现出"工业化""规模化""单一产业化""科技化"等特点。由于受到西方发展主义思潮的影响，认为经济发展就是要走西方发达国家的工业化发展道路，并将这样的思维定式应用于中国的农业发展，故而中国民族地区各少数民族的传统生计受到现代化的挑战，纷纷走上了向现代化转型的道路。然而，其间却忽视了工业与农业有着本质的区别，工业化发展是与自然环境完全隔离的，整个生产过程几乎可与自然环境脱节而完成，不受自然的限制，只要有技术，就可完全在人为的掌控下生产。农业生产却是与自然生态环境密切相关，自然生态环境是农业生产的基本保障，农业生产在很大程度上受限于自然环境。将工业化的模式应用于农业领域，工业化模式下的"统一标准"和"规模化"生产根本不适用于中国千差万别的民族地区的生态系统类型背景，否则几千年来中国也不会形成丰富多彩的农业文化；"单一产业化"，确实可以减少生产成本，却严重破坏了生态系统的内部结构，导致生物多样性毁损，打破了生态系统自我运行的平衡；"科技化"也并不是万能的灵丹妙药，科技的适用也有其特定的适用范围，不是在所有类型的自然生态环境中都有效，如果不能与生态环境有效兼容，甚至会导致对生态环境的破坏。这样的发展模式正是当下生态恶化和生态灾变凸显的关键诱因所在，而且这样的发展模式无论是在自上而下，还是自下而上的发展实践中，已趋向普遍化，其所带来的破坏程度是值得我们引起高度警觉的。

三 当代国家相关政策导向下生计转型对生态环境的影响

长期以来，由于盲目毁林开垦和进行陡坡地、沙化地耕种，造成了我国严重的水土流失和风沙危害，洪涝、干旱、沙尘暴等自然灾害频频发生，人民群众的生产、生活受到严重影响，国家的生态安全受到严重的威胁。[①] 在这样的背景下，国家提出“退耕还林”等相关国策，确实对生态环境的恢复和国家的生态安全有着重要的积极意义。但是，这样的政策当应用到不同民族地区时，却产生了不一样的影响。

贵州黔东南天柱县抱塘村，是一个苗侗聚居的村寨，位处山地丘陵地带，群山环抱，属亚热带湿润气候。森林覆盖率达 90%以上，盛产杉树、松树、楠竹、油茶树等。杉树的原生地是在高海拔区段的疏松肥沃土壤之中，天生具有抗寒、抗阴冷的禀赋。而抱塘村辖地位于海拔低于 500 米的河谷坡面，温度高、湿度大，种植杉树极易滋生病虫害和喜阴、喜湿的厌氧性微生物、真菌等，不利于杉树的生长。但是，当地的苗侗居民在世代经验积累下，根据杉树的生物属性和当地的生态环境特点，逐渐形成一套人工种植杉树的技术体系。此后，从种植技术与生产、林木管护到目标市场、销售渠道、村规民约等，形成了一套“林粮间作”式的人工营林复合体系，以及亦林亦农的生计方式。抱塘寨属湘黔苗侗四十八寨腹地，西出 6 公里即到清水江畔的三门塘码头，一条尘封 300 多年的古驿道从村子东面一直延伸至湖南靖州县大堡子镇，多建于嘉庆时期的窨子屋残存，都可佐证当年的抱塘不仅是四海木商贸易往来的中转站，还是中国最大的杉木生产基地之一。

当年清水江流域的木材贸易达到顶峰，附近村寨均靠木材贸易获利，正如当地人流传的俗语“三门塘的金子、银子，抱塘的窨子，中寨的谷子，偏坡寨的木夫子”，足以说明当年这一区域的繁荣景象。国家出台“退耕还林”政策后，这里的杉树林大部分已被“封山育林”禁止砍伐，少数杉树林砍伐出售必须先办理砍伐证。砍伐证一方面严格限制了砍伐的数量，具体数量由当地林业站规定。当地乡民有埋怨：只要和林业站关系好，砍伐的数量就可以增加。另一方面，办证收取的费用大约为 260 元/方，一般乡民很难办到砍伐证，而杉树收购商却可以通过特殊渠道办理砍伐证，杉树的收购价约为 600—800 元/方，然后转手以 1000—1200 元/方的价格卖出。很多乡民因为办不到砍伐证，或者因为砍伐证办理费用太高，他们往往会冒险在深夜悄悄砍伐。运气好可以顺利脱手卖出，运气不好被执法者抓住，还得罚款，偷伐的林木没收。原本当地乡民的收入来源

① 《退耕还林工程》，中华人民共和国国史网，2016 年 7 月 25 日。

几乎全靠经营木材，少量的稻田所产粮食满足他们的日常所需，生活非常富裕殷实。对于这一部分乡民来说，经营杉树带来的收入比例下降至家庭收入的50%，而且还要冒着被抓住的风险，否则一年的生活就会陷入困境。另一部分不敢冒险砍树的乡民，被迫背井离乡外出打工，来勉强维持家庭生计。今天的抱塘村已经成为国家的重点扶贫对象。

"封山育林"，禁止砍伐，确实在很长一段时间内，生态系统可以得以恢复。但是，这里是传统的人工营林区，杉树本不是当地的原生树种，杉树等树种的生长良好是依靠人工管护出来的。禁止砍伐，禁止人们进入"封山育林"区域，会导致杉树连片死亡，最终恢复到最原始的生态系统结构。我们要的高植被覆盖率确实可以达到，但是当地乡民因生计的转型而陷入了贫困。我们回头审视一下，当地传统的"林粮间作"生计，不仅没有破坏生态环境，反而利用物种的生物属性和环境特征，经过人工改造与利用，使得人与自然达到了高度的和谐，而且当地乡民还可以过上富裕的生活。这样的景象，不正是我们当下生态文明建设所希望达到的目的吗？当地乡民将木材贸易作为自己的生计，他们在砍伐出售的同时一定会随时补种，他们掌握有一套娴熟的杉树速生技术、再生技术和仿生技术，杉树种植的存活率非常高，而且村里几乎人人都是植树能手，与其他地区的毁林开荒现象不可同日而语。现在，不准他们经营木材了，他们的传统技艺也派不上用场，其他技术和工作又都不会，面对现代的经济发展，他们是不知所措，不知如何是好。

这种一刀切的政策，当适用于不同文化背景和生态背景的民族地区，就显得有些不合时宜，甚至还会引发很多的社会问题和社会矛盾。针对自然森林和人工营林，在政策上最好还是有所区分，人工营林原本就是人与自然互动、人与自然和谐共存的典范和见证。

类似的案例还有内蒙古草原的"围栏禁牧"政策，主要是针对草场退化、草地沙化的生态问题而出台的政策。草原的生态问题关键影响因素是现代化经济建设的驱使，改变了当地的传统生计，开垦旱田后的大面积旱田耕作、翻挖名贵药材等导致的草场的风化壳被破坏。[①] 前文中已有所提及，风化壳是草原的生态脆弱环节之所在，以致在很多已经退化的草原地区，国家花费了大量的人力、物力和财力恢复草甸，草依然不能健康生

① 孟和乌力吉：《沙地环境与游牧生态知识——人文视域中的内蒙古沙地环境问题》，知识产权出版社2013年版。

长。“风吹草低见牛羊”的草原，原本就是人与自然在互动过程中形成的产物。草原的风化壳是牧草生长的关键，风化壳是植物残株和动物粪便混合、风化后的物质，所以没有当地人放牧，这样的地方很难重新长出牧草，即便长出牧草也不具有可持续性。牧草是当地牧民游牧生计和生活的最为重要的间接性资源，在蒙古族各聚居地，由于生态环境的差异，各地形成的关于牧草的本土知识都很不一致，包括草类、草质、功能、分布和保护等。正如牧业谚语所说，“没有牧草就没有家畜，没有家畜就没有食物”。表面上看，牧草和家畜是因果逻辑关系，但其实二者之间是以人为桥梁构建的互动关系。牛羊吃草，其粪便一部分通过自然界与微生物分解来滋养牧草，另一部分则用来制作牧民日常燃料。① 燃料燃尽后形成的灰烬又撒播于草根处，成为腐殖质层的重要部分，真可谓达到“一石多鸟”的功效。牧民放牧时，绝对不会让牲畜掀翻草根，破坏风化壳。他们在不同草场之间的移动放牧也是有特定规划的，他们对不同种类的牧草生长在何地、何季节等牧草的本土知识都是了如指掌。有人把草场的退化归结为过度放牧所致，而当地牧民延续上千年的生计方式就是游牧生计，他们的传统生计中自然有维护草场生态安全和控制放牧总量的内容，否则草原的生态系统也不会稳态延续上千年。不仅如此，“围栏禁牧”后，牧民只能拿着禁牧补贴去购买饲草料，放养转为圈养，牲畜逐渐与自然环境隔离，由于饲养的场地有限，会造成饲养密度过高，而容易引发牲畜感染疾病，最终还要通过注射抗生素等药品解决。这样饲养出来的牛羊对人们的身体健康一定会产生危害，而且饲草料等残留物质对草原生态系统还会造成新的污染与破坏。当然，购买饲草料等配套技术物资的成本很高，给牧民其实是带来了一定的经济压力，有的牧民只好背井离乡外出打工，有的牧民采取的措施是，上面有人来检查了，就把围栏规规整整地围上，等检查人员一走，他们立即把围栏拆掉，继续放牧。这样看来，针对内蒙古草原实施的“围栏禁牧”政策，恐怕在客观上很难实现草场牧草的恢复，反而还会导致新的环境问题产生。

国家推行的这些政策，其初衷是为了解决当下的生态环境问题。但是，我国民族众多，民族文化多样，生态环境类型各不相同，在制定政策的时候是否应该考虑这些文化和地域的差异性。只有这样才能保证民族地

① 孟和乌力吉：《沙地环境与游牧生态知识——人文视域中的内蒙古沙地环境问题》，知识产权出版社 2013 年版。

区人民生活和生态环境的和谐发展，避免顾此失彼。

第五节 小 结

一个民族生计方式的形成，是以所处自然生态环境的本底特征为基础的。自然生态环境的稳定运行是民族生计稳态延续的基本前提和根本保障。民族生计中必然要包含生态维护的功能。在民族生计形成的过程中，主要依靠民族文化对所处自然生态环境进行不断地适应、改造和利用，文化的调适是主动的。民族生计同时也是民族文化作用的结果，其必然也包含相应的社会功能。围绕着民族生计，各个民族又形成了一套相关的组织系统、社会制度、宗教习俗、信仰教育等文化事项，使得民族共同体成员在其间能找到一种文化归属感、民族认同感和成就感。显然，民族生计除了要满足民族共同体成员的基本生存条件外，同时还要满足他们的精神需求，这才是生计的真正内涵。在前工业文明时代所发生的生计转型，人们所选取的资源利用方式没有破坏生态环境的平衡与稳定运行，在最大程度上发挥本民族文化的主观能动性，能够同时满足民族共同体成员的基本生存需求和精神需求。然而，在现代化背景下，人们由于受到西方发展主义思潮的影响，将社会的发展简单地等同于经济的增长，将人们的生计仅仅看作经济收入的增加，因而将民族地区的发展引向了工业化的发展道路。在这样的发展思路的影响下所选取的生计方式，混淆了农业与工业的本质区别，忽视了生态环境类型的差异性以及生计与自然环境的密切关联性；同时，对人类生计所具有的生物与社会双重属性的本质内涵的理解与认识走入了误区。这正是当下因生计转型而引发的生态问题和社会问题的关键所在，值得引起各界的高度重视。

第三章

中国生态移民进展报告

杜发春

生态移民研究最早可追溯到美国植物生态学家考尔斯（Henry C. Cowles），1899年，他最先将“生物群落迁移”（biological community migration）的概念导入生态学。考尔斯认为，生态移民的产生是人们意识到在原地居住对生态环境产生了破坏并导致了严重后果。[①] 加拿大历史学者贝尼马（Theodore Binnema）在研究加拿大环境史时认为，1885—1930年，因落基山班夫国家公园的划定和扩大，土著印第安人被迫离开国家公园和保留地，这种强制移动（forced removal）是加拿大历史上比较典型的“生态移民”。[②] 在中国历史上，由于自然灾害、生态环境恶化等原因，也产生过“生态难民”，有关国内移民史研究成果当推《中国移民史》[③]。不过，在中国真正意义上的生态移民则是在20世纪80年代初，而其作为一项国家的环境政策加以实施并流行开来则是在2000年之后。本章重点探讨2000年至今的中国生态移民的进展。

---

① 参见杜发春《国外生态移民研究述评》，《民族研究》2014年第2期。详见 Cowles, H. C., The ecological relations of the vegetation of the sand dunes of Lake Michigan, adopted from *The new encyclopedia Britannica*, *Micropedia*, volume Ⅲ, Ready Reference and Index, Chicago University Press. 1899. http://en.wikipedia.org/wiki/Henry_ Chandler_ Cowles.

② Niemi, B. M., 2006. "Let the line be drawn now": wilderness, conservation, and the exclusion of aboriginal people from Banff National Park in Canada. *Environmental History*, 2006, 11 (4): 724-750.

③ 葛剑雄、吴松弟、曹树基：《中国移民史》（第一至第六卷），福建人民出版社1997年版。

第一节 中国生态移民的阶段、分类、动因及其影响

一 生态移民的阶段划分

从20世纪80年代至今的40年间，中国生态移民大体上可划分为三个阶段。

第一阶段：生态移民的产生和初步实践（1980—2000年）。最早生态移民的是1982年在宁夏南部西海固山区开始的“吊庄移民”[①]，这一以易地扶贫为目的移民政策，在20世纪80年代中期扩展到甘肃定西、河西走廊地区，俗称“三西”（西海固、定西、河西）地区综合扶贫开发，生态移民成为扶贫的重要方式。1994年，国家实施了“八七扶贫攻坚计划”（即从1994—2000年，用七年的时间解决八千万人的贫困人口），生态移民项目也随宁夏、内蒙古、云南、贵州等自然条件较差、贫困人口比例较高的西部省区推进试点，目的是扶贫和保护环境。

第二阶段：生态移民的扩大（2000—2014年）。20世纪初，中国西部大开发战略实施，国家发布实施《中国农村扶贫开发纲要（2001—2010年）》[②]《关于易地扶贫搬迁试点工程的实施意见》[③]和《退耕还林条例》[④]等政策，提出结合退耕还林还草实行生态移民，自此生态移民与退耕还林还草相伴并在国内流行。据国务院西部开发办的资料，中国需要实施生态移民的人口约有700万人，截至2005年，中国已有70万人实施了生态移民。[⑤]自2010年之后，从国家的各种政策文件中看到，生态移

① “吊庄移民”，这是基于宁夏地方习俗的一种称谓，即移民基地如同吊起之物，能够来回摆动，实则是指移民在迁出、迁入两地之间来回奔波，尚未定居的一种生产和生活方式。参见李宁《宁夏吊庄移民》，民族出版社2003年版。

② 《中国农村扶贫开发纲要（2001—2010年）》，中国政府网，http：//www.gov.cn/gongbao/content/2001/content_ 60922.htm.

③ 《关于易地扶贫搬迁试点工程的实施意见》，国家发展改革委，2005年7月15日，http：//www.ndrc.gov.cn/dqjj/fpkf/fpgzxx/t20050715_ 38078.htm.

④ 《退耕还林条例》（国务院令第367号），中国政府网，http：//www.gov.cn/gongbao/content/2003/content_ 62531.htm.

⑤ 国务院西部开发办公室综合司司长杜平于2005年6月21日在银川召开的第二届中国西部开发研究联合体年会上说，“目前我国已经从贫困地区迁移出的生态移民达到70万人，我国于2000年开始实施生态移民，计划将西部地区700万农民通过移民来促其脱贫”。《我国西部地区生态移民已达70万人》，新华网，2005年6月21日。

民和易地搬迁紧密结合在一起。

第三阶段：生态移民和易地扶贫搬迁的大规模有计划推进（2015 年至今）。精准扶贫开始后，多数地方强调易地扶贫搬迁是脱贫攻坚的主要抓手。2015 年，国务院扶贫办关于"十三五"易地扶贫搬迁对象规定：居住在深山、荒漠化、地方病多发等生存环境差、不具备基本发展条件，以及生态环境脆弱、限制或禁止开发地区的农村建档立卡贫困人口，优先安排位于地震活跃带及受泥石流、滑坡等地质灾害威胁的建档立卡贫困人口 1000 万人。搬迁的原则是"应搬则搬"，做到"搬得出、稳得住、能发展"。据国家发展改革委主办的"全国易地扶贫搬迁论坛"发布的数据，截至 2019 年 10 月，"十三五"规划建设的安置住房完工率达 96%以上，已入住建档立卡搬迁群众 870 万人，各地已为约 90%的搬迁群众落实后续扶持措施，已有 700 多万建档立卡贫困搬迁人口实现脱贫摘帽的目标。①

二　生态移民的内涵和分类

一般认为，生态移民（ecological migration/resettlement）有两个内涵：一是指移民行为，即为了保护和恢复生态环境和消除贫困，把位于生态脆弱区或重要生态功能区的人口和经济活动向其他地区迁移；二是移民主体，即那些在生态移民实践中被转移出来的农牧民。中国学者主要从移民行为这一角度来进行探讨，并且强调了生态移民是由于环境压力和生存压力所造成的"非自愿"迁移。②

国外学者对中国生态移民术语的研究，趋向于从"ecological migration"到"ecological resettlement"。③ 在 20 世纪初期，多数国外学者把中国"生态移民"译成 ecological migration 或 ecological relocation，但后来不少学者发现，中国生态移民是与环境变迁有关的政府主导型的移民搬

① 《2019 年全国易地扶贫搬迁论坛在京举办》，中国政府网，2019 年 10 月 16 日，http：//www. gov. cn/xinwen/2019-10/16/content_ 5440473. htm.

② 孟琳琳、包智明：《生态移民研究综述》，《中央民族大学学报》（哲学社会科学版）2004 年第 6 期；刘学敏：《西北地区生态移民的效果与问题探讨》，《中国农村经济》2002 年第 4 期；刘学敏、陈静：《生态移民、城镇化与产业发展——对西北地区城镇化的调查与思考》，《中国特色社会主义研究》2002 年第 2 期；宋建军：《中国生态移民政策》，《中国民族报》2005 年 10 月 12 日。

③ 参见杜发春《国外生态移民研究述评》，《民族研究》2014 年第 2 期。

迁过程，强调两个行动后果：一是政府主导、生态搬迁；二是对移民主体来说是一种被动的非自愿性移民。[①] 于是学者们逐渐倾向于把中国的生态移民翻译为 ecological resettlement[②] 或 environmental resettlement，如澳大利亚墨尔本大学人类学和环境地理学院的罗杰斯（Sarah Rogers）和王耀林（Mark Wang）关于内蒙古生态移民的研究。[③]

关于生态移民的分类，学术界有广义和狭义之分：广义上的生态移民是与生态问题有关的移民，类似国际上常见的环境移民[④]；狭义上的生态移民，是指为保护和恢复某个区域的生态而进行的移民搬迁活动。[⑤] 由此引申，生态移民又可分为保护性移民和恢复性移民。前者指从保护区的特定区域移出居民，其目的是特殊环境保护需要；后者是指将生态环境脆弱地区的居民迁移到适居地，其目的是恢复原住地的生态环境。此外，还有一种是开发性移民，即基于自然资源开发、旅游资源开发的需要而实施的移民，但因其目的追求经济利益最大化，所以不能将开发性移民与生态移民相混淆。[⑥]

三 生态移民的社会经济影响

由于生态移民工程多在西部地区尤其是草原牧区，因此生态移民所带来的影响也比较复杂，不仅有生态影响，更重要的是社会经济和文化变迁影响。

1. 生态影响。生态移民带来了人与自然关系的再调整，长期以来，人口的不断增加，向大自然过度索取，使生态恶化和贫穷落后困扰着西部地区的农牧民。如何在生态保护和减缓贫困中实现双赢，关系农牧区经济社会的“可持续发展”。

---

① Tashi, Gongbo and Foggin, Marc, Resettlement as development and progress? eight years on: review of emerging social and development impacts of an “ecological resettlement” project in Tibet Autonomous Region, China, *Nomadic Peoples*, Vol. 16, No. 1, 2012.

② Tashi, Gongbo and Foggin, Marc, Resettlement as development and progress? eight years on: review of emerging social and development impacts of an “ecological resettlement” project in Tibet Autonomous Region, China, *Nomadic Peoples*, Vol. 16, No. 1, 2012.

③ Rogers, Sarah and Wang, Mark, Environmental resettlement and social dis/re-articulation in Inner Mongolia, China, *Population & Environment*, Vol. 28, No. 1, 2006.

④ 参见杜发春《国外生态移民研究述评》，《民族研究》2014 年第 2 期。

⑤ 参见张力小、刘杰《北方沙漠化地区生态移民中的关键问题》，《生态学杂志》2009 年第 7 期。

⑥ 参见张志辽《生态移民的缔约分析》，《重庆大学学报》（自然科学版）2005 年第 8 期。

2. 社会经济影响。多年来，中国的生态移民是在政府主导下以扶贫脱贫为目的而展开的易地扶贫行动，移民后还面临着许多挑战，诸如异地安置、生计转型困难等。有的少数民族搬迁到政府免费为他们建的现代化住房，但不久又返回了大山，使地方政府官员遭遇尴尬。

3. 文化变迁影响。生态移民不仅是生态环境和经济行为问题，还是一个社会和文化问题，文化本身存在重要的生态意义，环境恶化必然会导致文化尤其是传统文化中的生态智慧的消失。[①] 如果要改变千百年来所遵循的文化和传统，比教会一种生产技能更困难，尤其是在草原牧区生态移民作为一项改善民生的经济行为，但其触及草原游牧民族生活方式的重大改变。[②] 大量案例表明，一些地方生态移民的实践已取得一定成效，但却普遍面临着生态移民的后续产业难以建立、搬迁移民难以在短期内适应和融入迁入地城镇生活，出现了文化不适应、部分移民返迁等问题，尤其是在跨州和跨县的"生态移民飞地"冲突更大，困难和问题更为明显。

第二节　生态移民和易地扶贫搬迁的地方实践案例

如前所述，2003 年，我国实施的《退耕还林条例》中首次提出了鼓励在退耕还林过程中实行生态移民。而退耕还林、退牧还草必然要涉及部分农牧民的移民搬迁问题。本节在这里结合作者的田野调查，主要以青海三江源地区的生态移民、云南昭通的易地扶贫搬迁为案例，来谈谈地方实践。

一　青海三江源生态移民实践

广义的三江源地区行政区划包括玉树、果洛、海南、黄南 4 个藏族自治州的 16 个县和格尔木市代管的唐古拉山镇，共计 16 个县 127 个乡镇，总面积 36.3 万平方公里，约占青海省总面积的 50.4%。狭义的三江源是指三江源国家级自然保护区，15.23 万平方公里生活着约 20 万牧民。此

① 参见任国英《内蒙古鄂托克旗生态移民的人类学思考》，《黑龙江民族丛刊》2005 年第 5 期。

② 参见葛根高娃、乌云巴图《内蒙古牧区生态移民的概念、问题与对策》，《内蒙古社会科学》（汉文版）2003 年第 3 期。

外，从更小的范围来看，是指三江源国家公园的范围，2016—2018 年为试点建设阶段，2020 年正式设立。三江源国家公园规划范围以三条河流的源头区域为主构架，并将周边的生态脆弱保护区（可可西里国家级自然保护区、三江源国家级自然保护区的扎陵湖—鄂陵湖、星星海、索加—曲麻河、果宗木查和昂赛 5 个保护分区）整合进来，形成“一园三区”格局，即 1 个“三江源国家公园”，长江源、黄河源、澜沧江源 3 个区。总面积为 12.3 万平方公里，涉及果洛藏族自治州玛多县（黄河源）、玉树藏族自治州杂多县（澜沧江源）、曲麻莱县、治多县（长江源）4 县 12 个乡镇 53 个村。共有牧业人口 12.8 万人，其中公园内共有牧户 16621 户 6.4 万人、贫困人口 2.4 万人。[①] 三江源地区是一个以藏民族为主体的少数民族聚居区，藏族占 90%，其他民族为汉、回、撒拉、蒙古等。该区域地广人稀，经济以草地畜牧业为主。目前，三江源地区的牧民分成两部分：一是居住在草原牧区的牧民，以放牧畜牧业为主要生计来源；二是搬迁到城镇的生态移民，2003—2011 年建成移民社区 59 个，搬迁安置生态移民 10142 户 55774 人。[②]

（一）三江源生态移民的背景和主要政策

三江源生态移民的直接动因是在政府主导下实施的三江源生态保护和建设工程。2003 年，三江源国家级自然保护区建立，次年实施“青海三江源自然保护区生态保护和建设总体规划”[③]，生态移民与退牧还草紧密结合，实行就地安置和迁移到小城镇安置 10142 户 55774 人。搬迁牧民的草场实行 10 年禁牧、休牧、轮牧，按退牧还草草场补助标准享受退牧补助政策。牧民进入城镇后，发展舍饲育肥、奶牛养殖是大多数迁移牧民主要的生产经营方式。

三江源地区的生态移民补偿政策包括以下五项内容[④]：（1）房屋建设补助。地方政府按照有关政策，给搬迁牧户提供建房补助，45 平方米以

---

① 国家发展改革委：《三江源国家公园总体规划》，第 14 页，见《国家发展改革委关于印发三江源国家公园总体规划的通知》（发改社会〔2018〕64 号）附件，国家发展改革委网站，2018 年 1 月 17 日。

② 数据来源：青海省发展与改革委员会生态移民办公室，2012 年 7 月作者调研。

③ 《三江源自然保护区生态保护和建设》委员会：《三江源自然保护区生态保护和建设》，青海人民出版社 2007 年版。

④ 数据来源：青海省人民政府办公厅：《关于对三江源生态移民困难群众发放生活困难补助的通知》（青政办〔2009〕76 号），2009 年 4 月 17 日。

内的住房，每平方米补助800元，120平方米以内的畜棚，每平方米补助200元。（2）退牧还草饲料粮补助。10年内按照永久性禁牧搬迁、有草原证和无草原证零散搬迁的不同类型，分别给予每户8000元、6000元和3000元补助。（3）取暖及生活燃料补助。2006—2009年，政府对玉树、果洛地区搬迁牧民给予每户1000元的取暖及生活燃料补助；2009年后提高到2000元。（4）生活困难补助。2009—2012年，给予生态移民家庭当中55周岁以上、16周岁以下（除超生子女）的成员每人每年1500元生活困难补助。（5）草原生态奖补。从2012年开始，原有的生态移民补助取消，由草原生态奖补代替。禁牧补助标准为，玉树、果洛州每亩5元；海南州每亩10元；黄南州每亩14元（见表3.3.2.1）；具体实施中，分县制定"封顶保底"措施，避免出现"垒大户"和因补贴过低影响牧民生产、生活现象。①

表3.3.2.1　青海藏区六州草原生态保护禁牧补助标准　单位：元/亩

时间	果洛、玉树州	海北、海南州	黄南州	海西州	备注
新一轮（2011—2016年）	5	10	14	3	
第二轮（2016—2020年）	6.4	12.3	17.5	3.6	

资料来源：根据《新一轮草原生态保护补助奖励政策实施方案（2016—2020年）》（青政办〔2016〕195号，青海省人民政府办公厅2016年10月20日）整理而得。

（二）生态搬迁安置方式和牧民构成

从搬迁安置方式来看，三江源地区的生态移民有整体搬迁和零散搬迁两种方式：（1）县外安置的整体搬迁，将牧民从其承包的草场上迁出，跨县异地安置，实现草原永久性禁牧。每户住房标准8万元，每年每户补助是8000元；（2）县内安置的零散搬迁，每户住房标准4万元，每年每户补助是6000元。

从搬迁牧民构成来看，被搬迁的牧民大体上可分成三类：（1）约占移民村人口的70%的"少畜户"和"绝畜户"，当地社区较为贫困的牧民，愿意搬迁，他们原来在牧区牛羊较少，靠帮工帮牧或者打工为生；（2）约有20%的"教育带动移民"，其家庭是为了小孩上学，搬迁至城镇移民村；（3）约占10%的"富裕户"移民，其在牧区已较好地完成了

① 杜发春：《三江源生态移民研究》，中国社会科学出版社2014年版。

原始积累，他们搬迁到城镇成为城镇居民。①

（三）生态移民飞地的形成及其后续生计难题

2003—2011 年，三江源地区 10142 户 55774 名牧民为了保护三江源的生态环境，在国家的安排下进行跨越县界或者州界的搬迁，形成了 59 个生态移民新村。② 生态移民村被迁入地周边地域所包围，但是其所属行政管辖单位并未发生改变仍属原来的迁出地管理，所以具有明显的“移民飞地”特征，分为“跨州移民飞地”“跨县移民飞地”“远距离的跨乡镇移民飞地”三大类。

（1）跨州移民飞地。跨州移民飞地是指将牧民从一个州搬迁到另一个州进行安置，比如从果洛州玛多县搬迁至海南州同德县所形成的果洛新村，从玉树州曲麻莱县搬到海西州格尔木市所形成的昆仑民族文化村。生态移民村的形成，给搬迁牧民带来了生产生活方式的巨大变迁。比如果洛新村，它地处同德县尕巴松多镇巴滩村，海拔 3300 米，位于同德县城东部，距同德县城 22 公里，距果洛州大武镇 180 公里，距玛多县 400 公里。果洛新村位于青海省海南州同德县境内，但行政上仍隶属于果洛州玛多县。果洛新村的建立，是生态移民中的整体搬迁项目，由青海省果洛州玛多县黑河、黄河两乡搬迁至同德三岔路口而形成的三江源生态移民新村，共 189 户，占地面积 551.7 亩。189 户中，普通定居房屋 161 套，户均住房面积 63.15 平方米，畜棚 100 平方米，旱厕 3.55 平方米；商铺房 28 户，户均住房面积 75 平方米。189 户于 2006 年 10 月底全部搬迁入住，搬迁户每户每年享受 8000 元的饲料粮变现补助。2004 年，为配合生态移民工程建设，青海省政府从同德军马场划出 551.7 亩建设果洛新村，其中住房占地面积 339.8 亩，占总面积的 61.59%；公用用地 160.15 亩，占总面积的 29.03%；其他用地面积 51.72 亩，占总面积的 9.34%。2006 年 9 月底完成了投资 1512 万元的移民定居房屋工程和投资 491 万元的配套设施建设。2006 年 10 月，果洛州玛多县黄河乡和黑河乡的 189 户移民户，全部搬迁入住到果洛新村。

再比如位于格尔木市南郊 4 公里处的昆仑民族文化村，它是玉树州曲

① 冯雪红、向锦程：《首次提出“三江源生态移民飞地”的一部专著——〈三江源生态移民研究〉评介》，《湖北民族学院学报》（哲学社会科学版）2017 年第 2 期。详见杜发春《三江源生态移民研究》，中国社会科学出版社 2014 年版，第 50—70 页。

② 数据来源：青海省发展与改革委员会生态移民办公室，2012 年 7 月笔者调研。

麻莱县牧民搬迁到格尔木市后形成的移民新村，共有 260 户 1778 人，从曲麻莱县曲麻河和叶格 2 乡 7 村搬来的生态移民，每户每年补助 6000 元。村里先后建设红、黄两种安置房，红房子是 2005 年搬迁的牧民 120 户；蓝房子是 2006 年搬迁的牧民 140 户。

（2）跨县移民飞地。“跨县移民飞地”即在同一自治州内的不同县之间的生态移民飞地，比如从果洛州玛多县搬到果洛州玛沁县所形成的河源新村。该移民新村地处果洛州州府大武镇东北角，属于玛沁县境内，成立于 2004 年，由果洛州玛多县扎陵湖乡 150 户 642 人搬迁牧民而形成，移民村仍属玛多县管理，相隔 340 公里。大武镇是果洛州和玛沁县驻地，地处阿尼玛卿雪山北麓，格曲河东侧，坐落于玛沁县大武滩，距省城西宁 440 公里。大武镇常住人口约 1.2 万人，以藏族为主，占总人口的 54%，还有汉、回等民族。大武镇海拔 3700 米，气候和自然条件较恶劣。大武镇上除了有县外飞地移民新村外，还有两个县内移民村，其中沁源生态新村，村民由玛沁县昌麻河乡搬迁而来，是 2004 年作为黄河源区首批“生态移民”搬迁至大武镇而建立的，属于县内移民。当洛、优云移民安置区 290 户 1119 人，属于县内移民。该安置区占地面积 17.6 公顷，总投资 1150 万元。每户建筑面积 59.5 平方米。

（3）远距离的跨乡镇移民飞地。比如长江源村，原地处唐古拉山镇长江源头，沱沱河畔，平均海拔 4700 米，高寒缺氧，生态脆弱。2004 年 11 月，唐古拉山镇长江源地区 6 个村中 128 户 407 名牧民搬迁至格尔木市南郊的移民定居点，形成了今日的长江源村，搬迁牧民完成了从游牧到定居的转变。截至 2018 年年底，长江源村共有村民 245 户（每户总占地 300 平方米，房屋建筑面积为 62.24 平方米）568 人，其中男性 269 人，女性 299 人。这一批移民搬迁之前，地处沱沱河地区的唐古拉山镇地广人稀，交通闭塞。当地牧民大多是以家庭为单位，祖祖辈辈在草场上从事放牧畜牧业，交通工具以骑马为主，后来随时代发展、社会进步，开始采用摩托车作为交通工具，继续进行放牧。每一户都有属于自己的一片或大或小的草场，大多数时间是在自己的草原上生活。搬迁前，当地牧民与外界交往较少，基本上是一种自给自足的生活方式，长期处于相对封闭的社区内。牧民从住宅、饮食、卫生习惯等方面都保留着高原藏区特有的生活方式。但在生态移民搬迁之后，发生了巨大变迁。

表 3.3.2.2 长江源村牧民生态移民前后生产生活方式对比（2004—2018 年）

项目		生态移民前	生态移民后
生产方式		畜牧业为主	打工（建筑业、服务业等）；自主创业（各类生产合作社、经营餐饮业等）
生活方式	语言	藏语康巴话	汉语普通话，双语
	服饰	女性多为藏族传统服饰	中老年女性仍保留传统衣着
	饮食	以牛羊肉、乳制品为主	面食、蔬菜比例上升
	住宅	以帐篷为主	砖木结构房屋
	交通	骑马、摩托车	摩托车、汽车
	卫生习惯	天然厕所，洗澡间隔时间长等	独立卫生间和公厕，自来水等
	休闲娱乐	以节庆、宗教活动为主	电视的普及，广场的娱乐设施，手机微信等电子通信的普及
	人际交往	牧区居住分散导致的交往频率较低	邻里交往增加

资料来源：笔者根据田野调查总结归纳整理而成。

现在，长江源村村民实际上已经是城市居民了，因为长江源已经与格尔木市连在一起，村民已经享受了城市社会保障。但他们的身份还是牧民，因为他们还有草原，国家的草原生态奖补还是他们最重要的收入来源。

以上“跨州移民飞地”“跨县移民飞地”和“远距离的跨乡镇移民飞地”，由于移民搬迁的距离远（400 公里以上），搬迁后均面临着解决移民生计问题的紧迫任务。

从早期的生态移民实施来看，搬迁后移民在交通、就医、住房和小孩上学等方面发生了翻天覆地的变化。但是，也有一部分移民后续产业难以得到有效解决。早期生态移民的收入主要来源于饲料粮补助款，以及从事虫草采挖、藏毯编织、经商、保安、跑出租车、劳务输出等工作，从事临时性工作的人占多数，收入起伏较大，因而导致移民人均收入不稳定。

从总体上来说，2003 年至今，三江源地区搬迁牧民通过政府规划进行有秩序的空间转移。由于搬迁主体牧民是那些长期适应于游牧散居生活的藏族牧民，在移民搬迁后存在诸多需要整合的问题，比如搬迁牧民在新的生存环境中有文化适应与发展问题，与留居牧民之间经济利益协调以及对原生态民族文化的传承问题等。

二　云南昭通市盐津县的易地扶贫搬迁实践

与生态移民较为相似的是易地扶贫搬迁，即把生活在缺乏生存条件地区的贫困人口搬迁安置到其他地区，并通过调整经济结构、拓展增收渠道、改善安置社区条件帮助贫困人口实现脱贫。显然，这里所说的易地扶贫与和前面所说的生态移民极为类似，只不过由于生态移民所导致的社会经济问题较为敏感，因此在近年来的政府文件中较少谈生态移民，而用易地扶贫搬迁来代替生态移民。搬迁对象主要是居住在深山、荒漠化、地方病多发等生存环境差、不具备基本发展条件，以及生态环境脆弱、限制或禁止开发地区的农村建档立卡贫困人口。

云南是我国进行易地扶贫搬迁最早的省份，从1996年开始到2014年全省共易地扶贫搬迁125.6万人。[①] 根据《云南省易地扶贫搬迁三年行动计划》（2016—2018年），云南省通过3年努力，投入600亿元，基本完成30万户、100万人和3000个以上安置点新村建设的易地扶贫搬迁，同步推进产业培育和转移就业。再通过两年时间巩固提升，确保将搬迁新村建设成环境优美、宜居宜业的美丽乡村。[②]

关于云南省易地扶贫搬迁的有关政策，2016—2017年两年间发生了较大变化。2016年，云南省对于贫困户每户均不低于6万元的建房标准补助到户，非贫困户户均补助则不低于1.5万元。此外，有贷款意愿的搬迁农户可向项目承贷公司申请6万元的住房建设转贷基金，并享受100%政府贴息补助。但是到了2017年有关政策发生了如下变化：（1）在补助政策上要求严格区分建档立卡和同步搬迁两类对象，合理制定以人口为对象的补助标准，不能让贫困户因搬迁而举债或增加负债。（2）取消建档立卡贫困人口每户可向县级平台公司申请不超过6万元低成本长期借款建房的政策。补助方式由按户补助调整为按人补助，人均补助2万元，对签订旧房拆除协议并按期拆除的建档立卡贫困人口人均奖励0.6万元。（3）搬迁户人均住房建筑面积不得超过25平方米，且5人以上的户住房建筑面积不得超过125平方米。

---

① 有关学术成果参见赵俊臣《易地搬迁开发扶贫——中国云南省的案例分析与研究》，人民出版社2005年版。赵俊臣《关于修改完善云南省“十三五”异地扶贫搬迁规划的几点建议》，云南赵俊臣的新浪博客，网页为：http：//blog. sina. com. cn/s/blog-457be0250102wozj. html.

② 云南省民宗委：《云南省全力推进易地扶贫搬迁》，中华人民共和国国家民族事务委员会官网，2016年2月24日。

2017年9月，笔者随中国社会科学院社会学研究所国情调查项目组到云南省昭通市盐津县调查，现将该县作为案例加以分析，以期从中找到一些借鉴和启示。

（一）易地扶贫搬迁的现状和特点

盐津是昭通市下辖县，该县的易地扶贫搬迁是在昭通市精准扶贫和易地扶贫搬迁的背景下进行的。而昭通属全国14个集中连片特困地区之一，在云南省27个深度贫困县中，昭通占了8个。目前昭通的11个县市中有10个是国家级贫困县，2016年年底昭通市还有113.37万贫困人口，超过云南省的25%，且大部分贫困人口居住在深山区、石山区、边远地区。在易地扶贫搬迁方面，2016年昭通市建有易地搬迁集中安置点151个，“十三五”期间计划搬迁建档立卡贫困人口97770人，约占云南省的20%。

作为昭通市辖县，盐津地处乌蒙山核心地带，辖10个乡镇，总人口38.8万人。盐津县贫困程度深，2015年全县有贫困乡镇6个，贫困村55个，贫困户17571户65977人，贫困发生率18.5%。近年来，盐津县精准扶贫和精准脱贫工作成效较为明显，2016年滩头乡20个村15600人率先脱贫，全县贫困发生率降为14.12%。按照盐津县的减贫计划，2017年豆沙镇和普洱镇19个村13800人脱贫，2018年中和镇、罗雁乡和庙坝镇的11个村26431人脱贫。到2018年，建档立卡的55个贫困村、21824贫困户、80135人全部脱贫，全县脱贫、出列、摘帽。[①] 自2016年以来，全县相继启动了26个易地扶贫安置点建设。搬迁建档立卡贫困人口10209人，覆盖10个乡（镇）86个村（社区），当年度第二批省级资金扶贫项目共计补助资金847.347万元。通过实地调查和对部分村民的访谈，发现盐津县易地扶贫搬迁具有以下三个明显特点。

（1）政府统一规划布局。通过中央、省、市有关易地扶贫政策和资金，由县政府统一埋单为愿意搬迁并符合易地扶贫有关政策的村民盖新房。在资金筹措上，政府统一规划、统一建设，国家补助与村民自筹相结合。围绕“做大县城、做特集镇、做美乡村”方向，在各村成立理事会，在安置点成立联建委员会，农民群众可以自主决定联建还是自建，即在户型、监督建房质量、资金管理、产业发展等问题上农民可以自己做主。

（2）就近安置。搬迁距离在本乡（镇）内或本村内10—20公里，没

① 有关数据来源于盐津县人民政府办公室、盐津县精准扶贫攻坚指挥部，2017年9月。

有跨县和跨乡的长距离搬迁，因此搬迁后负面的社会影响较小。

（3）搬迁后贫困户在教育、医疗、交通、住房等方面的条件发生了较大改善。对易地扶贫搬迁的后续产业发展进行了有益探索，根据自身资源与区位优势，把产业发展与精准扶贫结合起来，探索将乡村旅游发展、产业带动、务工收入三者相结合来增加安置点农民收入的模式。比如落雁乡龙塘村小岩易地扶贫安置点，该村是云南省扶贫工作对象建档立卡贫困村，村委会驻地距县城 15 公里，距落雁乡政府 2 公里，平均海拔 872 米。全村国土面积 23. 5 平方公里，辖 28 个村民小组，有农户 1092 户 4519 人。2016 年年末，全村年人均总收入 4890 元，其中除去政策性惠农收入和高物价成本后，龙塘村的农村居民人均纯收入 3050 元，有建档立卡贫困户 203 户 956 人。按照“易地扶贫搬迁脱贫一批”的原则，龙塘村有 87 户 426 人搬迁到龙塘村小岩易地扶贫安置点。该安置点位于落雁乡龙塘村小岩村民小组，于 2016 年 3 月动工建设，2017 年 8 月建成，132 套青瓦白墙的花园小楼房坐落在青山绿水间，户型有 90、100、110、120 平方米四种。群众通过抽签的方式实现了房屋抽签和搬迁入住。小岩易地扶贫安置点属于落雁乡境内的搬迁安置，132 户中有 87 户来自龙塘村内的 6 个村民小组，其他 45 户来自落雁乡的其他村。在后续产业发展方面，小岩易地扶贫安置点主要从以下三个方面开展工作：结合脱贫攻坚实际、长短产业培育相结合、发展地方优势产业和农村特色产业。首先，依托三龙滩库区旅游建设发展乡村旅游，按照龙塘峡谷 4A 级景区打造，通过发展旅游业带动安置点群众脱贫致富。三龙滩水库是盐津县一座库容 1766. 5 万立方米的中型水库，坐落于安置点附近，目前正在动工建设之中。依托三龙滩水库建成后的环湖景观，龙塘村旅游资源潜力较大。其次，采用“公司+合作社+基地+农户（贫困户）”的模式，发展稻田综合种养。在安置点种植一片 200 亩的多彩水稻，用字符与图案相结合，由紫、黄、绿镶嵌而成，凸显水稻种养结合循环生态农业特性。龙塘村通过村集体经济公司流转土地 300 亩用来建设有机稻核心区，辐射带动周边村寨有机稻 900 亩，户均增收 1000 元，逐渐形成集生产、观光、旅游为一体的种植模式，推动安置点乡村旅游产业发展和农民增收。最后，发展花卉苗木产业。依托陡坡地治理项目，加大以木槿、紫薇、紫荆为主的花卉苗木产业的规模，共培植 4000 亩，其中村集体经济公司投资 80 万元，流转土地培育花卉苗木 500 亩，带动贫困户 139 户，实现户均增收 8000 元。此外，有针对性地在安置点开展务工培训，提高他们的劳动技能，通过转移富余劳动力的方式增加贫困户收入。建档立卡贫困户吴成贵说，他家以前的房子是木头房，被火烧了无法住人，搬到安置点新居后，他打算在自家的地种上花椒，再到昭通和昆明务工增加收入。

（二）易地扶贫搬迁进程中的难题和挑战

如前所述，2017 年国家有关易地扶贫搬迁政策发生了较大变化，调查中部分干部和群众反映，盐津县易地扶贫搬迁在实施过程中主要存在以下问题。

（1）由于配套政策的变动导致相关群众的不满。2017 年实施了易地扶贫搬迁补助新政策，在补助方式与借款政策上都有很大的变化。由于易地扶贫搬迁项目实施时间较长，新政策在县与乡（镇）实施过程中存在时间差，导致以前按照旧政策实施的搬迁情况在新政策实施时期变得不适用，这在一定程度上引起了困难群众的不满。在补助方式上，2016 年按户补贴，2017 年按人口补贴，这导致家庭人口较少的贫困户所得补贴相比旧政策时期要少，政策的变更给一部分贫困户带来了心理上的落差。一些已选择在旧政策时期进城安置的困难群众可能等着原先按户补贴的政府补贴来交首付，补助方式和借款政策的变更使这部分困难群众进退两难。

（2）在搬迁对象上的精准识别不够。存在着实施搬迁建档立卡搬迁对象不符合六类区域①搬迁要求、部分搬迁户属于原址原拆原建现象、部分已实施搬迁的贫困户不属于国办系统识别的搬迁对象、实施搬迁对象基本信息与国办信息系统标记信息不一致问题、普遍存在超年度计划实施问题，以及存在中央预算内投资补助的对象不属于搬迁的农村建档立卡贫困人口、部分急需搬迁的建档立卡贫困人口未经全国扶贫开发建档立卡信息系统识别、将以前年度已实施易地扶贫搬迁的对象重复纳入省级“三年行动计划”等问题。

（3）部分集中安置点规划设计和实施方案编制不科学。建设进度慢，未严格落实厨卫入户、人畜分离要求问题；部分民居设计不符合规范，未

① 六类区域：一是深山石山、边远高寒、荒漠化和水土流失严重，且水土、光热条件难以满足日常生活生产需要，不具备基本发展条件的地区；二是国家主体功能区规划中的禁止开发区或限制开发区；三是交通、水利、电力、通信等基础设施，以及教育、医疗卫生等基本公共服务设施十分薄弱，工程措施解决难度大、建设和运营成本高的地区；四是地方病严重地区；五是地质灾害频发地区；六是其他确需实施易地扶贫搬迁的地区。

严格落实质量管控和面积管控措施，建房面积超标；未严格落实一户一宅、建新拆旧政策，修建新房后未拆除旧房、宅基地未复垦等问题。

（4）在易地扶贫中普遍存在重建房、轻产业，重搬迁、轻就业现象。比如，在推进安置区建设方面，存在部分安置点简单地“从山上搬到山下”或新的安置区离迁出村寨不过几百米、产业建设及相关基础设施和公共设施不配套、生产方式和发展条件没有得到根本改善等问题。

此外，部分安置点搬迁安置建房已基本完工，但基础设施、基本公共服务设施建设等工程滞后，一些安置点卫生室、公共活动场所、农村饮用水设施建设不达标。如果对这些潜在的社会矛盾处理不当，可能会引发突发性事件。

第三节　对生态移民和易地扶贫搬迁的反思

通过前面对青海三江源和云南昭通的个案分析，我们发现，生态移民和易地扶贫搬迁的逻辑或目标是要解决居住在生存条件恶劣、生态环境脆弱等农牧区贫困人口的脱贫问题。尤其是易地搬迁的规定是要“应搬则搬”，“要一步到位，进城、入镇、上楼”，真正做到“搬得出、稳得住、能发展”。但是应该看到，大范围的生态移民和易地搬迁如果处理得不好，容易引发社会问题。一般来说，在国际上谈到易地扶贫搬迁时，其对象通常是居住在边缘地区的土著居民。他们原有的生活生产方式较为传统，并且很多土著拥有着自我的文化体系，移民搬迁必然导致移民主体的文化变迁，常常引发文化冲突。世界银行的塞尼（Michael Cernea）教授认为，很多生态保护项目的实施过程是伴随着土著人群被迫性的迁徙过程，易地搬迁的过程不仅是简单意义上的放弃原有的赖以依存的土地，与之伴随的还有其生存方式和社会文化的改变。① 英国布拉德福德大学社会和国际学院的莫瓦雷笛（Behrooz Morvaridi）认为，在涉及“非自愿性”

---

① Cernea, Michael, For a new economics of resettlement: a sociological critique of the compensation principle, *international social sciences journal*, Vol. 55, No. 175, 2005; Cernea, Michael, Restriction of access is displacement: a broader concept and policy, *forced migration review*, Vol. 23, 2003.

移民的研究中，更多充斥着土著居民的自然资源被迫性流失的话语语境①。不少国外的研究案例说明，易地搬迁不仅是经济行为，更重要的是搬迁前后的文化变迁及其导致的文化冲突问题。

推进少数民族地区的脱贫攻坚，要“断穷根”是生态移民和易地扶贫搬迁政策的逻辑和动因。但是现实中在许多国家和地区，为了给生态移民和易地扶贫搬迁贴上合法性的标签，很多易地扶贫搬迁工程都会采取将保护生态环境与扶贫发展弱势群体相结合的模式，认为生态保护与扶贫项目并不冲突。一方面，在易地扶贫搬迁过程中大力宣扬保护生态环境的重要性，另一方面与保护生态环境相伴随的是如何扶贫、如何发展经济、控制疾病以及实现社会的公平正义。易地扶贫搬迁政策往往还致力于“断穷根”，通过易地搬迁改善当地居民的生活质量、融入现代社会，实现脱贫致富。② 然而，具体实施过程中这样的目的可能很难较好地实现。相反，一些当地居民在搬迁后陷入了诸如缺乏后续生计、难以融入城市等更多的社会困境。问题在于生态移民的实施过程中，政策制定者往往会盲目乐观地认为易地搬迁带来的经济效益可以缓和一些社会矛盾，然而事实上很多易地扶贫搬迁的生存质量不但没有改善反而会下降，很多易地扶贫户也未得到充分的生态补偿。③ 单纯为了保护生态而想当然地让人类迁徙到其他生活领域，强迫性地使当地居民脱离原有的生产和生活方式，这样的生态保护模式已受到一些学者质疑。④

基于上述认识，笔者认为，要使生态移民易地扶贫可持续发展，以下两条至关重要。

第一，政策制定者要慎重决策，对生态移民和易地扶贫搬迁的复杂性，以及由此形成的各种社会经济和文化传承问题应有足够的认识。不能搞“项目主义”，即为了项目而搬迁。贫困只能是局部改善，不可能被彻底消除，要谨防“大跃进扶贫”“口号式扶贫”“数字脱贫”和“被脱

---

① Morvaridi, Behrooz, Resettlement, rights to development, and the Ilisu Dam, Turkey, *Development and change*, Vol. 35, No. 4, 2004. pp. 719-741.

② Wells, Michael and McShane Thomas, Integrating protected area management with local needs and aspirations, *AMBIO-Journal of the Human Environment*, Vol. 33, No. 8, 2004. pp. 513-519.

③ Cernea, Michael, For a new economics of resettlement: a sociological critique of the compensation principle, *International Social Sciences Journal*, Vol. 55, No. 175, 2003. pp. 37-45.

④ Schmidt-Soltau, Kai, Is forced displacement acceptable in conservation projects? P. West, J. Igoe and D. Brockington, Parks and peoples: The social impact of protected areas. *Annual Review of Anthropology*, Vol. 35, 2005. pp. 251-277.

贫”。要加强对易地扶贫的认识，易地扶贫搬迁只是精准扶贫和脱贫攻坚的一种手段。对确有必要实施移民搬迁的，在搬迁过程中应该充分考虑迁入地的自然环境和社会环境，尽可能合理运用自然资源，创造条件运用社会资源，以增加建档立卡搬迁贫困人口产业收入、工资性收入、财产性收入等为目标，整合相关涉农资金，因地制宜培育特色种养业、手工业、乡村旅游业等，拓宽就业渠道，从而做到在落实易地扶贫搬迁政策的同时，促进精准扶贫和脱贫工作的开展。

第二，要真正以民为本，充分尊重和听取贫困群众的意愿，让其积极参与到对精准扶贫和精准脱贫的表达和行动上来。对于正在实施的生态移民和易地扶贫项目，尽可能使更多困难户对搬迁项目满意，不能为了完成搬迁任务而盲目进行搬迁。一方面要充分听取贫困户的意见，另一方面要加强对搬迁项目的选址规划、勘测、实施过程的监督，做好全面的综合搬迁规划，最终实现“搬得出、稳得住、能发展”的目标，为各民族全面建成小康社会做出贡献。

第四章

生态扶贫

吴合显

第一节 前 言

贫困与环境问题，从 20 世纪 80 年代以来一直占据着主流研究的地位。[①] 随着 1992 年联合国可持续发展世界首脑会议和 2002 年环境与发展大会的召开，扶贫与生态环境保护已经上升为可持续发展的重要组成部分[②]。2002 年，世界银行的专家对全球 40 个国家的扶贫战略文件作出评估。结果发现，其中同时关注扶贫开发与生态维护两大议题的战略文件只占总数的 12.5%。[③] 世界银行的另一份报告也显示，在扶贫与生物多样性保护项目中，同时兼顾到这两大议题者仅占总数的 16%。[④] 另外，联合国环境规划署在《全球环境展望：区域评估》的报告中称，经济繁荣、消费增长促进了亚太地区发展，也使高污染、高碳的生活方式成为主流，可持续消费方式尚未建立，严重威胁着环境健康。在东南亚，城市化进程和农业发展对自然资源的侵蚀使得荒漠化速度加快，令人担忧，平均每年荒

---

① Bryant, R. L., Beyond the impasse: The power of political ecology in third world. *Environmental Research Area*, 1997 (1). pp. 5-19.

② Lele, S. M., Sustainable development: A critical review. *World Development*, 1991 (6). pp. 607-621.

③ Bojö, J., Reddy, R. C. 2002. *Poverty reduction strategies and environment: a review of 40 interim and full poverty reduction strategy papers*. Washington DC, World Bank.

④ Tallis, H., Kareiva, P., Marvier, M., et al., An ecosystem services framework to support both practical conservation and economic development. *Proceeding of the National Academy of Sciences of the United States of America*, 2008 (28). pp. 9457-9464.

漠化土地面积超过 100 万公顷。[①] 上述研究充分表明，能够关注到扶贫开发与生态维护两者之关联性的发展战略仍属少见，特别是从生态文明的本质属性去探讨二者的关联性几乎是微乎其微。

然而遗憾的是，虽然在民族地区开展了多项生态治理工程和扶贫开发工程，但生态建设却很少考虑扶贫开发，扶贫开发也很少考虑生态建设，使得当前生态建设和扶贫开发严重脱节。这种状况如不及时改变，扶贫工作所取得的成效必然会受到环境恶化的拖累，导致扶贫成效被抵消。实践证明，搁置环境保护单方面从事扶贫开发，无疑是“竭泽而渔”。与此同时，搁置扶贫开发单方面实施环境保护同样是“缘木求鱼”。

随着社会经济的飞速发展，跨区域跨文化的相互影响日趋频繁，影响强度也与日俱增，此前隐而不显的人类社会需要面对的问题逐渐暴露出来，特别是工业文明迅速发展后所伴生的负效应，开始引起世界范围内的普遍关注。环境污染、资源匮乏、生态危机和社会冲突加剧，以及由此而引发的贫困问题远非此前的各种扶贫理论所能化解。如何应对由生态而引发的整体性连片性贫困问题，自然成了众多学科致力于探讨的新课题。

本章以当下在我国喀斯特地区推行的中华蜜蜂恢复项目为个案，试图去解答以下三个问题。一是如何认识和理解生态扶贫的内涵和实质。因为只有首先把握住了生态扶贫的内涵和实质，我们才可能对症下药，否则就流于盲人摸象，走很多弯路，而且最终成效还不一定能够实现启动扶贫的愿望。二是在连片脱贫的基础上，选取了典型的喀斯特山区——贵州麻山地区，开展的中华蜜蜂保护项目行动，总结它所取得的成效，分析该项目取得成功的经验和不足，为其他生态扶贫项目的推行提供参考。三是在中华蜜蜂项目个案的基础上，分析生态扶贫成功与否的关键，即重构健康的“文化生态共同体”。

第二节　生态扶贫研究

系统梳理国内外贫困与生态维护关系的研究，为我国和其他发展中国家或民族制定协同扶贫开发与生态保护的政策提供有益借鉴。

---

① 韩茜：《联合国报告：亚太地区环境面临巨大挑战》，中国社会科学网，http：//www.cssn.cn/hqxx/201605/t20160522_ 3018794.shtml.

一 国外相关研究

国外学界对贫困与生态关系的研究主要集中在“贫困陷阱”① 和“环境库兹涅茨曲线”两大理论，并试图超越这两大理论的束缚，但尝试的结果都不理想，原因在于这两大理论的影响过于深远。

（一）“贫困陷阱”理论

贫困与生态退化双向互动的内在因果关系历来是国外不同思想流派争论的焦点。T. Malthus 在《人口法则：影响未来的社会发展》一文中提出，早在 18 世纪末，贫困与生态环境问题密切联系的观点就已经引起了学界的关注，并不断地被重新发现与研究。② 其中最著名的当数“贫困陷阱”理论，对后世影响最为深远。另外，H. Bhattacharya 的《印度乡村社会与经济收入：贫困陷阱是否存在?》认为，“贫困陷阱”是将贫困与生态环境的关系视为一个相互依赖和相互强化的螺旋下降过程。③

显然，国外一些学人将发展和维护视为一种“冲突”，很难从人与自然关系的视角去对待贫困问题。通过对相关文献的梳理，“贫困陷阱”理论主要体现在如下四种形式。

1. 贫困引起生态退化

A. K. Duraiappah 在《贫困与生态退化：综述和关联性分析》一文中认为，发展中国家的生态退化主要是由贫困引起的。④ 另有一些著述也都认为贫困是导致生态环境退化的主要原因。例如，布伦特兰委员会的总结报道就提出贫困是引起生态危机的主要根源。为此，减贫行动势在必行，减贫是缓解生态问题极其重要的方式。⑤ 亚洲发展银行环境署执行官

---

① 20 世纪 50 年代有三位经济学家揭示了“贫困陷阱”的产生根源：一是纳克斯于 1953 年提出“贫困恶性循环论”；二是纳尔逊于 1956 年提出“低水平均衡陷阱理论”；三是缪尔达尔于 1957 年提出“循环累积因果论”。参见谭诗斌《现代贫困学导论》，湖北人民出版社 2012 年版。

② Malthus, T., *An essay on the principle of population: as it effects the future improvement of society: with remarks on the speculation of Mr. Godwin, M. Condorcet, and other writers.* London: JJohnson. 1798.

③ Bhattacharya, H., Income and the environment in rural India: Is there a poverty trap? *Part of the UCCenter for Energy and Environmental Economics Working Paper Series.* 2011.

④ Duraiappah, A. K., Poverty and environmental degradation: A review and analysis of the nexus. *World Development.* 1998.

⑤ Duraiappah, A. K., Poverty and environmental degradation: A review and analysis of the nexus. *World Development.* 1998.

K. F. Jalal 博士在《可持续发展：生态与贫困的相互关系》一文中也提出，生态退化、人口快速增长，以及生产力滞后都与亚洲发展中国家日益严重的贫困问题有着密切的关系。① 世界银行在《世界发展报告》中提出，为了满足生存物质资料的需要，发展中国家的居民只有无节制地掠夺自然资源，如滥砍滥伐、开采矿产等。②

毋庸置疑，这种观点把扶贫视为解决生态环境退化的前提条件，认为要缓解生态问题，须先解决好贫困问题，这是一种典型的“先发展后治理”模式。这种扶贫模式在一定程度上只会关注扶贫者的作用，而忽视贫困群众的生态智慧和发展潜力，这已成为全球减贫行动难于成功的原因之一。

2. 权势和富人群体引起生态退化

A. K. Duraiappah 在《贫困与生态退化关系的研究综述》一文中认为，富人和权势群体出于利益关系，将“边缘群体”逼入贫困的状态，继而引发生态环境的退化。③ J. K. Bovce 在《不平等是造成生态退化的主要原因》一文中提出了贫困与生态环境关系的第二种模式，即“权势与富人群体引起生态退化”。④ 这种模式认为，造成发展中国家或地区生态退化的主因不是穷人，而是权势和富人群体。⑤ 另外，G. Chichilnisky 在《南北贸易与全球环境》一文中提出，在发展中国家，导致富人和权势群体对自然资源进行掠夺式开发的主要原因是巨大的市场诱因，而克服这个问题的路径就是要实施规范的生态环境政策。⑥ 例如，E. B. Barbier 在《土壤保护的农场经济学：以爪哇高地为例》一文中所倡导的“国际基金转移方式”。该文探讨了如何运用“国际基金转移方式”来缓解南洋群岛热

① Jalal, K. F., Sustainable development, environment and poverty nexus. *Occasional papers* No. 7. Asian Development Bank, Manila.

② World Bank, *World development report* 1992 *in development and the environment*. Oxford: Oxford University Press, 1992.

③ Duraiappah, A. K., Poverty and environmental degradation: a review and analysis of the nexus. *World Development*. 1998.

④ Duraiappah, A. K., Poverty and environmental degradation: a review and analysis of the nexus. *World Development*. 1998.

⑤ Bovce, J. K., Inequality as a cause of environmental degradation. *Ecological Economics*, 1994 (3).

⑥ Chichilnisky, G., North South trade and the global environment. *American Economic Review*, 1994 (4).

带雨林的破坏。①

上述这种关系提出了权势和富人群体对生态问题负有不可推卸的责任，揭示了贫困与生态退化并无直接关系，实属不易。值得一提的是，这样的认识有利于提醒扶贫决策者在制定政策时，不能一味地追求经济利润的快速增长，更需要关注发展与维护的和谐推进，实现可持续发展。

3. 非经济因素引起生态退化

其中具有代表性的有如下一些著述：一是 M. Leach 和 R. Mearns 在《发展中国家贫困与生态关系的梳理》一文中提出，生态退化和贫困不是简单的线性关系，其中包含着众多复杂的因素。该文认为，人口、文化与制度等因素在贫困与生态退化之间的相互关系中都发挥着重要的作用。② 二是 A. B. Durning 在《贫困与环境：摆脱贫困陷阱》一文中提出，贫困与生态退化的第三种模式是市场或制度等复杂因素的失灵或失效所引起的生态退化。③ 三是 Prakash 的《山地民族贫困与环境的关联性：对贫困陷阱的回应》一文还指出，农村生态退化来源于外部的复杂因素，而并非来源于贫困本身。该文还分析了一系列的复杂变量（如人口、文化、制度、市场等）在贫困与生态退化关系中的综合作用。④

以上著述的可取之处在于，将生态退化归咎于"非经济因素"的制约作用，而不仅仅是贫困本身，这是扶贫思路上的一大进步。生态系统其实并不是一个纯自然的事物，而是注入了人类的各种文化活动。所以，生态环境的退化，在一定程度上应该归咎于人类资源利用方式与当地生态系统的不相兼容所致。

4. 生态退化导致贫困

正如贫困引起生态环境退化一样，生态退化会反过来导致贫困或加深贫困的程度。H. Binswanger 在《加速对亚马逊森林滥砍滥伐的巴西政策》

① Barbier, E. B., The farm level economics of soil conservation: the uplands of Java. *Land Economics*, 1990 (2).

② Leach, M., Mearns R., 1995. Poverty and environment in developing countries. An overview study. *Institute for Development Studies. Univrsity of Sussex, Brighton, UK.*

③ Durning, A. B., Poverty and the environment: reversing the downward spiral. *World Water Paper*, New York: Novermber, 1989.

④ Prakash, S., Poverty and environment linkages in mountains and uplands: Reflections on the "Poverty Trap" thesis. *CREED Working Paper* No, 12. 1997.

一文中提出了贫困与生态关系的第四种模式，指出生态退化加剧了贫困的程度。[①] G. Ikiara 在《肯尼亚纳罗克的贫困与生态退化的关系研究》一文中提出，富人群体对自然资源的肆意掠夺致使发展中国家大量人口陷入贫困状态。该文认为，权势和富人群体造成发展中国家生态环境的恶化，而生态退化又反过来加剧这些国家和地区的贫困程度，从而形成贫困与生态退化的“恶性循环”。[②]

可见，各国政府在解决贫困与生态退化的问题时，也往往面临着尴尬的选择。在扶贫过程中，一些扶贫干部没有去关注生态问题，而是把生态视为可以为经济活动服务并牺牲的对象。因此，在扶贫行动中才出现有盲目修路建房，为完成扶贫项目而随意破坏生态环境的现象。在一些贫困村，为了完成上级政府交给的脱贫任务，环境受到随意糟蹋和破坏。村民过去敬畏的风水林、神山神水的空间在不断缩小，民族传统文化也在逐步消失。另外，即使有的扶贫者意识到生态在扶贫行动中的重要性，但也会将生态的退化归咎于贫困群体本身，认为这是贫困群体“落后”的生计方式破坏了生态环境，而没有认识到生态退化其实是资源利用方式与当地生态文化的不相兼容而导致的结果。

（二）“环境库兹涅茨曲线”理论

当学界还在为试图超越“贫困陷阱”而力不从心的时候，一些学者则另辟蹊径，力图从其他视角去探索一条可以避免“贫困陷阱”的路径。这条路径就是备受争议的“环境库兹涅茨曲线”（EKC）。[③]

1996 年，Panayotou 等人借用 1955 年库兹涅茨界定的人均收入与收入不均等之间的倒“U”形曲线，首次将环境质量与人均收入之间的关系称为“环境库兹涅茨曲线”。[④] 这个观点认为，在经济发展初期，环境资本

① Binswanger, H. , Brazilian Policies that encourage deforestsation in the Amazon. *Environment Department Working Paper*, World Bank, Washington DC.

② Ikiara, G. , Poverty and environment degradation in Narok, Kenya: a background paper. *Internal Working Paper*, *CREED*, Institute for Environment Studies, Free University Amsterdam, 1997.

③ 祁新华、林荣平、程煜、叶士琳：《贫困与生态环境相互关系研究述评》，《地理科学》2012 年第 13 期。

④ 百度百科 · 环境库兹涅茨曲线，http://baike.baidu.com/link? url = yOkoBKuuksYat7Z_e_TYhL2rP1KoxcIFXrewpQzS-V1SUOhbGY8GVW6r9vuL36z6DHn355_rf3Q6Jl6ZdTeg1K。

可以为经济发展做出牺牲，因为环境是一个“奢侈品”。[①] 也就是说，环境是一个现在可以被牺牲，待人们变得富裕时可以进行修复的事物。这个假设将环境退化当作消除贫困的一个不可逾越的阶段，认为只有当经济发展到较高程度以后，环境退化的趋势才能得到抑制或扭转。[②] G. Atkinson 等在《衡量可持续发展：环境与宏观经济学》一文中认为，环境库兹涅茨曲线是一种谬论，而且还具有潜在危险性。它忽视了环境质量对人类健康的危害，以及在经济发展中造成长期损失的危害。[③]

这种结论还忽视了各种环境的破坏所造成的不可改变性。生态环境一旦遭到破坏，显然会扩大贫困的程度。另外，这种结论还忽视了其实在没有牺牲环境的前提下，可以采用有效政策来确保财富增长的安全性。其实，发展与维护并非在完全等同的时空范畴内发挥其影响，而是分别按照不同的方式去发挥作用。问题的根源是处在决策之下的资源利用方式与当地文化生态的不相兼容。因此，在扶贫中需要调整资源利用方式，确保其与当地生态文化的良好兼容，才能实现发展与维护的和谐推进。问题是“环境库兹涅茨曲线”极大地迎合了一些政府和官员发展经济的迫切愿望，因此被广泛认同并付诸实践。“先污染后治理”的发展思路被工业国家所验证，并被急于摆脱贫困的发展中国家或民族所效仿。

目前，尽管多数政府均推崇兼顾发展经济与保护生态环境的可持续发展模式，但在实践中却迫于摆脱贫困的压力而不得不将生态环境保护置于相对次要的位置，于是区域发展往往以牺牲环境为代价。不可否认，一些国家和地方政府尝试超越“环境库兹涅茨曲线”理论的束缚，但让人沮丧的是成功的案例凤毛麟角。目前学术界对该理论的验证主要有以下四个方面的论述。

一是美国经济学家 Grossman 和 Kruege 的《经济发展与环境》，该文通过对 42 个国家横截面数据的分析，发现部分环境污染物排放总量与经

① Stern, D. I. , Common, M. S. , Barbier, E. B. , Economic growth and environmental degradation: The environmental Kuznets Curve and sustainable development. *World Development*, 1996 (7): 1151-1160.

② Stern, D. I. , Common, M. S. , Barbier, E. B. , Economic growth and environmental degradation: The environmental Kuznets Curve and sustainable development. *World Development*, 1996 (7): 1151-1160.

③ Atkinson, G., *Measuring sustainable development: macroeconomics and the environment.* Cheltenham, England: Edward Elgar, 1997.

济增长之间的关系也呈现倒“U”形曲线，这种环境质量与经济发展之间的关系与美国经济学家库兹涅茨分析的人均收入与分配公平程度之间的关系相似，所以被称为“环境库兹涅茨曲线”。①

二是 A. Jean 在《环境库兹涅茨曲线假设的动态方法》一文中认为，由于规模效应与结构效应二者的双重作用，使得在第一次产业升级的时候，环境污染加重，而在第二次产业升级的时候，环境污染减轻，使得倒“U”形 EKC 的产生。②

三是 R. Lopez 在《作为生产要素，环境对经济增长和贸易自由的影响》一文中假定技术是内生的，并假定生产对环境产生不利的影响，即只有生产活动产生污染，而消费对环境不产生负效用，最后发现污染与收入之间的关系 EKC 是不稳定的，而是依赖于消费者对于商品的替代弹性的大小与家庭风险偏好的高低。③

四是 Thomas Selden 在《新古典主义增长，J 曲线的消除以及 U 曲线的转化》一文中认为 EKC 是不存在的，即人均污染物的排放与经济发展水平之间不存在倒“U”形的关系，而是成“J”字形状，认为 EKC 并不稳定，在不同的假设之下会出现不同的结果。④

需要指出的是，Thomas Selden 的上述结论从表面上看，容易让世人感到悲观。也正因如此，他的理论在发达国家或民族不容易得到欢迎或认同。在发展中国家或民族中也会造成新的困惑。然而，从揭示问题实质的角度入手，他的结论反而值得赞许，因为他说了真话，至于如何摆脱环境恶化的魔咒，则需另辟蹊径。

尽管多数国家和地区均提倡经济发展与生态维护的协同发展模式，但在实践中却迫于摆脱贫困的压力而不得不将生态维护暂时放在相对次要的位置，这才导致经济发展往往以牺牲生态为代价。即令“环境库兹涅茨曲线”成立，它最多也只适用于工业文明，根本无法说明前工业诸文明

---

① Grossman, G., Kruege, A. Economic growth and the environment. *Quarterly Journal of Economics*, 1995 (2): 353-377.

② Jean, A. A., Dynamic approach to the environmental Kunznets Curve Hypothesis. *Ecological Economics*, 1999 (28): 267-277.

③ Lopez, R., The environment as a factor of production. The effects of economic growth and trade liberalization. *Journal of Environmental Economics and Management*, 1994 (27): 163-184.

④ 周立群：《创新整合与协调——京津冀区域经济发展前沿报告》，经济科学出版社 2007 年版，第 238—259 页。

形态的环境问题。在扶贫实践中，当扶贫对象不属于工业文明时，我们就没有理由去套用“环境库兹涅茨曲线”去指导我们的扶贫工作。为此，中国当代扶贫工作不能再受这些理论的干扰和牵制，走中国式发展道路才是正理。

可见，绿色发展之所以难于实现，主要是没能摆脱上述两种理论传统思路的干扰，仍然在以“利润追求”为转移，将生产利润最大化。其实，生态环境是国家和社会整体发展的基础。忽视生态环境的维护，扶贫行动就难于达到预期的目标。在腊尔山追高鲁村的田野调查中，笔者发现由于深受“生产利润最大化”的影响，在当地政府和一些企业的鼓励下，当地村民在农业生产中，放弃优质的传统农家肥不用，转而去购买大量的化肥。试想，当地群众的经济收入本来就低，如今却要花钱去购买大量的化肥，生活上岂不是让他们难上加难。这样的扶贫手段，只会增加当地贫困群众的经济负担，扩大他们的贫困程度。

以上著述分析了生态环境在可持续发展中的作用。遗憾的是，目前真正从生态环境的功能去探讨可持续发展的研究并不多，很多研究还是坚持认为环境是可以为发展而让步的“牺牲品”，却没有意识到生态环境是国家和社会整体发展的基础，忽视对生态环境的保护，扶贫行动就不可能达到预期的目标。可见，只有摆脱“贫困陷阱”和“环境库兹涅茨曲线”等传统扶贫理论的束缚，立足于生态文化的视角，扶贫行动才能达到预期的目标。

二 国内相关研究

随着生态环境退化在诸多致贫因素中也越来越突出，有必要梳理国内贫困与生态关系的相关研究，为破解我国经济社会发展难题找出新的方法与路径。

（一）关于贫困与生态脆弱的空间重叠问题的讨论

从区域特征上看，贫困地区也是民族地区以及生态脆弱区，从而形成民族地区、贫困地区和生态脆弱区的“空间重叠”，引起了许多国内学者的关注。[①] 这个观点主要体现在如下一些著述中。

朱栋梁、田筱鸿在《我国西部生态脆弱与资源约束性贫困分析》一

① 陈浩：《中国贫困地区人口与生态环境分析》，《生态经济》1999 年第 6 期。

文中明确提出，在我国西部，生态脆弱与资源约束性贫困有明显的耦合关系。[①] 另外，刘慧等的《中国西部地区生态扶贫策略研究》分析认为，我国贫困地区的分布与脆弱生态环境的分布有一种地理空间意义上的非良性耦合，并严重制约着当地的社会经济发展。[②]

此外，李静怡等在《吕梁地区生态环境质量与经济贫困的空间耦合特征》一文中分析提出，在我国欠发达地区，生态环境脆弱与经济贫困有着较高的空间耦合特征。[③] 牟秀燕在《贵州喀斯特生态脆弱与贫困耦合机理研究》一文中认为，由于石漠化等生态灾变严重、自然灾害频发，以及贫困程度深与喀斯特脆弱生态环境的相互影响，长期形成了一种显著的、非良性的耦合效应，严重制约了贫困地区的可持续发展。[④] 李曼碧等在《云南省少数民族地区与生态环境保护》一文中认为，因为贫困，穷人才去砍伐森林，毁坏环境。由于森林减少和环境恶化才使村民贫穷，这是边远少数民族地区一个普遍的事实。[⑤]

上述观点过于强调贫困与生态之间的"空间重叠"。立足于这样的视角去展开扶贫行动，说明当下还是难于超越"贫困陷阱"和"环境库兹涅茨曲线"等传统扶贫理论的干扰和牵制，还在坚持"先发展后治理"或"先治理后发展"的传统扶贫思路。例如，在一些贫困村的扶贫实践中，扶贫干部仅注重经济的发展，很少关注生态的维护。为了引进产业，不惜代价强行对土壤进行改性，致使当地土壤只适应于单一作物的种植。不发展到重大社会问题出现，很难引起决策层的关注。当然，在"先发展后治理"扶贫思路的影响下，也难于改变他们的思路与想法。因此，只有摆脱"环境库兹涅茨曲线"负效应的传统束缚，从生态文化的视角出发，探索绿色发展与生态维护和谐推进的新路径，才能使贫困人口从绿色发展中得到更多的实惠。

---

① 李静怡、王艳慧:《吕梁地区生态环境质量与经济贫困的空间耦合特征》,《应用生态学报》2014 年第 6 期。

② 刘慧、叶尔肯·吾扎提:《中国西部地区生态扶贫策略研究》,《中国人口·资源与环境》2013 年第 10 期。

③ 李静怡、王艳慧:《吕梁地区生态环境质量与经济贫困的空间耦合特征》,《应用生态学报》2014 年第 6 期。

④ 牟秀燕:《贵州喀斯特生态脆弱与贫困耦合机理研究》,《商》2015 年第 1 期。

⑤ 李曼碧、夏峰、龚震、陀正阳:《云南省少数民族地区与生态环境保护》,《云南环境科学》2003 年第 4 期。

（二）关于贫困与生态脆弱恶性循环的讨论

近年来，随着贫困地区生态环境的不断恶化，贫困与生态脆弱的“恶性循环”已成为学界关注的焦点。[①] 如下一些著述则从不同层面分析了贫困与生态脆弱之间的“恶性循环”。

陈浩在《中国贫困地区人口与生态环境分析》一文中提出，要使贫困地区摆脱“贫困—人口压力—资源环境破坏—贫困”的恶性循环，那么控制人口、保护和改善生态环境，则与发展经济一样重要。[②] 张宁等《新疆和墨洛地区贫困与生态环境关系分析》一文指出，脆弱的生态环境和贫乏的自然资源使得当地居民面临着巨大的生存压力，人们不得不对资源进行掠夺式的开发和经营，更加脆弱的生态平衡反过来又加剧了对人类生产和生活行为的制约。生态环境与贫困之间形成一个不良循环，进而导致社会系统、经济系统、人口系统及贫困内部的不良循环。[③] 佟玉权、龙花楼在《脆弱生态环境耦合下的贫困地区可持续发展研究》一文中提出了“贫困—人口增长—生态脆弱”的恶性循环。该文认为，只有针对贫困地区自身的特点，有的放矢采取相应的举措，才有望真正实现其社会经济的可持续发展。[④]

以上著述强调经济发展与生态维护的同等重要性，这样的观点确实难能可贵。然而，这些著述还是过于强调贫困与生态脆弱的直接联系，显然难于摆脱“贫困陷阱”的传统束缚和牵制。

另外，钱家先、朱海燕在《云南富源古敢水族乡贫困与生态环境关系分析》一文中认为，古敢水族乡的贫困突出，生态环境日趋恶化，且形成不良循环，进一步导致社会系统、经济系统、人口系统及贫困内部的不良循环，应从改变粗放的耕作方式和不合理的扩大耕地等五方面采取脱贫对策。[⑤] 汪希成等在《西部地区新农村建设中的生态贫困问题探析》一

---

① 祁新华、林荣平、程煜、叶士琳：《贫困与生态环境相互关系研究述评》，《地理科学》2012年第13期。

② 陈浩：《中国贫困地区人口与生态环境分析》，《生态经济》1999年第6期。

③ 张宁、张振兴、郭怀成：《新疆和墨洛地区贫困与生态环境关系分析》，《中国人口·资源与环境》2001年第S2期。

④ 佟玉权、龙花楼：《脆弱生态环境耦合下的贫困地区可持续发展研究》，《中国人口·资源与环境》2003年第S2期。

⑤ 钱家先、朱海燕：《云南富源古敢水族乡贫困与生态环境关系分析》，《曲靖师范学院学报》2004年第5期。

文中提出，历史上的西部曾是一个水草肥美、牛羊成群的地方，由于后来过度开发，加上频繁的自然灾害等原因，导致森林减少、水土流失、土地荒漠化、草场退化、生态环境急剧恶化，形成“越垦越穷，越穷越垦”的恶性循环。① 张绪清在《乌蒙山区生态修复与脱贫发展新思路》一文中提出了“生态脆弱—贫困—掠夺式开发—环境退化—进一步贫困”的恶性循环。作者认为，乌蒙山生境脆弱区实现脱贫跨越，可在反贫方式、战略与政策体制上与时俱进地调整，立足区域自然、人文、生态、气候等旅游资源赋存，积极引导社区居民广泛参与，扭转资源环境掠夺、耗竭式的开发模式与严重依赖土地“超薄层垦殖”为生的局面，大力发展生态旅游，增加社区收入，保护生态，以生态文明发展方式谋求人地关系的和谐。刘慧在《中国西部地区生态扶贫策略研究》一文中也提出了“生态脆弱—贫困—生态脆弱”的恶性循环。该文认为，只有加强生态环境建设与扶贫开发的有机结合，实施生态扶贫战略，才能实现贫困地区生态环境改善与贫困人口脱贫致富的“双赢”目标。

还有一些学者也对贫困与生态脆弱的“恶性循环”提出了个人的看法。例如，沈娅莉在《少数民族地区贫困循环的成因及对策研究——以云南为例》一文中，认为少数民族地区由于社会、政治、文化、经济、制度等综合因素相互影响、互为因果，陷入了“贫困恶性循环”。如果没有外力介入的话，这些地区的居民只能在“贫困陷阱”中挣扎②。郑茂刚的《破解西部民族地区教育与经济发展低水平均衡——以黔东南州为例》一文从教育角度分析认为，武陵山区教育与经济发展长期处于低水平均衡状态，即“经济不发达—教育落后—人才匮乏—经济不发达”的恶性循环。③ 李春鸽在《浅议中国农村贫困问题》一文中，从宏观和微观角度分析我国农村人口贫困的原因，认为贫困人口个人能力缺失与农村救济体系不完善是造成贫困的重要原因。④ 李广义的《桂西石漠化地区生态扶贫的应对之策研究》一文认为，由于大肆地毁林开荒，石山区的自然资源与

① 汪希成、高雅、孙小燕：《西部地区新农村建设中的生态贫困问题探析》，《绿色经济》2007 年第 2 期。

② 沈娅莉：《少数民族地区贫困循环的成因及对策研究——以云南为例》，《云南财经大学学报》2012 年第 4 期。

③ 郑茂刚：《破解西部民族地区教育与经济发展低水平均衡——以黔东南州为例》，《贵州民族研究》2007 年第 1 期。

④ 李春鸽：《浅议中国农村贫困问题》，《北方经贸》2011 年第 3 期。

生态环境受到不同程度的破坏，水土流失逐年加重，旱涝灾害日益频繁，形成“生态破坏—贫困落后”的怪圈。生态扶贫有利于促进贫困地区经济发展与生态环境的良性循环，是经济发展、生态改善、农民增收“三赢”的可持续发展模式。或者说，生态扶贫是扶贫开发的生态文明视角。[①] 王振颐在《生态资源富足区生态扶贫与农业产业化扶贫耦合研究》一文中提出，大西北地区，由于历史的原因土壤沙化、石化极为严重，农业缺少根本的发展资源，生态环境和贫困之间形成了一个恶性循环，最终陷入“环境脆弱—贫困—掠夺资源—化解退化—进一步贫困”的“贫困陷阱”而难于自拔。[②]

以上著述强调贫困引起生态退化，而生态退化又反过来加剧贫困程度的“恶性循环”模式。以这样的思路方式来解决贫困与生态的问题，同样说明当下还是无法摆脱“贫困陷阱”理论的传统束缚。这样的思路，其实从一开始就走错了方向，把发展和维护看作一个解不开的“死结”。殊不知，生态退化与经济发展并没有直接的联系，而是来自决策之下的另一个层次，就是扶贫项目所涉及的资源利用方式与所处生态系统的不相兼容，这才表现为扶贫开发与生态维护之间的尖锐矛盾。

笔者认为，在扶贫行动中，只要一开始就立足于此地先前已有的人与自然的和谐关系去规划扶贫行动，立足于文化生态观，那么发展与维护之间的矛盾就可以得到有效的化解。然而在腊尔山的扶贫行动中，扶贫者常按照个人的思路来开展扶贫工作。他们甚至直接引进外面的产业模式，并认为只有这样的扶贫模式才能助推贫困群众脱贫致富。另外，他们也坚持认为发展与维护是一个打不开的“死结”，难于实现和谐推进。正因为深受这些思想的干扰，在扶贫行动中，扶贫者就会把当地传统产业视为“落后”的事物而加以抛弃，完全没有意识到这些传统优势作物，诸如油茶、茶叶、葛根、桐油等，经过与当地文化生态的长期磨合，已经形成了很好的兼容。假如能对这些产业结构进行有效的调整，那么不仅可以提高当地村民的经济收入，还能很好地维护当地的生态环境。

① 李广义：《桂西石漠化地区生态扶贫的应对之策研究》，《广西社会科学》2012 年第 9 期。

② 王振颐：《生态资源富足区生态扶贫与农业产业化扶贫耦合研究》，《西北农林科技大学学报》（社会科学版）2012 年第 6 期。

（三）关于“生态扶贫”的研究

当前我国扶贫开发正面临的难题在于：一方面，扶贫攻坚的成效很难达到预期的理想目标；另一方面，随着生态问题的凸显，又必然会抵消掉扶贫行动所收到的成效。

2015年11月《中共中央　国务院关于打赢脱贫攻坚战的决定》提出，坚持保护生态，实现绿色发展。牢固树立绿水青山就是金山银山的理念，把生态保护放在优先位置，扶贫开发不能以牺牲生态为代价，探索生态脱贫新路子，让贫困人口从生态建设与修复中得到更多实惠。① 近年来，针对当下我国扶贫开发工作出现的新问题，一些学者从不同的视角提出了“生态扶贫”概念。

一些学者试从可持续发展的理念出发，将生态扶贫简单地理解为以生态功能的提升来逐步实现脱贫的效果。其中具有代表性的著述是章力建等的《实施生态扶贫战略提高生态建设和扶贫工作的整体效果》。该文认为生态扶贫旨在用可持续发展的观念，通过生态功能的提升为扶贫工作提供服务，从而提高扶贫效果和全社会的福利。② 毋庸置疑，这种观点属于典型的“先治理后发展”思维模式，没有摆脱“贫困陷阱”传统扶贫思路的影响。

另有学者强调生态扶贫就是要实施生态建设，通过提升生态环境质量，提供更多的就业机会来帮助贫困人口实现脱贫。对于这种观点，较为突出的有如下两篇著述。一是刘慧等在《中国西部地区生态扶贫策略研究》一文中指出，生态扶贫就是要结合生态综合治理和保育项目，挖掘生态建设和生态保护性就业岗位，为当地贫困农牧民劳动力提供生态就业机会，提高农牧民收入水平。③ 二是汪希成等在《西部地区新农村建设中的生态贫困问题探析》一文中提出，生态扶贫就是通过对贫困地区生态环境的保护和重建，改善生态环境质量，调整人口与生态环境的关系，转

---

① 《中共中央　国务院关于打赢脱贫攻坚战的决定》，新华网，2015年12月3日，http://www.cpad.gov.cn/art/2015/12/7/art_624_42387.html.

② 章力建等：《实施生态扶贫战略提高生态建设和扶贫工作的主题效果》，《中国农业科技导报》2008年第4期。

③ 刘慧等：《中国西部地区生态扶贫策略研究》，《中国人口·资源与环境》2013年总第54期。

变生产生活方式，实现反贫困的战略目标。① 显然，上述观点还是把发展与保护视为一种“冲突”，两者难于和谐推进，说明这些观点无法摆脱工业文明核心价值的束缚，还是基于工业文明的视角去理解贫困的本质。

还有学者把生态扶贫理解为以加强基础设施建设为手段，从而改变贫困地区的生态环境和服务功能。例如，查燕在《宁夏生态扶贫现状与发展战略研究》一文中认为，生态扶贫是指从改变贫困地区的生态环境入手，通过加强基础设施建设，改变贫困地区的生产和生活环境，以提高贫困地区的生态服务功能，最终探索一条投入少、效益高，符合我国国情的可持续扶贫方式。② 李广义在《桂西石漠化地区生态扶贫的应对之策研究》一文中提出，所谓生态扶贫，是指从改变贫困地区的生态环境入手，加强基础设施建设，从而改变贫困地区的生产生活环境，使贫困地区实现可持续发展的一种新的扶贫方式。③ 上述论著将生态扶贫过分依赖于基础设施建设，说明没有认清我国民族地区贫困的根源，依然将贫穷归咎于技术和交通设施的落后，而没能从贫困地区的文化生态去寻找根源。

此外，李慧在《我国连片贫困地区生态扶贫的路径选择》一文中指出，生态扶贫是一个相对的概念，只要与过去相比碳排放减少、能耗更低、环境更友好，能实现居民安居乐业、幸福安康、社会和谐稳定的扶贫方式，都可称为生态扶贫。④ 该文把生态扶贫定义为一个笼统概念，看不到生态扶贫的真正含义，更没有提出具体的实施方案与操作办法，缺乏可操作性和可推广性。以这样的思路来实施生态扶贫，是难于帮助贫困人口实现脱贫的，理当受到批判和抛弃。

有一些学者还认为，发展生态农业是生态文明的基础，而扶贫攻坚工程则是发展生态农业的突破口，将发展生态农业与扶贫攻坚工程结合起来的“生态扶贫”是实现扶贫与生态双赢的举措，并呼吁加大对生态扶贫的政策扶持力度。⑤

---

① 汪希成等：《西部地区新农村建设中的生态贫困问题探析》，《绿色经济》2007 年总第 139 期。

② 查燕：《宁夏生态扶贫现状与发展战略研究》，《中国农业资源与区划》2012 年总第 79 期。

③ 李广义：《桂西石漠化地区生态扶贫的应对之策研究》，《广西社会科学》2012 年第 9 期。

④ 李慧：《我国连片贫困地区生态扶贫的路径选择》，《经济建设》2013 年总第 70 期。

⑤ 毛莉：《学者呼吁为生态扶贫“开绿灯”》，http：//www.cssn.cn/zx/201603/t20160307_2899931. shtml.

上述观点将“生态扶贫”集中理解为，以少数民族地区的生态改善、生态修复或生态建设为前提手段，进而帮助贫困人口实现脱贫，最终实现我国反贫困的战略目标。以这样的思路来理解“生态扶贫”，虽然强调了民族地区的特点，也体现了贫困群体的利益，但仍然没有摆脱我国传统扶贫的思路，没有从文化生态上找出这些问题产生的根源。正本清源，上述思路的背后显然是“贫困陷阱”和“环境库兹涅茨曲线”在起作用，依然在套用这两种扶贫理论的指导思想。

特定人群与他们所处的自然和生态环境之间本身就分属于两个不同的范畴。而我们今天所能接触到的特定人群与所处生态系统的和谐共生关系，显然是发挥了人的主观能动性，借助文化的适应机制，而建立起来的相对稳定联系。所以，用这样的人与自然创新模式去将扶贫行动和生态保护纳入统一的决策框架内，就会获得一并统筹解决，最终化解扶贫开发与生态保护之间的矛盾。

其实，“生态扶贫”是近年来才引起世人关注的概念，提出这样的概念，有其特定的历史和现实背景，也是当今社会的紧迫需要。其实，“生态扶贫”这一术语的提出并非当下才有，早在20世纪80年代中后期就已经开始在学术界流播。

首先是20世纪70年代末到80年代初，我国刚刚结束“文化大革命”浩劫，全国境内百废待兴。1978年，党的十一届三中全会的召开，为我国社会迎来了历史发展机遇，当然也成就了其后中国的崛起。在社会蓬勃发展的过程中，总不免会出现“以牺牲生态环境为代价的经济发展模式”。如此一来，这条在早期工业化发达国家曾经走过的老路，不可避免地在我们国家重演。当时表现为对自然资源的无序开发，而开发后的保护措施又不及时，甚至是方法的误用，直接致使在我国的局部地区出现了人与自然关系不相协调的现象。然而，即令是学术界已经意识到了人类利用资源方式的不当，也无法阻止急功近利行为的泛滥。如此日积月累，我国经济虽然获得了迅猛发展，却付出了生态恶化的沉重代价。

然而，我国社会总体经济上获得了巨大的突破，却并不代表中国每一寸土地上生活的每一个人都是如此的富有，尤其是在我国西部内陆地区和边疆民族地区，贫困问题依旧十分严重。用时下最流行的话语就是，贫困村民是“被代表了”的富裕。在这样的社会经济背景下，我们在新的历史时期，重提20世纪80年代的“生态扶贫”概念，但其内涵却发生了不容忽视的根本性变化。

其次是生态环境退变的恶果。这里所说的生态环境退变，其实质是指人类所引发的生态环境恶化。人类社会出现以前的生态环境变迁是地质史研究的内容，不是人文社会科学关注的对象。因此，生态环境的变迁，显然得分为两大类，即良性生态环境变迁和恶性生态环境变迁。这个问题需要重视，因为即令是到了当下，学术界对生态环境变迁性质的认识，都还存在分歧。要么认为，生态环境变迁都是恶性的，只要是“变”，就是往不适合人居住的方向变。可是，就人类社会历史发展的长时段来看，生态环境的变迁，在社会文化系统内本身就是一种常态，它是伴随人类社会的发展而出现的。当然，它也会出现恶性的变迁，即令是在工业革命以前，它也会出现恶性的变迁。不过这样的恶化在历史上仅属偶发性事件。工业革命之后，这样的现象突然变得极其频繁和普遍，因而恶性生态环境变迁，也就成为世人似乎默认的“常态”了。在这样的现实下，“生态扶贫”的意义，正是基于逆转生态恶化紧迫需要而提上议事日程。

从20世纪90年代开始，人类向生态环境获取物质和能量过度，而且更其关键的是采用了错误的资源利用模式，直接打乱了生态环境的自组织能力，从而也就加速了生态环境的恶性退变。特别是进入21世纪后，情况更加严重，而且又主要是集中在边远的民族地区。在这些地区，不仅社会经济发展远远滞后于沿海发达城市和内陆的中心城市，而且还往往以无序的资源开发在延续。特别是一些重型污染企业，为了节省成本或是受制于大城市的规划而转移到这些民族地区，致使这里的生态环境恶性变迁的速度迅速提升。生态环境的恶化与社会经济的滞后，迫使扶贫工作不得不改进思路。

生态文明是人类社会发展到今天的必然归属，生态文明应当是人类社会发展的全新的文明形态，处在生态文明建设的中国，其扶贫行动自然只能是生态扶贫，而不能是其他手段。也正因为如此，生态扶贫显然不可能凭空而来，是在吸取此前所有扶贫手段的总结基础上，对此前的扶贫行动加以去粗取精、去伪存真，按照人与自然和谐新关系的标准，取其精华、去其糟粕而提出的扶贫新模式。所以，生态扶贫是时代的产物，也是认识高度得以提升的基础之上的创新产物。本章的讨论，也将以这样的认识为起点，从理论和时间上去概括生态扶贫的基本特点和规范，并满足我国当前扶贫工作的紧迫需要。

综上所述，不管是“贫困陷阱”和“环境库兹涅茨曲线”，还是贫困与生态脆弱的“空间重叠”与“恶性循环”，它们的共同之处都是把发展与维护视为一对解不开的“死结”，发展与维护的不相兼容总会在发展进程中留下严重的生态隐患。

本章则是注意到了不同的理论具有其特定的使用范畴，借助人类学对人与自然关系的研究成果，从中发现民族文化本身就具有适应其所处环境（包括生态环境和自然环境）的禀赋。经过漫长岁月的磨合，文化与生态之间你中有我，我中有你，从而形成一个可以稳定和谐共荣并能保持稳定延续状态的共同体。这样的“文化生态共同体”，为了确保人类社会与所处生态社会的相互兼容，都必然会形成一套完备的社会保障体系。这样的保障体系不仅可以规约人类行为，尽可能地避免对生态系统构成冲击，还可以支持本土知识和本土技术最大限度地发挥其效能，客观上收到了生态维护的功用。

其实只需发挥人的主观能动性，人与自然的关系最终都可以解决和协调，从而发现发展与维护并非在完全等同的时空范畴内发挥其影响，而是分别按不同的方式去发挥作用。为此，需要摆脱“贫困陷阱”和“环境库兹涅茨曲线”的牵制与干扰，并立足于文化生态的视角，按照人与自然的关系去规划和实施扶贫行动，那么贫困与生态的问题才能得到有效地解决。

第三节　生态扶贫的内涵

“生态扶贫”单从字面上理解包括两层相互关联的组成部分。一方面，它是立足于生态安全的社会行为；另一方面，它又是针对特定贫困群体采取的社会支撑手段，前者在此前的扶贫工作中并未提到，后者往往与社会救济混为一谈。这样的认识和理解虽然时下已经成为习惯性观念，但与今天的“生态扶贫”显然不能相提并论。然而人类所面对的生态问题必然具有全局性和共享性，也必然具有长远的责任性。就这三重含义而言，它与要求在特定的时期内实现可持续的脱贫，显然存在很大的差异。它必然标志着要将生态的社会责任纳入扶贫的范围加以认真对待，必须在实现可持续发展的前提下去完成群体性社会地位的大调整。

“扶贫”的字面含义必然表现为通过社会手段使贫困群体改变其原有

社会地位和生存方式，因而扶贫的对象理应是稳定群体，而不是个人，更不是遇到特殊社会自然原因而暂时陷入贫困的人。而救济的对象通常指个人和特定家庭，救济的手段仅在于帮助他们渡过难关，恢复到此前的正常状态，而不涉及对社会地位的重新调适，当然更不涉及庞大的行政改制。在我国行政建制中对两者已有明确划定，救济由民政部门完成，而不是由扶贫部门完成。扶贫对象针对的只能是稳定延续的群体，其内涵是指特定民族特定生存模式的居民，这些居民在生活地位上具有各方多层次的表达。扶贫的目的就是要改变整个群体的社会地位，包括改变他们的生存方式，改变他们与其他群体的协同关系，等等。

由于受到西方反贫困理论的影响，在我国扶贫工作启动之初，对贫困认识的基点在于当代贫困是历史上社会不公正延伸的后果，内涵仅局限于经济的问题。在早期，救济与扶贫并未明确区别，扶贫行动与救济行动也往往交错进行。这才导致了救济式扶贫和输血式扶贫的蔓延，并成为我国扶贫启动阶段的主要扶贫模式。而采取扶贫行动的目标仅希望通过扶贫手段使扶贫对象获得更大的经济性收入，至于收益的获得与其原有生存方式和社会地位有何种联系，以及与所处自然生态的关系，通常不在扶贫工作的考虑范围之内。因而“生态扶贫”新概念并不是对此前扶贫工作经验的总结，而是需要重新审视贫困群体的贫困成因，以及扶贫手段和文化生态之间的内在关联性。

贫困群体的形成表面上看是一个经济低下的问题，但若深究其致贫的社会文化因素，贫困必然涉及对财富的评估手段，以及我们对财富计算的习惯性做法，更不可避免地涉及从事生产所依存的生态背景。这些问题在西方发展经济学原理中已经有多层次多渠道的反映。原始资本的积累、制度的保障、特定民族文化与异种文化的互动兼容关系都应该是贫困形成所不可忽视的原因。仅就这样的认识而言，此前扶贫工作存在的问题，恰好表现为千篇一律地用经济活动要素并采取相应的对策。资金的投入、技术的引进、人才的培训都成了扶贫的主要手段，而期望目标则是取决于发达地区的运行模式，很少顾及贫困群体的自身特点和他们所处生态系统的特点。于是在这样的扶贫策略上，不管具体做法有多大差异，但结果都表现为对发达地区既有生产的“克隆”，或者是简单地对发达地区经济运行模式的外延扩张，最终表现为在扶贫行动中隐含着生产生活方式的趋同，而相关的理论可以表述为梯度理论、中心开发论等。但最终建构的结果是即使扶贫对象做得再好，最终也难于摆脱沦为发达地区的协作者，其间关系不是互补关系，而表现为竞争关系或相互排斥关系。这就很自然地印证了中国古代先哲的哲理逻辑，“效其上者得乎其中，效其中者得乎其下，效其下者则无所得矣”。这不仅是中国此前扶贫工作的一般性特点，在世界范围内也存在很大的相似性。

欧美各国对发展中国家或民族实施援助计划，最具代表性的案例是美国政府所推动的“绿色革命”。这一措施在拉丁美洲、南洋群岛和印度次大陆都曾经进行过规模性的推广，其具体内涵照例都涉及作物的引进和技术的转让，但实施过程都必然要对接受者实施经济活动以外的社会要求，制度的改变、生活方式的改变都会接踵而至，而造成的后果都会表现为另一种形态的被操控，成为发达国家生产和生活方式的外延扩展，而绝不可能与发达国家取得平等地位，更不能实现自身的超越。造成这种局面的根本原因在于，在类似的反贫困的案例中，照例都忽略了扶贫对象的历史传统，而且基本不考虑他们所处的自然生态特异性以及由此而产生适应的手段和方法。即使考虑到了生态环境，也简单地把扶贫与生态视为一对解不开的“死结”。

有鉴于此，提出“生态扶贫”显然是要归因于此前各种扶贫模式的缺陷与不足。为此，“生态扶贫”就是要立足于现代社会的需要，从本质上去转变贫困群体的社会地位，让他们能够按照自身的文化生态特点，去选择可持续发展的道路和生存空间。从这样的思路出发，“生态扶贫”不仅可以确保收到理想的经济效益，还可以收到绿色发展与生态维护的和谐推进。可见，实施“生态扶贫”，不仅能够保持贫困地区与发达地区的发展取向，保持可持续发展的差异性，还能实现扶贫效果强化跨生态跨文化的和谐共存，而不是简单地成为经济社会的竞争对手或者附庸。

本章认为，当代“生态扶贫”的基本内涵包括三大要素：其一是生态，其二是文化，其三是两者相互磨合后所形成的生计方式。其中，扶贫对象所处的自然和生态系统具有其特异性，甚至可以说是独一无二的。在这样的基础之上，扶贫对象可以从事的第一产业本身也必然具有多样性。在历史发展进程中，他们肯定做了多样化的选择，但最终定型下来的资源利用方式肯定表现为与所处自然生态系统的高度适应，基本上可以做到人类与所处生态环境的高度适应。人类的资源利用方式不会影响到相关生态的稳定和健康运行，而且能做到资源的利用与维护的两全其美。如果不能做到这一点，相关民族就不可能延续到今天，相关生态系统也不可能在与外界密切接触之前保持健康状况，而这正是实施“生态扶贫”必须提前考察的核心内容之一。原因在于，我们的扶贫行动获得可持续发展的潜力，说明此前获得的一切精神支持和技术技能积累到了当代也肯定没有失去其价值。“生态扶贫”的具体使命就是支持其具有现代意义的创新，而绝不是将此前的生态系统和生产方式推倒重来。要知道推倒重来说起来容易，而真正做起来不仅要耗费大量的精力和投资，还需要漫长的历史岁月。此前我国所推崇的“剪刀差”扶贫手段，就是要把不同的生态系统和生产方式全部推倒重来。这样的举措不仅扶不了贫，而且浪费了大量的人力、物力与财力。

就这个意义上说，生态扶贫翻新不如述旧，原因在于大自然长期历史积淀下来的文化类型本身就具有很高的稳定性，一旦人类干预停止，生态系统通常要经历漫长岁月后才可以恢复原状。而人类社会要永久改变这样定型的结果，需要付出的代价事实上是任何扶贫行动都无法支付的社会投入。各民族的文化也是长期积淀的产物，文化规约下所形成的民族一旦获得定型延续可能，它自身也具有修复、自我管理和自我调控的本能，更在于该种文化所包含的精神和社会组织，以及生存方式必然要与该种文化所着生的自然形态达成高度的相互适应，以至于相关生态系统不属于纯自然的系统，而是打下了民族文化烙印的系统，或者可以简称为该民族的“文化生态共同体”，也可简称为该民族的“生境”。[①] 不言而喻，具体的扶贫行动如果要改变民族文化的部署绝对可以做到，但要做到这一步可能需要支付巨额的投资和精力投入。遗憾的是，我们当下的一些扶贫行动就是在提倡这样的思想。虽然国家支付了巨额的资金用于扶贫工作，但脱贫效果依然不佳，原因可能就在于此。

不管进行什么样的扶贫行动，对相关民族文化都需要做到具体的认知分析，做到精准把握，尽可能地使扶贫手段能够最大限度地利用已有的民族文化，特别是文化中所包含的制度化支持。虽然此前的各种扶贫行动很多在理论上可行，而且也有成功范例可以借鉴，但如果扶贫对象的制度支持无法与扶贫手段相兼容，都难于收到扶贫成效。生态扶贫不允许时间和资金投入让扶贫对象改变其制度建构。凡属能够长期延续的生计方式必然

---

① 杨庭硕、罗康隆、潘盛之：《民族、文化与生境》，贵州民族出版社 1992 年版，第 97 页。

表现为本身具有可持续延续的能力，在文化和所属生态环境之间达成了极其复杂的联系。这样的关联性可以用“桶板效应”作比喻。就是在所有联系方式中，密切程度肯定各不相同，因而也会出现人与自然之间的“短板”。面对这样的“短板”，传统生计都能积极应对，以确保人类社会与生态主体之间能够定性为和谐并存的寄生关系。

在传统的生计方式中，最需要系统掌握的内容集中表现为资源利用方式，这样的资源利用方式肯定具有特异性。因而在扶贫手段选择中，对异样的资源利用方式需要高度重视和认真把握。对以往的扶贫理论，不能直接照搬，要确保扶贫手段与原有的资源利用方式越接近越好。两者接近程度越高，扶贫综合成本就越低，收到的成效就越大。我们总是强调扶贫理论需要创新，核心就在这一问题上。扶贫理论创新的目标不仅可以确保传统的资源利用方式与现代的外部环境相接轨，而且还能获得其独特的社会地位价值。一旦有了这一地位价值，贫困群体才可能真正做到可持续脱贫。

上述三个要素是一个相互关联的整体，展开生态扶贫不仅要对这三者达到精准把握，更要精准把握这三者的关联性。以这样的把握为依据，具体选择和实施相应的扶贫手段和方法，才能确保扶贫工作不仅可以收到理想的经济效益，而且可以收到生态维护与绿色发展的和谐推进。只有这样才能称得上是“生态扶贫”，也才能达到与生态文明建设的协同推进，并成为生态文明建设的有机构成部分。

因而，生态扶贫的三大要素应当确定为生态扶贫的基本认识前提。生态扶贫当然得考虑到现代生活的市场运行，我们也希望做到扶贫对象能按照现代市场机制与外部结成相互依存关系。但与此同时，我们需要牢记这三个要素的相对稳定性和超长期可利用性，而所处的市场本身具有极大的变数，市场肯定是短时段的社会事实，因而简单地以市场为导向，去选择扶贫手段和方法，对企业建设而言无可厚非，因为企业本身就是短时段的实体，能盈利则继续，不能盈利则一了百了。但问题在于我们要确保扶贫对象达到可持续脱贫，本身就是长时段的要求，仅看市场波动，或者凭借经验估算市场走向，都是很危险的事情。一旦市场偏离估计，扶贫工作作出的一切努力都将付诸东流。因而生态扶贫必须强调上述三项内容在扶贫工作中的不可替代作用，还要立足于现代的需要，去规划扶贫行动，而不能单看市场的走向，去评估扶贫成效，规划扶贫行动。

要掌握上述三大要素，有两个方面的经验可以为我们找到准确把握的突破口。其一是要看历史，其二是要看已有政策的延伸影响。例如，人类的历史过程并不是任何民族孤立发展的过程，尽管鲍亚士和斯图尔德都致力于强调任何民族的特殊历史过程都是民族文化变迁走向的关键要素，但他们同时也强调文化传播会严重影响相关民族文化的走向，对生态环境的适应也会影响到文化的走向。他们的论述致力于强调特殊历史过程的关键作用，但这样强调的目的是在帮助世人更好地认识民族文化的变迁动因和演化历程，而绝不意味着一个民族可以不受其他民族干扰而独立运行几千年，这在人类历史上是找不到例证的。事实上，正如杨庭硕在《生态人类学导论》一书中分析的那样，任何一个民族的发展必然深受相关民族文化的作用，从而改变其文化发展的走向。① 相关民族的生计方式也是如此，而这两者最终会影响到相关民族对所处生态环境的适应方式。既然如此，在展开生态扶贫之前要认识和把握上述三大要素，重视相关民族的历史过程，肯定是一个很有价值的手段。事实上，当前我们面对的 14 个国家连片特困区，虽说大部分在从事第一产业，但他们从事的产业内容却是各有特色，相互之间也很难互相替代，扶贫工作中所选定的任何手段和方法也是难以替代的。因此，在扶贫工作中，认识这种不可替代性，认真搜集资料并综合分析相关民族的历史过程，显然具有不可替代的参考价值。

从历史的视角审视文化生态变迁与致贫因素的关系，有利于从主位的视角把握文化生态变迁对致贫原因的牵连关系。此外，一些学者提出，从政策梳理探讨致贫原因则有利于从跨文化的视角把握生态扶贫所需的相关经验和教训，这与政策制定自身的特点相关联，任何意义上的决策制定，都必须立足于特定的民族文化去展开并以此确保各项政策之间的逻辑统一和有效管理。当政策涉及跨文化的施政对象时，事实上不可能照顾到相关民族文化的全部内容，在文化逻辑之间发生冲突时只能迁就于政策制定一方的文化特点。这意味着扶贫对象的文化生态的自我完整性必将受到牵制和损伤，其积累后的延伸后果往往是群体性贫困的直接导因。但在未出现重大冲突时，是不可能提前意识到这一点的，而是往往需要等到文化生态出现重大偏差时，才会引起当事各方的注意，因而按照时间序列系统梳理各项政策之间的逻辑关系，将有助于及时发现群体性致贫的直接原因。

① 杨庭硕：《生态人类学导论》，民族出版社 2007 年版。

政策的制定，为了有利于行为规范的控制，确保政策实施具有延续性，因而历史上积淀下来的政策肯定在当事人的心目中留下深刻的印象，其惯性影响力也会在不经意中逐年积淀。这些积淀的后果对当事人而言都会演化为行为的惯例，而很难意识到这些惯例在文化与生态发生变迁后是否能保持和谐兼容，其结果会导致在当时所面对的社会事实，往往与此前的惯例呈现明显的反差，而这样的反差同样是探究致贫原因的不容忽视的关键因素。因此，按照时间的序列，清理不同时期政策内容和背景的差异，都将有助于及时发现跨文化背景下的致贫原因，也容易发现政策与生态的非兼容性。

有鉴于此，相对于极其复杂的跨文化生态背景和社会背景而言，任何政策的制定，都不可避免地力求简单化，政策要求几乎都是取决于个人对群体的基本底线。这必然会使从政策实施的角度看，很难发现人类社会与所处生态系统的偏差。此外，从当事人的自身感受着眼，对政策与生态的不相兼容性则极为敏感，而个人的感受上升到政策层面再到每个人都接受的程度必然存在时间差和空间差，而时空差是政策实行时难以兼顾到的客观事实。本章认为，查明这种时空差所引发的跨文化冲突的不相协调性，是查明群体性致贫因素的可靠手段，也是查明生态受损的有效手段。

应当看到，上述讨论的三大要素具有根本性的制约作用，不仅在历史上对人类社会的演进可以发挥重大作用，即使到了当代这样的社会建构方式依然是客观存在的事实，因而生态扶贫的规划与付诸实践，上述三个要素依然发挥关键作用。它们是展开生态扶贫工作不可忽视的基础准备，也是评估扶贫成效的准绳。从历史和政策的视角发现其间的不相协调性，很自然地成为探究致贫原因的切入点和实施要领，也是做出政策调整和确立扶贫手段的基本依据。相比于此前的扶贫方式，我们不难发现以往扶贫行动的特点就在于，上述各种要素和探究手段往往是扶贫主持者占据主导地位，而且其指导思想在于，扶贫主导者总把自己所处的文化生态背景，以及社会发展路径视为可以无条件遵循和仿效的对象去展开扶贫工作。由于具有文化和生态背景的差异性，特定民族的成功，事实上不存在绝对可靠的可模仿性和可复制性，从而在扶贫过程中，盲目照搬只会引发新形式的群体贫困。生态扶贫与此前扶贫模式的重大区别就是能及时地关注到贫困与生态变迁之间的联动关系。因而对于实现可持续脱贫，生态扶贫显然具有不容忽视的优势，也更符合生态文明建设的需要，从而避免将生态变迁与致贫原因相互隔离起来而造成的误导和认识分歧。

可持续发展是当代社会共同关注的重大社会问题，但是学界对可持续发展的实质认识客观上存在很大的差异。不少学者在理解可持续发展时总是立足于当时已有的社会形态、人与生态的关系去设想可持续发展的具体内涵。其实，我们需要注意到可持续发展的内涵绝非单一，必须承认其内涵也需要多元并存。具体到扶贫实践而言，不管基于什么样的考虑，只要是采用千篇一律的资源利用方式去展开扶贫，本身就已经忽略了可持续发展的内涵也需要多元并存这一根本性原则。而这正是此前少数民族地区的扶贫行动难以如期实现的真正原因所在。

基于以上的讨论，我们有充分的理由认定，要使扶贫工作也能获得可持续能力，成效又能表现出自我创新的能力，关键是在扶贫行动中，必须时刻关注到资源利用方式多层次多渠道的可行性。要将这样的认识落实到位，在扶贫工作中知己知彼就至关重要。在不认识和不正确把握扶贫对象文化生态历史过程的背景下，很难了解到扶贫对象资源利用方式从何而来。在一般性政策制定中，为何会在无意中引发群体性致贫问题，其原因和机制也难以发现。力求做到这一点，正是生态扶贫与此前扶贫行动的根本性区别所在。

因而，从相关的理论出发，去探讨新时代的生态扶贫模式，显然具有很好的指导意义和操作价值。以这样的理论为依据，去归纳总结此前扶贫理论和工作的得失利弊，也肯定表现为更贴近当代社会的需要，在当代社会更具有社会实践的展拓空间。

第四节　生态扶贫的成效：中华蜜蜂项目的实践

中华蜜蜂，又称为东亚蜜蜂、土蜂或中蜂。它是我国土生土长的特有蜂种。可是，一段时间以来，随着意大利蜂的大量引进和规模性饲养，中华蜜蜂的种群规模急剧萎缩。除了意大利蜂等外来蜂种的引进原因外，当然还有其他的原因也诱发了中华蜜蜂种群规模的减少。比如，生态环境的破坏、农药滥用等也是重要的原因之一。[①] 然而，据统计，在 20 世纪 60 年代以前，全国中华蜜蜂的饲养总量超过 200 万群以上，而且还有不少专

---

① 杨冠煌：《引入西方蜜蜂对中蜂的危害及生态影响》，《昆虫学报》2005 年第 3 期。

门从事生产中华蜜蜂的地区。[①] 其后，在半个世纪的时间里，中华蜜蜂却濒临灭绝，这不得不引起世人的反思。

此前，中华蜜蜂在我国绝大部分地区都有分布，它们与所处生态环境中的相关植物已经达成了协同进化关系。这是一种相互“依赖关系”，即靠中华蜜蜂去传粉，而这些植物则为它们提供粉源和蜜源。中华蜜蜂种群减少，肯定会影响到与之相伴生的植物，尤其是那些花朵过于细小的植物，意大利蜂由于体积过重而无法完成授粉，其影响就更大了。

此外，中华蜜蜂同样早已为我国历史上的居民所认识和利用，积累了众多的知识与技术，而且不同地区的不同民族都有自己的一整套知识体系。这是当下相关地区实施生态扶贫需要重点借用和开发的传统文化资源。我们在麻山地区推广宣传这样的知识和技术就收到了很好的成效。

麻山地区是我国“生态扶贫”的重点区域。这里是典型的喀斯特石漠化灾变区，“峰丛洼地”为该区域的典型地貌景观，而山石滚落也是它的一大特征。[②] 这样的地质地貌景观，使得山体间留存有大量的岩缝和溶石坑，而这些天然的岩缝，正好是中华蜜蜂筑巢栖息的最佳场所。因为在这样的岩缝中，不仅通风良好，易于避潮湿、避风雨以及规避野生动物的骚扰。尤其是对夏季炎热的麻山地区而言，凉爽的岩缝和溶石坑更是中华蜜蜂躲避炎热的绝佳场域。因而在麻山地区，中华蜜蜂的种群规模虽然像其他地区一样也遭受了外来蜂种的冲击，却并没有濒临绝迹，反而有很大一部分顺利存活下来。这首先得益于麻山喀斯特地区的独特地质地貌所赐，正是因为这些毫不起眼的岩缝，使得全国急速锐减的中华蜜蜂种群规模，在这里得到了有效的庇护和物种延续。

麻山地区生息着苗族、瑶族、布依族等居民。苗族居民最多，属于苗族川滇黔支系麻山亚支系。具体到紫云县的苗族则还可以细化为紫云从支系，所操语言为川滇方言麻山次方言西部土语。[③] 他们对这里的地质地貌熟悉的情况完全超乎了外人的想象。他们了解这里的每一个岩洞，同时也了解生息在这些岩洞中的各种动物，对中华蜜蜂更是了如指掌。因为中华

① 余林生：《意大利蜜蜂（Apis mellifera ligustica）与中华蜜蜂（Apis cerana ceraca）的生态学比较》，《生态学报》2008 年第 9 期。

② 紫云苗族布依族自治县县志编纂委员会编：《紫云苗族布依族自治县志》，贵州人民出版社 1991 年版，第 84 页。

③ 姬安龙：《贵州苗族支系调查报告》，载贵州省民族事务委员会、贵州省民族研究所编《贵州六山六水民族调查资料选编·苗族卷》，贵州民族出版社 2008 年版，第 166—167 页。

蜜蜂是他们日常生活中的亲朋伴侣，他们的生活离不开蜜蜂，而蜜蜂同样也需要他们提供庇护。因而即令是当地意大利蜂在进行大规模的饲养，但中华蜜蜂依旧能得以生存下来。这就是民族文化的力量。

麻山地区的又一大社会经济发展制约因素在于缺水少土，因而苗族的传统生计方式与中原地区的集约农业种植不一样，也与濒水民族的稻作种植不同，而是从事“复合农牧业”，种植的作物是粟、红稗、荞子、天星米等喜碱性作物。直到清雍正年间的“改土归流”，将处于“生界”的麻山地区纳入国家经管之后，棉、麻、玉米等外来农作物才陆续进入这一地区，并获得大规模推广，而且收到了极大的成效，当地的经济收入迅速猛增。① 然而，在经济获得发展的同时，却埋下了日后的生态隐患——水土流失日益加剧，而且持续影响到今天，致使今天的麻山地区成为全国有名的极度贫困地区，而且还是典型的“生态贫困区”。因而在麻山地区实施“生态扶贫”也就势所必然了。

2011 年至今，吉首大学、贵州省农科院和宗地乡人民政府三家单位共同合作，在麻山腹地石漠化重灾区实施石漠化灾变救治试验，而当地苗族、瑶族等居民的“中华蜜蜂保育现状调研”则是其中一项重要的工作内容。这一工作的目的很明确，即试图通过对当地居民传统的中华蜜蜂养殖知识体系的系统研究，去探索和评估当地民族文化在石漠化灾变救治中的价值，更是希望通过当地中华蜜蜂项目的实施，去探讨当地“生态扶贫”的具体操作。令人振奋的是，我们的预期目标实现了，它完全可以作为麻山地区实施生态扶贫的优选途径之一。

我们的试验点在俗称“麻山腹地”的宗地乡，全乡八成以上的居民为苗族。由于地理区位因素使然，这里的苗族传统文化保持得非常好，而且每家每户都有过饲养中华蜜蜂的经历，因而选点非常具有典型性。

在调查过程中发现，全乡 22 个行政村，每个村都有人数不等的饲养中华蜜蜂民户。家户饲养的蜂桶数，少则一两桶，多则一二十桶不等。之所以用“桶”，是因为当地苗族传统的养蜂法是用桶进行驯化喂养的，故有此称。这些蜂桶大多是用木头制成，当然也有用竹篾等编织成的桶筐，然后在外面用牛粪加以密封，这样可以使得蜂箱更加干燥、透气，蜂群不易生病。这些蜂桶几乎遍及了当地居民的生活区域，如屋檐下、耕地中，

① 杨庭硕：《论外来物种引入之生态后果与初衷的背离——以“改土归流”后贵州麻山地区生态退变史为例》，《云南师范大学学报》（哲学社会科学版）2010 年第 1 期。

乃至户外的岩缝中，只要是在人们的活动范围内，随处可见蜂桶。这又验证了前文所述之推论，即人类社会的所有行为，必然是在他们的“文化生态共同体”内完成的，而不可能是在纯自然生态环境中发生的。至于他们的蜂源则是驯化那些野生的中华蜜蜂。如果是在野外某个地方发现了中华蜜蜂群，他们甚至是直接就地处理、安置，而不是引带回家，等到割取蜂蜜的时候他们再去割蜜就可以完成驯养操作了，简直可以称为一本万利、以逸待劳的生计。

很显然，中华蜜蜂早于当地的苗族居民在麻山地区生根，而当苗族在这里定居的时候，便开始驯化和饲养中华蜜蜂，而且在意识形态和日常行为中，都对蜜蜂关爱有加，甚至是将它们视为财富和吉祥兴旺的象征。中华蜜蜂已经完全融入了他们的文化系统当中，是他们“文化生态共同体”的当然成员。

中华蜜蜂采食各种花粉和花蜜，如茶花、油菜花、各种灌木花，因而是众多树木和农作物的授粉昆虫。在中华蜜蜂种群规模保持较大的地区，至少表明了该区域及其周边地区蜜源植物的丰富度极高。换言之，除去人为强制控制中华蜜蜂种群规模，而大规模饲养意大利蜂的情况外，中华蜜蜂乃是生态环境良好的标志，更是相关民族“文化生态共同体”健康运行的标志。反之，中华蜜蜂种群规模的锐减，则标志着相关民族“文化生态共同体”已经开始受损，而且最直接的生态环境信号就是，植物物种构成的减少，接着就是生物多样性的减少。具体到麻山石漠化重灾区而言，这里虽然已经出现了严重的石漠化，苗族“文化生态共同体”受损，但当地居民依旧还保存有中华蜜蜂饲养的传统。这一方面说明当地生物多样性水平依然较高，蜜源植物还较为良好，另一方面也说明了当地苗族传统文化运行的依然有效。

目前，当地老乡们用传统方法饲养的中华蜜蜂，其蜂蜜市场批发价已经超过了 100 元/斤，而且供不应求，市场前景十分可观。这极大地激发了当地老百姓扩大中华蜜蜂的饲养规模，而中华蜜蜂种群规模的扩大，必然需要更多的蜜源作保障，否则中华蜜蜂会逃跑，这就在无形当中，会使得人们去保护当地的生态环境，甚至是人为地去补种一些蜜源植物。如此一来，社会经济获得了发展，生态环境也会逐步得到改善，而受损的“文化生态共同体”也将自然地得以不断的修复。更关键的价值还在于苗族传统文化被激活，而民族自信心也在逐步得到恢复，故而能够巩固扶贫成效，这才是我们所期望的生态扶贫成效。我们需要做的是要利用现代化的养蜂技术和装备，去为他们传统的养蜂技术和装备进行升级，在保证蜂蜜原生态的同时，提升产蜜量，增加收入。同时还要提供必要的政策支持，如出台相关政策，严控意大利蜂的放养空间，加强宣传，为他们提供市场信息，应对市场风险，等等。目前，我们已经在这里设立了中华蜜蜂保种基地，而且还在不断地投入科研人员进行研究。

总之，麻山地区中华蜜蜂项目实施的成功，是我们实施生态扶贫工作的又一次有益尝试。今后我们还会继续深化研究，陆续推出更多的生态扶贫项目。

第五节 小 结

麻山苗族中华蜜蜂项目实施的成功表明，生态扶贫的对象是受损的各民族在历史建构起来的“文化生态共同体”。正是因为“文化生态共同体”的受损，致使一切社会行为都难以奏效，有些原本不会产生生态副作用的行为，在这样的背景下，也会加速受损的生态环境更趋恶化。因此，生态扶贫的根本目标必然要突破经济发展和生态环境保护的“二重观念”，而应当看到它的实质，即要修复业已受损的各民族“文化生态共同体”，使之能够健康稳定地运行。如此，人地关系也才可能重新趋于和谐。有幸的是，我们还有众多的路径可以选择，而民族文化强大的再适应能力，更是其最根本的保障。只不过，目前我们要做的工作在于，如何在信息化、城镇化、全球化的浪潮中，去恢复他们的民族文化自信，激发他们民族传统文化的再适应能力。在这一工作过程中，我们也将逐步实现受损“文化生态共同体”的修复，而生态扶贫的价值，也会逐一得到社会的认同。

第五章

生态旅游与本土生态知识

翟慧敏

第一节　生态旅游的概念及其内涵

一　生态旅游的概念

自20世纪80年代以来，学界一直在争论和探讨生态旅游的概念问题。国内外学者对生态旅游概念的探讨见仁见智，至今尚未有一个被学术界普遍接受的定义。

（一）国外对生态旅游的定义

“生态旅游”这一术语最早由世界自然保护联盟（简称IUCN）特别顾问、墨西哥生态学家谢贝洛斯·拉斯卡瑞（Ceballos-Lascurain）在1983年提出。他认为，生态旅游是一种常规旅游，能使游客在欣赏和游览古今文化遗产的同时，置身于相对古朴、原始的自然区域，学习和享受风光、野生动植物。① 野生动物基金会研究人员伊丽莎白·布（Elizabeth-Boo）对生态旅游的概念进行了推广普及。她于1990年提出，生态旅游是以自然为基础，以学习、研究、欣赏、享受风景和野生动植物等为特定目的，在没有受污染或受较少污染的自然区域所进行的旅游活动。在此，她强调生态旅游是一种活动，其对象是自然区域；旅游过程是一个学习的过程，生态旅游可以为旅游者提供环境教育，有利于自然保护。分析这两个定义后不难发现，早期对生态旅游的理解多接近于自然旅

① Ceballos-Lascurain, H., The future of ecotourism. *Mexico journal*, 1987（1）：13-14.

游或绿色旅游。[①]

随着人们“回归自然”热情的高涨，以及生态旅游过程中导致的日益凸显的环境问题，人们觉得非常有必要对生态旅游进行严格界定。布鲁斯（Brause）于1992年指出，生态旅游是一种“负责旅游，旅游者认识并考虑自身行为对当地文化和环境的影响”。[②] 国际生态旅游协会（简称TIES）在1993年将生态旅游定义为：为了解当地环境的文化与自然历史知识，有目的地到自然区域所做的旅游，这种旅游活动的开展在尽量不改变生态系统完整的同时创造经济发展机会，让自然资源的保护在财政上使当地居民受益。世界自然保护联盟（简称IUCN）在1996年提出，生态旅游是在一定自然区域中进行的有责任的旅游行为，为了享受和欣赏历史的和现存的自然文化景观，这种行为应该在不干扰自然地域、保护生态环境、降低旅游的负面影响和为当地人口提供有益的社会、经济活动的情况下进行。1997年，国际社会认为生态旅游至少应包含以下因素：自然为基础；生态可持续；有利于环境保护和当地社区；自然环境的教育和解说。

进入21世纪后，生态旅游的概念有了新的发展，其内涵进一步拓展。如韦弗（Weaver）认为，除生态可持续性之外，生态旅游还应“具有明显的环境和社会——文化可持续性”。[③] 2002世界生态旅游峰会在《魁北克声明》中指出，生态旅游应是适应市场机制的旅游，应该成为“国家政府机构用来实现可持续发展战略的有效工具”。[④] 2008年的昆士兰生态旅游规划认为，“生态旅游包含一系列基于自然的活动，使游客可以欣赏和理解自然与文化遗产，对这些活动应本着生态、经济、社会的可持续原则进行管理”。

（二）国内对生态旅游的定义

生态旅游的概念在20世纪80年代传入我国，目前国内对生态旅游定义的表述多达50多种，大致可以归纳为以下几类。

---

① Boo，Elizabeth.，*The ecotourism boom：planning for developmentand management*，Washington，WWF，1992.

② Brause，D.，The challenge of ecotourism：balancing resources，indigenous people，and tourist，*Transition Abroad*，1992. November-December：29-31.

③ ［美］韦弗：《生态旅游》，杨桂华、王跃华、肖朝霞、成海译，南开大学出版社2004年版，第6—7页。

④ 多伦多旅游办事处编译：《2002年世界生态旅游峰会魁北克声明》，《旅游调研》2002年第8期。

（1）从旅游需求方的角度出发，将生态旅游看作回归大自然之旅。持该观点的学者认为，生态旅游分为狭义和广义两大类。狭义的生态旅游是指具有较高文化素养、熟悉生态学知识或对其有强烈兴趣的旅游者，为了解、考察、探索生态环境及其保护而进行的一种专项旅游。广义的生态旅游是指在良好的自然生态环境中游览、观赏、休闲、度假，旅游者在此过程中能获得身心愉悦以及与生态相关的知识，是一种舒适型旅游。

（2）从旅游供给方的角度出发，将生态旅游看成一种旅游产品。例如，刘家明认为生态旅游是“以自然风光及其地方特色的风土民情为主要吸引物的专项旅游产品”。[①] 杨开忠等认为，生态旅游是针对那些追求自然、本真的消费者群体，而向市场推出的一种旅游产品，生态旅游对环境的影响较小，并且能增强旅游者的环境意识。[②]

（3）从表现形式看，强调生态旅游的环保教育功能，将生态旅游定义为一种生态学教育的知识性之旅。持该观点的学者认为，生态旅游主要是指旅游者在生态学观点和理论的指导下，以自然和文化生态景观为主要观光游览对象，以减少人类旅游活动对自然文化生态环境的破坏为目的而开展的一种带有生态科教、生态科普色彩的特殊的专项旅游活动。例如，王良建认为，生态旅游是一种较高层次的旅游活动，除了欣赏、观察大自然以外，还应当增加对人类赖以生存的生态环境的了解，从而达到热爱大自然、保护大自然的效果，还要陶冶情操、扩充知识，增强全人类对生态环境的保护意识。[③] 张广瑞认为，生态旅游是有目的的旅游活动，旅游者的目的是到“自然区域”或“某些特定的文化区域”欣赏和研究当地的自然景观、野生动植物，了解当地的环境、文化与自然历史知识。[④] 卢云亭和王建军认为，生态旅游是专项自然旅游的一种形式，其指导思想是生态学观点和可持续发展，活动场所是自然生态环境和相关文化区域，目的是体验、了解、认识、欣赏、研究自然和文化，性质是一种对环境负有真正保护责任的旅游活动。[⑤]

（4）综合性的生态旅游概念。还有一些学者在对现有生态旅游概念归纳总结的基础上，得出了一些综合性的观点。例如，王兴斌认为，生态

① 刘家明：《生态旅游及其规划研究进展》，《应用生态学报》1998 年第 3 期。
② 杨开忠、许峰、权晓红：《生态旅游概念、原则与演进》，《人文地理》2001 年第 4 期。
③ 王良建：《试论中国的生态旅游》，《 人文地理》1996 年第 2 期。
④ 张广瑞：《生态旅游的理论与实践》，《财贸经济》1999 年第 8 期。
⑤ 卢云亭、王建军：《生态旅游学》，旅游教育出版社 2001 年版，第 7—27 页。

旅游是一种新型的旅游产品，其主要吸引物是自然和生态资源，生态旅游的目的是观赏和感受生态环境、普及生态知识、维持生态平衡。[①] 郭来喜认为，生态旅游是一种弘扬文明精神，实现可持续发展的旅游体系。他从不同方面阐释了生态旅游，他认为，大自然是生态旅游的舞台，高雅科学文化是其内涵，生态学思想是其指导思想，休闲、度假、保健、求知、探索是其载体，参与性强、品位高雅、形式多样是其特点。旅游过程中，旅游者不仅可以获得身心健康、知识增益，还能增强热爱自然、珍惜民族文化、保护环境的意识。[②]

综上，由于时代、文化、学科视角等因素，国内外学人往往将生态旅游赋予不同的含义。由此可见，生态旅游的概念还处在不断的发展变化中，人们对其理解有一个演进的过程。但是，从这些诸多概念中可以提炼和总结出生态旅游的一些基本内涵。

二 生态旅游的内涵

（一）生态旅游的对象是原生、和谐的自然生态、文化生态两大系统

西方一些国家将生态旅游的对象定位为自然景物。这一定位可能适用于某些西方国家，但不一定适用于中国。中国是文明古国，境内的大自然都经过了文化的加工和改造，我们很难将自然和文化截然分开。尤其是在一些民族地区，人与自然经过长时段磨合后和谐共生，形成了优良的文化生态系统。因此，综合来看，原始的自然生态系统以及人与自然和谐共生的生态系统（包括文化生态系统），皆为生态旅游的对象，生态旅游是以自然与人文资源为基础的一种旅游方式，旅游者带着某一特定目的（如观察野生动植物、欣赏现存文化特质等），到未受污染或受较少污染的自然地区或人与自然和谐共生的地区去从事旅游活动，并以此加强对旅游地自然和文化的了解。

（二）生态旅游强调保护当地的自然和文化资源

自然旅游主要是利用自然资源来吸引旅游者，而生态旅游更强调一种生态的旅行方式，即在旅游过程中保护当地的资源。其中，生态旅游保护的对象是自然的景观、自然的生态系统，以及传统文化。保护主体应该是

---

① 王兴斌：《中国的生态旅游与旅游生态环境保护》，《北京第二外国语学院学报》1997 年第 6 期。

② 郭来喜：《中国生态旅游——可持续旅游的基石》，《地理科学进展》1997 年第 4 期。

受益于生态旅游的人，如游客、旅游开发和经营者、社区居民及政府人员等。但是，保护动力的大小程度却有差异。一般来说，开发和经营者需要处理好经济效益与环保、文化保护之间的关系，加强环境意识、环保动力与文化保护意识；旅游者的保护动力多是源于环境意识和文化保护意识；当地社区居民通常对旅游资源及环境的保护动力最为强劲。

（三）生态旅游强调旅游地社区居民的主体性参与

生态旅游可以是一种提供自然旅游体验的环境责任型旅游，还可以是体验当地良好文化生态的一种旅游。所以，当地传统文化也是生态旅游的重要资源。人是文化最好的载体，社区居民主体性参与当地的旅游活动，有利于渲染旅游地原汁原味的文化氛围，增加旅游的吸引力。因此，社区居民主体性参与当地生态旅游，不但可以使他们直接从当地旅游业中受益，还能保护和传承当地的传统文化。此外，这种主体性的参与对非遗、扶贫、环保等都可以发挥巨大作用。

（四）本土生态知识旅游是生态旅游的重要内容

生态旅游是一种对旅游者进行生态学教育的知识性之旅，这一观点得到了越来越多学者的认同。本土生态知识是地域性族群与特定环境互动的产物，是地域性族群在历史进程中的智慧结晶和经验总结，在维护区域生态环境平衡中发挥着积极的作用，而且本土生态知识旅游与生态旅游在空间和类型上高度重合。因此，本土生态知识是生态旅游者获取的知识对象，也是生态旅游过程中生态学教育和环保教育的重要内容，向生态旅游者传授土著民族独具特色的生态保护知识，可以达到生态旅游教育旅游者的目的。另外，本土生态知识残存于一系列边缘社区，具有相对原始的特色且作为活态的文化资产由族群成员掌握，进行本土生态知识旅游必将与社区居民发生直接互动，由此将给社区居民带来经济效益。本土生态知识的上述特征，完全符合生态旅游本身的要求及生态旅游者的需求。因此，本土生态知识旅游应该是生态旅游不可或缺的重要组成部分。

第二节　我国生态旅游的发展历程与现状

一　我国生态旅游的发展历程

从我国情况来看，生态旅游是一个“舶来品”。我国的生态旅游始于

20 世纪 80 年代，其发展历程大致可以分为三个阶段。

第一阶段为 20 世纪 80 年代至 1998 年。该阶段为我国生态旅游发展的起步和萌芽时期。1982 年，国务院批准成立了我国第一个国家森林公园——张家界国家森林公园，旨在探索旅游开发与生态环境保护相结合的旅游发展模式，开创了国内生态旅游的先河。但由于此时国内生态旅游的理念尚未普及，该阶段的旅游还主要以入境旅游为主①，旅游类型也多以历史文化遗产旅游为主，以及碍于民众的经济收入、休闲时间等因素，因此该阶段我国的生态旅游尚处于初步发展时期。

第二阶段为 1999—2007 年。该阶段是我国生态旅游迅猛发展的阶段，这一时期的游客数量不断增加。1998 年，亚洲金融危机爆发，入境旅游疲软，为扩大内需，国家推出了“黄金周”制度，带动了一批以国内旅游为主要市场的生态旅游目的地的蓬勃发展。1999 年是我国的“生态环境游”旅游年，南方一些省、区，如四川、湖南、云南、广西等，以自然保护区、森林公园、风景名胜区为基础，大力宣传和发展生态旅游，生态旅游逐渐成为各省、区旅游发展中的一个热点。此后，福建、海南、黑龙江、吉林、四川、云南等省份相继提出了建设生态旅游大省的目标。与此同时，国内各地有关生态旅游的产品、节庆、路线如雨后春笋，层出不穷。另外，国内游客对于生态旅游的热情也不断增长。在该时期，国内生态旅游处于逐渐稳步开发和发展之中。

第三阶段为 2008 年至今。该阶段我国的生态旅游持续稳步发展。随着环境问题的日益尖锐，我国政府更加关注环境保护。2007 年 11 月，党的十七大首次提出了“生态文明建设”，2012 年党的十八大做出“大力推进生态文明建设”的战略决策，广大民众的环保意识日益浓厚，“回归自然”日益成为一种时尚，而生态旅游所倡导的旅游与环保有机结合的观念正好迎合了这种社会需求，生态旅游已经成为广受欢迎的现代大众旅游新形式的主体。不论是游客数量，还是旅游收入都在中国旅游业体系中占据着越来越重要的地位。

二 我国的生态旅游区

（一）以自然生态旅游资源为主的生态旅游区

根据由国家环保总局与北京大学共同起草的《生态旅游管理技术规

① 此时国家对旅游的功能定位是扩大对外影响和创收外汇。

范（征求意见稿）》，生态旅游包括所有在自然保护区、世界文化遗产地、风景名胜区、森林公园、森林禁伐区及生态工程恢复区、荒野地等自然环境中展开的旅游。

（1）自然保护区。早在1956年我国就开始了自然保护区的建设工作。截至2018年年底，我国共有各种类型、不同级别的自然保护区2750个，总面积为147.17万平方公里。其中，自然保护区陆域面积为142.70万平方公里，占陆域国土面积的14.86%。2750个自然保护区中，国家级自然保护区有463个，总面积约97.45万平方公里。①

（2）森林公园。目前，森林公园是我国最大的生态旅游目的地，很多森林公园都推出了相应的生态旅游线路和产品。据统计，2006年全国森林公园共接待游客2.13人次，门票收入达11.83亿元。截至2015年年底，全国共建立森林公园3234处，规划总面积1801.71万公顷。其中，国家级森林公园826处、国家级森林旅游区1处，面积1251.06万公顷；省级森林公园1402处，县（市）级森林公园1005处。②

（3）风景名胜区。风景名胜区是我国旅游开发的基础。我国风景名胜区类型众多，自然景观奇特，文化内涵丰富，历史价值珍贵，通常是自然生态旅游、文化生态旅游首选的旅游目的地。截至2004年，我国已经建立风景名胜区677个，其中国家级重点风景名胜区177个、省级风景名胜区452个、市县级风景名胜区48个，总面积占国土面积的1%以上。截至2017年3月，国家级风景名胜区数量为244处。截至2018年年底，53处风景名胜区被联合国教科文组织以“世界自然与文化遗产”列入《世界遗产名录》。其中，世界自然遗产13项。

此外，文化生态保护实验区、生态示范区、国家地质公园、湿地公园、沙漠公园等均为生态旅游的目的地。截至2018年年底，文化和旅游部已批准设立了21个国家级文化生态保护实验区，各省（区、市）也设立了146个特色鲜明的省级文化生态保护区。截至2000年，全国已有首批33个符合可持续发展战略要求的地、县和单位被国家环保局命名为“国家级生态示范区”。截至2019年年底，我国共有274个国家地质公

① 参见中国国家保护公园与自然保护地网站：http：//www.nrchina.org/page95?article_id=724.

② 参见东方网：http：//news.eastday.com/eastday/13news/auto/news/china/20170209/u7ai6-478185.html.

园，其中，世界地质公园31处。① 截至2014年年底，我国有沙漠公园10处。截至2017年年底，全国共建立湿地公园1699处，其中国家湿地公园898处。②

（二）以人文生态旅游资源为主的生态旅游区

我国的人文生态旅游资源丰富，目前已开发建设的人文生态旅游区主要有民族生态旅游区与宗教生态旅游区。

（1）民族生态旅游区。我国的56个民族分散在各省区市，形成了"大杂居、小聚居、交错居住"的居住格局，在此基础上形成了大量的少数民族聚居区，少数民族有自己独特的风俗习惯，这些聚集区理所当然成为了解民族社会文化的人文生态旅游区。在国家发展旅游业的政策导向下，民族地区的旅游业迅猛发展，一大批民族聚居区被开发为生态旅游区，如以展示传统傣族建筑文化特点的云南西双版纳竹楼，以展示传统民族节日文化的蒙古族那达慕大会等民族文化旅游资源，每年都吸引着大批游客到访。又如云南丽江古城具有浓郁的民族特色，是国家历史文化名城，游客量逐年增长，2017游客量突破4000万人。

（2）宗教生态旅游区。我国的宗教门类齐全，世界三大宗教在我国都有传播，三大宗教传入我国后都打上了中国文化的烙印。例如，佛教传入我国后形成了汉传佛教的八大宗派。此外，我国还有蕴含民族特色的本土宗教道教，以及一些蕴含地方文化特色的地方宗教，如白莲教等。宗教及其场所也受到了国家的保护，在国务院公布的三批重点文物保护单位中，各种宗教名胜古迹就有150处，全国各省、市、自治区与宗教有关的名胜古迹共有3000多处。③ 可以说，在长期的发展过程中，宗教及其场所积淀了丰富的历史文化内涵，这些文化内涵在生态旅游资源中具有独特的魅力。

可以说，经过了近40年的发展，我国的生态旅游获得了长足的发展，客源市场日益拓宽、生态旅游者持续增加，生态旅游区数量显著增加。但是，作为一种新型旅游产品，生态旅游在我国的发展过程中也暴露出了一些问题。

---

① 参见中国国家地质公园网：http：//www. geopark. cn/map.

② 参见中国森林旅游网：http：//www. shidi. org/unit. html.

③ 隋晓晨：《浅谈宗教文化与旅游业的关系》，《中国校外教育》2009年第4期。

第三节　我国生态旅游存在的主要问题

生态旅游与传统旅游一个很大区别是，在生态旅游的过程中更侧重保护自然环境和文化生态环境，让旅游者在旅游过程中感受自然美、文化美，在这一前提下求得旅游区的经济发展，但是，目前我国生态旅游在各方面的发展大多还比较粗放，暴露出了诸多问题。

一　没有处理好开发与保护之间关系

目前，我国生态旅游实践远远走在理论研究的前头，因此实践中出现的很多问题找不到相应的理论指导，尤其是如何解决开发与保护之间的矛盾，理论问题都还有待进一步探索解决。没有理论指导的实践是盲目的，一些生态旅游的开发者和经营者为迎合一些旅游者的低级趣味，把他们对猎奇、享乐的需求放在首位，置生态环境保护于不顾。此外，在国家倡导生态文明建设的背景下，一些投资者打着生态的旗号一哄而上开发生态旅游区，加之理论研究与生态旅游实践的脱节，不少生态旅游区开发过滥、粗放发展，无视环境承载力，已造成了明显的生态破坏。据中国人与生物圈国家委员会的一份调查资料显示：在已经开展生态旅游活动的自然保护区中，有44%的保护区存在垃圾公害，12%出现水污染，11%有噪声污染，3%有空气污染，有22%的自然保护区由于开展生态旅游而使保护对象受到损害，11%出现旅游资源退化。①

二　生态旅游产品缺乏特色，定位不准

生态旅游产品需要在环境保护的前提下，满足市场的需求。由于很多旅游者和经营者对生态旅游认识不清或认识有误，导致了经营者对生态旅游产品的开发不合理、市场定位不明确。目前国内很多生态旅游产品缺乏个性、千篇一律，大多生态旅游产品还停留在仅供游客观赏的阶段，体验类的生态旅游产品非常缺乏。此外，生态旅游市场没有进行细分，缺乏针对不同年龄段的生态旅游产品。例如，安徽省大多自然生态保护区以观赏自然风光和休闲度假为主要旅游形式，旅游产品形式单一，科普教育、户

① 曾宗永：《生态旅游的非持续特征》，《环境保护》2000年第6期。

外运动、康复养生等旅游项目开发不足，无法满足不同人群的旅游需求。加之宣传力度小，所辐射市场狭小，所以各保护区的客源市场基本为本省市及周边省份与之接壤县市的居民。

三 开发缺乏规划，滥用标签

近十多年来，很多生态旅游区内“三化”（人工化、商业化、城市化）现象严重，一些风景名胜区，甚至某些列入《世界自然遗产名录》的自然风景区，近年来频遭建设性破坏。在自然风景区内开山炸石、削山造地、砍树毁林、建造现代建筑，不仅导致景区内水土流失严重、生态失衡，也破坏了景观的整体性和统一性。例如，原来四季常青的西双版纳，由于近几十年来的毁林开荒，森林面积急剧萎缩，良好的生态环境遭到严重破坏；某些旅游开发商和经营者，以旅游之名拿地，搞旅游地产，在自然风景区内削山毁林建造别墅。从“祁连山的生态环境问题”到“秦岭别墅”，这些事例无一不给我们敲响警钟。此外，很多旅游企业与地方政府对生态旅游的内涵并不理解，把生态旅游当作标签来使用，泛化和滥用生态旅游概念的现象屡见不鲜，与自然、绿色沾边的旅游一概称作生态旅游。在概念炒作、缺乏规范的情况下，生态旅游成了一些急功近利、缺乏环保意识的经营者的摇钱树。

四 社区参与不足

当地社区的积极参与是生态旅游可持续发展的内生动力，也是发展生态旅游的重要目标，理应是衡量生态旅游成功与否的一个重要标准和主要因素。如果没有周围居民的参与和支持，那么旅游发展和环保工作肯定举步维艰。在我国，由于保护区、风景区管理机制方面的原因，当地社区往往被排除在生态旅游发展之外，无法参与生态旅游开发、经营和管理决策，他们的意愿和利益诉求得不到尊重和保障。很多当地居民还停留在兜售一些简单的旅游商品阶段，很少享受到旅游经济带来的红利。有些地方甚至打着开发生态旅游和资源保护的旗号，强行把原住居民从景区内迁出。这些现象在近些年的旅游开发中屡见不鲜，甚至愈演愈烈。中国人与生物圈国家委员会的调查显示，近些年在旅游开发中得到受益的当地家庭在当地社区中的占比非常低。[①] 黔东南州黎平县旅游村寨肇兴侗寨的一份

① 参见 http：//www. mab. cas. cn/.

调查显示，2019 年肇兴侗寨 1012 户家庭中，参与旅游经营的不到总户数的 1/3，大多数当地居民还是以农业生产为主。[①] 近些年来，因社区参与不足导致的污染、旅游者扰民、红利分享等问题层出不穷，让旅游区当地居民产生了抵制和敌对情绪，甚至对抗行为，严重影响了生态旅游的发展。

五　教育功能有待发挥

生态旅游的一个重要功能是通过旅游活动认识自然，提高旅游者的环保意识，达到保护自然的目的，但是目前我国开展的生态旅游，还远未能起到对旅游者进行应有的教育的作用。从旅游者方面来说，旅游者的生态旅游知识还比较缺乏，有待提升。从生态旅游从业人员方面来说，一方面，生态旅游区的开发者、经营者和管理者缺乏生态学和环保方面的相关知识，甚至很多导游没有经过专业训练，缺乏基本的生态学常识，不能把地质地貌的形成、动植物的分布，以及生态旅游区内生态系统的意义等自然知识讲解给游客。另一方面，本土生态知识的生态价值没有得到积极保护和宣扬。本土生态知识的生态价值已经得到了人类学家、植物学家、生态学家的认可，但并未得到最大范围的认知。对社区居民来说，他们对本土生态知识的生态价值深有感触，但大多生态旅游区的管理者、经营者和导游对其仍然一无所知，有些当事者甚至对本土生态知识缺乏起码的尊重，认为其愚昧落后。在上述情况下，目前要实现生态旅游生态学教育和环保教育的功能，任重道远。

六　景区环境监控缺位，污染严重

调查显示，我国仅有 15%的生态旅游区会定期进行环境监测工作，有的自然保护区甚至缺乏必需的测量仪器；仅有 20%左右的自然保护区对游客数量进行控制。部分生态旅游区的监测资料显示，旅游区内的水土、大气都存在不同程度的污染，大气中含有的有害物质，噪声、烟尘都超过了国家规定标准。例如，长白山旅游区的酒店生活污水排放，仅 2016 年一年的废水排放量就达到 402.6 吨，SO_2的排放量为 837.4 吨，烟粉尘的排放量更是达到了 2659.88 吨。由于长白山地区为山地地形，大气

---

① 杨春香：《民族村寨旅游开发对当地居民的影响研究——以贵州肇兴侗寨为例》，《旅游纵览》（下半月）2019 年第 9 期。

污染物不容易消散，更加容易沉积，使得长白山地区动植物遭受极大的威胁，特别是自然保护区内的珍稀物种对于空气污染物非常敏感，同时到长白山天池的盘山公路上有很多的机动车辆，旺季时甚至会出现排队的现象，这些汽车排放的尾气对于高山苔原带上的地衣类植物和苔藓类植物带来了极大的危害。①

第四节 我国生态旅游问题的对策

随着生态旅游者的数量越来越多，还会不断出现相应的问题，如何引导中国的生态旅游实现可持续发展，是目前迫切需要解决的问题。以下几个方面今后应该着重考虑。

一 认识与利用生态旅游开发与环境保护规律

生态旅游开发过程中存在多重矛盾，其中的一对主要矛盾就是旅游开发与环境保护、文化保护之间的矛盾。生态旅游开发在促进旅游目的地经济增长的同时，也对当地的生态环境和文化产生了一定程度的破坏，从而影响到当地的自然景观和文化特色。生态旅游资源是有限的，有些甚至是不可再生的，片面追求速度和效益，采用“杀鸡取卵、竭泽而渔”的旅游资源开发方式，只会使环境污染越来越严重，也与人类社会的发展总目标背道而驰。在这种情况下，生态旅游是不可持续的。这就要求我们必须深入探寻生态旅游开发与环境保护之间的内在关系与规律，切实加强生态旅游开发与环境保护的整体性、一体化研究，在此基础上出台相关方针政策，拿出具体措施，促进生态旅游、自然环境、文化三者之间的和谐统一。

二 依据市场需求，推出适路产品

生态旅游是旅游发展的趋势之一，具有非常广阔的市场空间。由于受年龄、性别、经济状况、受教育程度、国籍等因素差异的影响，不同的生态旅游者肯定会有不同的偏好，喜好不同的旅游活动。例如单身青年更喜欢生态探险活动，有小孩的家庭更喜欢生态教育活动，科研工作

① 王连贵：《长白山风景区生态旅游建设开发研究》，硕士学位论文，延边大学，2018 年。

者更喜欢生态科考活动，等等。这就需要生态旅游景区的经营者对市场进行充分调研，针对生态旅游者的不同偏好进行市场细分。在此基础上根据自身生态旅游资源的特色，确定目标市场，给自己的生态旅游产品进行科学定位，实现和旅游者需求的精准匹配。最后是研发出高质量的生态旅游产品，最好是有特色的生态旅游产品，有针对性地对目标客户群展开宣传、推广和促销活动。需要注意的是，生态旅游活动可以与其他旅游活动合理搭配，但是要以生态旅游为中心，即综合开发多种旅游资源，生态旅游过程中穿插不同的旅游活动，使整个生态旅游过程重点突出又兼具丰富性。

三　认真做好生态旅游发展规划

开发一定要在规划的指导下进行，生态旅游规划是生态旅游开发的前提，只有做好生态旅游规划，才能确保日后旅游发展与环境保护的和谐共荣。生态旅游规划不同于普通的旅游规划。生态旅游规划是在兼具生态学原理和旅游者活动规律的指导思想下，对旅游活动在空间上合理布局的规划。规划需要由开发商、生态学家、环境保护专家、当地社区居民共同制定。在规划过程中，除了进行社会经济要素调查分析外，还要进行生态调查，包括规划区的自然地理环境（包括地形、地貌、水文、气候等方面）、生物多样性程度（包括植被、野生动物等方面）等的状况、特性及其分布；调查和挖掘当地的本土生态知识和乡土知识，并将其纳入生态旅游规划；充分考虑旅游者类别、需求特征及其活动规律，将其与生态旅游环境承载力进行综合分析，科学制定废水、废物的管理办法，确保自然资源的可持续利用；对生态旅游区进行功能分区，科学制定野生动植物栖息地、旅游活动区、当地居民居住区的规划方案；充分利用当地自然资源和文化资源为生态旅游者创造优美和谐景观，为当地居民创造舒适的人居环境。

四　加强社区参与

社区参与是生态旅游可持续发展的重要内容、环节和评判依据。要将社区作为生态旅游发展的主体纳入生态旅游规划、开发等涉及生态旅游发展重大事宜的决策、执行体系中。要让社区参与生态旅游发展决策，包括倾听当地居民对发展生态旅游的希望与看法，吸收他们对生态旅游发展的意见和建议。要让社区参与生态旅游发展带来的利益分配，使他们能够分享旅游发展带来的利益，包括让当地居民参与生态旅游产品的开发和经营，增加当地居民的就业机会和商业机会，保证其优先被雇用的权利，等等。例如，当地居民对家乡的自然环境和生态文化了如指掌，可以聘请他们担任当地导游，讲解当地的山水、动植物、本土生态知识和技术技能、生态伦理等。还可以实行生态旅游股份合作机制经营，让社区居民成为生态旅游开发经营的股东，将他们的自身利益与生态旅游的发展及保护结为一体，使他们获得主人翁地位，积极参与决策，自觉维护生态旅游资源和旅游环境。

五 加强生态素质教育

目前我国大部分旅游者还不具备生态旅游的相关知识，要通过生态旅游知识普及和教育等方式培养一批国内生态旅游者，这就需要对生态旅游者、生态旅游从业人员，以及当地居民进行生态教育。旅游者在进行生态旅游之前就要主动学习与旅游目的地相关的生态知识。对生态旅游区的从业人员而言，生态素质应该是他们必备的基本素质，所以，要对生态旅游经营、管理和服务人员进行生态学和环保教育，使他们具备相关方面的基本知识和技能，绝不能让“生态盲”去管理和经营生态旅游。导游人员要经过相关知识考核和实习后持证上岗。生态旅游区还可以聘请生态学、生物学、地理学、园林学等各方面的专业人才担任生态旅游目的地的技术顾问。对当地居民的教育也必不可少，要培养他们的文化自觉和文化自信，让他们认识到本土生态知识的科学性、旅游价值，以及本土生态知识旅游对社区发展的意义。总之，要使旅游者在生态旅游的过程中，通过生态知识的学习、自然环境的体验、保护经验的传授与分享，改变他们的价值取向和行为，从文化和自然的享受者转变为积极的贡献者。

六 做好科学监控

生态旅游的可持续发展要考虑到生态旅游环境承载力。生态旅游环境承载力是指“某一旅游地域单元开展生态旅游活动（如游览、休闲、认知、探索等），在满足游客游览要求同时对自然生态环境影响最低，甚至保护、改善旅游区生态环境质量并使当地居民从旅游业中充分受益时旅游区所能容纳的游客数量”。[①] 因此，对环境承载力必须要科学监测，否则生态旅游区内的环境和生态系统会遭受毁灭性打击。为此，文化和旅游部门应该会同有关部门制定一套全面、科学的生态旅游发展评估体系和统计指标体系，确保游客数量不超标。对于旅游区内的环境，要建立环境质量监测体系和环境效应评估体系，对环境实施动态监测。相关机构要及时监测和评估，建立反馈机制，确保生态旅游的经济效益、生态效益和社会效益协调发展。

① 孙道玮等：《生态旅游环境承载力研究——以净月潭国家森林公园为例》，《东北师大学报》（自然科学版）2002 年第 1 期。

结论

民族地区生态文明建设经验与对策

杜香玉

生态文明是新时代中国特色社会主义建设的一场绿色变革，生态文明建设关乎国家前途命运、亿万人民福祉、中华民族永续发展。民族地区生态文明建设不仅是一个关系到人民福祉的现实问题，又是一个关乎民族未来的重大问题。[①] 自2007年党的十七大将建设生态文明纳入全面建成小康社会的五大奋斗目标之一，生态文明建设便提上日程，逐渐从理念向制度转化；党的十八大以后，生态文明建设在全国全面展开。在党的十九大报告中，习近平总书记就生态文明建设提出新论断，坚持人与自然和谐共生，人类必须尊重自然、顺应自然、保护自然，建设生态文明是中华民族永续发展的千年大计，这一论断成为新时代坚持和发展中国特色社会主义基本方略的重要组成部分。自2007年以来，民族地区的生态文明建设步伐从未停止，在困难和挑战中，不断地摸索适应各民族地区绿色发展道路的可行之道。

民族地区区位条件独特，自然资源丰富，气候类型多样，地形地貌复杂，蕴藏着巨大发展潜力，对于维护生态屏障与生态安全具有重要作用。自生态文明建设作为国家重要战略布局以来，民族地区生态文明建设在不断的摸索之中积极开展生态文明建设，服务地方经济、文化发展，取得了一系列的成果与成效。但民族地区生态系统极为脆弱，部分地区生态环境破坏严重以及经济发展相对滞后且内部差距大等问题，成为影响民族地区建设生态文明、推进绿色发展的巨大阻力。此外，民族地区生态文明建设仍旧存在发展不平衡不充分、保护力度不够等诸多问题，面临着保护和发展的双重任务和压力，如何充分发挥自身特色和优势，促动生产生活方式

① 孟航：《文化实践与民族地区的生态文明建设》，《中国民族》2013年第7期。

的绿色转型，实现技术创新，协调好生态保护、经济发展及社会稳定之间的关系，进一步推进民族地区生态文明建设是解决或应对当前所存在问题的重要路径选择，也将是一个持久的过程。

第一节　民族地区生态文明建设的经验

民族地区的生态文明建设尤为重要，“欠发达”的少数民族地区与“发达地区”相比较，拥有得天独厚的自然资源，千百年来，少数民族逐渐形成的各种生态保护意识、行为、实践为当前生态建设提供了宝贵的经验。

一　民族地区生态意识中的文化实践

我国少数民族传统文化之中蕴含着丰富的人与自然共生共存的经验知识，这些本土经验知识在指导人们尊重自然、利用自然过程中发挥了重要作用，更为民族地区生态文明意识的形成与发展奠定了重要基础。民族地区地理环境复杂，生物多样、民族多样、文化更是呈现多样化，地形的丰富多样，造就了“一山分四季，十里不同天”的自然景象。少数民族在这种特殊的自然环境影响下，形成了独特的生态文化观，他们的思想观念中包含着许多生态智慧，其原始宗教信仰、风俗禁忌、自然崇拜和祖先崇拜等传统文化充分表明他们始终秉持着人与自然应和谐相处的观念，在其生产生活实践活动中所表现出来的“敬山、敬水、敬林”思想形成了各民族独特的生态意识，形成了民族地区独特的思想观念、风俗习惯、价值体系，在客观上起到了保护自然的作用，对保护生态平衡有着深刻理解，积累了丰富的人与自然相处的宝贵经验。

以云南少数民族地区为例，位于石林县及附近几个县的彝族支系，这里的撒尼人村寨仍旧保留着密枝林文化，每年都要举行密枝林祭活动，也由此形成了密枝林文化；这种祭祀活动可以将其视为一种民族传统生态文化实践，规范、约束了人们的活动，包括人们如何对待密枝林，对人们的某些行为有着严格的限制，这体现了当地人对自然的敬畏，这种意识对于保护山林、涵养水源发挥着重要作用。[①] 再如云南的傣族民众，一直以来

① 孟航：《文化实践与民族地区的生态文明建设——生态问题到底意味着什么?》，《中国民族》2013 年第 7 期。

信仰小乘佛教，十分重视保护原始森林，严禁毁坏“竜林”，家家种柴薪树，户户培育生态庭院，十分重视水资源的合理利用，始终遵循“没有森林就没有水，没有水就没有水稻，没有水稻就没有粮食，没有粮食就没有人们”这一古训，爱护森林，从不乱砍滥伐，并对森林及其功能做了严格的限定，认为不同的森林或树木具有不同的作用，这种现象形成了极具生态保护价值的森林文化禁忌系统，既是傣族森林文化禁忌的核心，又具有极高的生态环境保护价值。① 再如藏族信奉藏传佛教，迪庆藏族自治州的森林资源丰富、环境优美，藏民对山、水、树有着一种崇敬的信仰，正是因为这种信仰约束和限制着当地人以及外来人员对于自然环境的破坏，这对于保护当地的生态环境起到了重要作用。藏传佛教的核心是“善”，其强调自然生存环境与人相依相融，自然万物各自业力，互为轮回转生，同为生命链上的环节；在藏族人的意识里，人与自然万物是相互依存而生的，反对破坏自然，认为人与自然之间应该和谐发展；此外，生态保护意识在藏族的生产生活中可以充分体现，如香格里拉县的建塘、小中甸等藏区，由于牲畜较多，农田都需要围栏，藏民利用沙棘等多刺的树种，以及适应居家环境的高山柳等树种作生物围栏或作四旁树，既美化了居住环境，又起到了农田防护林的作用；迪庆藏民沿袭不砍正在结果的树，在火把节之后禁止砍伐森林的传统，这对保护生态环境也起到了积极的作用；迪庆藏民的住房建房除考虑向阳、利于排水外，还考虑面向树林茂盛的“神山”，要临河但又不能太靠近，以免对水源造成污染；在少林、少田的东旺乡等地，建房一般不占用草地、林地和耕地，而是将房子建在植被较少的山脊上，这充分体现了藏民对当地生存环境的适应。② 民族地区在生态文明建设过程中，应在挖掘各民族生态智慧的基础上，进行传承、发扬和创造性转化，形成可示范、可推广的生态文明意识，树立当代生态文明理念，推动我国生态文明建设。

二　民族地区生态资源中的产业实践

民族地区具有丰厚的自然资源、人文资源，发展生态旅游是民族地区

---

① 李文书：《傣族“龙山林”文化禁忌与边疆生态环境的安全》，《北京师范大学学报》2008年第3期。

② 秦茂军、汤明华：《迪庆藏区民俗文化与生态环境保护》，《林业调查规划》2012年第1期。

生态文明建设中一项实现“经济—社会—环境”可持续发展的重要实践。民族地区的自然景观与人文景观，如动植物、山川河湖、传统民居、宗教信仰、民族风情、风俗习惯等成为生态旅游业发展的经济增长点，如云南大理、香格里拉及西双版纳，新疆天山天池，广西桂林山水，贵州黄果树瀑布，以及内蒙古大草原等自然与人文特色为其打造产业优势提供了优越条件。通过结合地域特色，发挥区域优势；通过转变传统经济发展方式，调整产业结构，将自然人文资源转化为旅游服务，在带动当地社会经济发展的基础上，更好地维护生态环境，尤其是诸多国家公园、自然保护区的建立和完善有利于解决环境保护与经济发展的矛盾。

民族地区贫困地区众多，“生态保护+产业发展”是民族地区生态文明建设的必然选择，更是解决民生与生态矛盾的重要路径。在民族地区开展有效可实施的生态旅游扶贫模式不仅可以实现民族地区相对落后的经济增长，还可以维护生态环境，通过合理开发生态资源的经济价值，实现生态资产资本化。20 世纪 80 年代，我国在贵州毕节等地以“开发扶贫、生态保护”为方针进行生态保护与扶贫开发试点，并在旅游业的带动下实现了脱贫致富；广西把“生态保护+产业发展”作为其少数民族特色村寨精准扶贫的新方向，避免重走发达地区“高速发展、严重污染”的老路。[①] 云南更是利用自身民族文化多样、生物物种多样、生态环境多样的优势，开发多元的旅游产品和服务，统筹经济、社会、生态效益。如云南迪庆藏族自治州拥有极其丰富的生物资源和自然人文景观，社会经济发展较缓慢，属贫困地区，当地经济主要依靠自然资源，以开采森林资源为主；然而，随着人口增加、经济迅速发展、人类活动的无序开发，导致森林资源过度消耗，当地环境承载力加大，生物多样性减少；普达措国家公园的建立为保护当地生态环境、保护生物多样性，以及保证当地民众生存发展所需探索出一条人与自然和谐共生的可持续发展模式。

三　民族地区环境习惯法中的法制实践

民族地区千百年来在与自然相处的过程中形成了具有本民族特色的环境习惯法，作为中国习惯法的重要组成部分，少数民族的环境习惯法从制度层面极大地规范、约束了少数民族的行为，对民族地区的生态环境保护

① 王美钰、吴忠军、侯玉霞：《广西少数民族特色村寨生态旅游扶贫与乡村振兴路径研究》，《广西广播电视大学学报》2009 年第 1 期。

起着极其重要的作用，包括以宗教习惯为表现形式的环境习惯法、以村规民约为表现形式的环境习惯法，以及以民族禁忌为表现形式的环境习惯法（包括与保护水土资源、保护森林资源、保护野生动物有关的环境习惯法）；如黎族以村规民约的形式，建立起“全封、半封、轮封”的森林保护制度，相关制度结合了当地群众的生活习惯、山林种类和山林分布等实际情况，对于当地生态环境起到较好的保护作用；在彝族的民族禁忌中，将捕食虎、豹、熊、猴等与人亲近的动物列为禁忌，这在保护当地生物多样性上起到了明显的效果；[①] 在傣族的宗教信仰中，“竜林”“坟山”都不能随意进入，里面的一草一木，即使是枯枝烂叶也不能捡拾，其他如佤族、布朗族所居住的村寨周边的神山里面的树木不能随便砍伐。民族地区的山川河湖在各民族习惯法中的保护形式或有不同，但其存续历史悠久，也证明了其存在的合理性、认同性，有效维护了人与自然的和谐共生。

民族地区的环境习惯法为更好地推动生态文明建设提供了制度保障，为积极开展生态文明建设提供了新路径，更为民族地区乃至我国生态文明建设积累了丰富经验，极大地提高了区域和全国生态文明建设水平。如云南、广西、内蒙古、新疆等民族地区作为生态文明建设示范大省，更要在生态文明建设示范区建设的基础上，进一步探索具有民族特色的生态文明建设路径，从而更好地推动中国生态文明建设进程。

第二节 民族地区生态文明建设存在的问题

我国诸多民族所处地区虽然自然资源极为丰富，但也是生态环境系统相当脆弱的地区，自然灾害极易发生。而且民族地区的社会经济也存在发展不充分不平衡、资源利用不合理、整体水平低、贫困面大等问题。当前，随着我国脱贫力度的加大以及社会经济的快速发展、城市化进程的加快，所带来的一系列矛盾日渐突出。在现代化、城市化发展过程中，一些民族地区为了满足经济增长和社会发展的需要，由于一些不合理的生产活动和消费方式，对当地自然资源进行了无序、过度等不合理开发，进一步加剧了民族地区生态环境的恶化，经济粗放型增长的方式还没有根本改变，经济发展与资源、环境的矛盾十分突出，掠夺式开发资源、破坏生态

---

① 冯共田：《论少数民族环境习惯法的司法适用》，《法制与社会》2018 年第 6 期。

和污染环境的现象时有发生。

一　民族地区农村生态环境问题日趋恶化

随着现代化、市场化、城镇化速度的加快，民族地区农村社会经济迅速发展，人均收入、生活水平迅速提高的同时，农村的产业结构、生计方式发生重大转变，随之而来的土地集中、人口流动频繁、文化冲击等带来农药和化肥的滥用、生活垃圾处理不当等生态环境问题日益突出。首先，农药、化肥的不合理使用造成严重的环境污染，尤其是随着民族地区畜禽养殖业、种植业的迅速发展，农药、化肥、农用薄膜的不合理使用所带来的危害尤为严重。其次，生活垃圾处理不当，生活垃圾给农村带来的土壤污染、生活用水污染、疾病蔓延所引发的村民身体健康等问题严重威胁生态文明的可持续发展；在民族地区乡村振兴建设中，政府虽投入大量资金在广大农村修建公共垃圾池、安放公共垃圾桶以及定期派专人回收垃圾运到垃圾中转站，但不同地区所采取的方式不同，并未形成统一的规范和标准，仍旧存在村民随意倾倒垃圾、露天焚烧垃圾等现象，尤其是也存在将一些死亡的牲畜随意丢到河流、山沟等情况。近年来，生活垃圾的堆放使得更多蚊虫、细菌以及病原体滋生，每至夏季，是生活垃圾散发恶臭以及疾病蔓延的多发季节，经过雨水的冲刷，土壤、水源等均被污染，从而影响人们的身体健康以及造成对生态环境的破坏。

农村环境污染和破坏与当地民众密切相关，之所以农村环境整治尚未取得有效进展，一定程度上与民众对环境污染带来的危害认识不足有关。另外，因为环境污染并非在短期内产生影响，而是一个长期、缓慢的过程，生态文明的逐步推进也不可能是短期内见效，正如地方官员在任职的短短几年中，对于生态文明所做的很多工作很难见到实际成效。

二　民族地区生态环境脆弱

民族地区是我国重要的生态安全屏障和生物多样性宝库，具有地理环境多样、生物多样、文化多样等特征，因其特殊的地理位置、复杂的地质地貌、优越的生态区位、丰富的生物资源，造就了民族地区独有的生态优势，但是民族地区生态环境异常脆弱，一旦破坏便难以修复。

我国生态脆弱民族地区涉及的地域带有高寒、沙漠、黄土和喀斯特四大生态脆弱带，集中于东北、西北和西南等生态系统复合交错以及少数民族地区。生态类型复杂多样性，承担了重要的生态功能，如三江源草原草甸湿地、呼伦贝尔草原草甸等国家级层面重要的生态功能区；在全国主体功能区规划中，限制开发区域和禁止开发区域两类主体功能区主要分布在生态环境脆弱的民族地区，这些区域生态地位极为突出，多数处于边疆地区，关系到边疆地区甚至国家生态安全。① 由于民族地区的生态环境承载力、人为开发活动的强度和社会经济系统的容量有限，人类的不合理活动所带来的生态灾难尤为严重，如近年来，西南民族地区滑坡、泥石流、塌方等自然灾害日益频发，人为因素是诱发灾害的重要原因。从民族地区各省区的数据来看，2013 年与 2014 年自然灾害受灾人口人次最多的省区均为贵州、云南、广西三省区，2013 年直接经济损失最多的三个省区分别为云南、贵州、内蒙古，2014 年直接经济损失最多的三个省区分别为云南、贵州、广西。② 导致灾害频发，抑或是灾害加剧与生态环境密切相关，森林植被锐减加剧了水土流失，地下径流减少；西南地区石漠化范围逐渐扩大，石漠化治理难度加大；人类活动区域的无限制扩大，极大地缩减了动物的生存空间，反之对人类构成威胁，如亚洲象走出森林，踩踏农田、攻击人类等现象时有发生。

三　民族地区水、森林、草原面临严峻挑战

随着社会经济迅速发展，水资源、森林资源、草原资源面临着严峻挑战。首先，水资源消耗过度且污染严重，治理难度大，投资力度与治理成效不明显。近年来，因民族地区化工企业、建筑业、服务业、城市居民生活污水排放总量增加，加之污水处理力度、排放标准等因技术、设备难以全面覆盖，水污染突出，严重影响生态环境。其次，原始森林遭到严重破坏，覆盖面积大幅度减少。随着人口增长以及经济发展，人们对于木材的需求量日益增多，为满足这一切需求，进一步加剧了一些民族地区对原始森林的大量采伐，如四川阿坝藏族自治州每年生活用柴为 100 万立方米，相当于生长量的 1.6 倍。③ 尤其是贵州、广西、云南等西南民族森林植被保存较完整地区，长期以来当地少数民族采取粗放型的生产方式，但当前

① 程进、曾刚：《我国生态脆弱民族地区空间冲突形成机理研究》，《中国城市研究》2014 年第 00 期。

② 张姗：《民族地区生态文明建设的现状与对策》，《玉溪师范学院学报》2018 年第 9 期。

③ 崔亚虹：《生态文明建设与民族地区环境保护问题研究》，《商业时代》2010 年第 6 期。

人口数量已然超过环境承载力度，这种行为则会危及自然，因经济发展需要，森林毁损严重，山林过度开发，引发严重的水土流失，加剧了泥石流、滑坡等自然灾害的频繁出现。最后，草场退化且沙化面积增大。草场牧民由于长期的放牧，形成了靠天养畜的观念，加之因牧民们的科学饲养意识淡薄，对草场的载畜量缺乏有效的控制，也因此最终导致草场出现严重退化和荒漠化的现象，如内蒙古草原拥有 6359 多万公顷的可利用草地面积，但目前，退化草地面积已经达到了 3867 万公顷，占可利用草原面积的 61%；而青海的草场单位面积产草量与 20 世纪 50 年代相比，下降了 30%—80%；此外，新疆因大面积沙化和草场退化，如今平均 15 公顷草场载畜量仅为 1 只。①

四　生物多样性减少

水源、森林、草原的破坏，以及人口压力、生存压力是影响民族地区生物多样性保护的重要因素。随之而来的是毁林开荒严重，导致大面积森林植被被破坏，致使生态系统严重失衡，加之由于人们长期使用化肥农药并排放大量污染物，导致民族地区大量的本土物种的生存环境遭受到严重威胁，栖息地环境日趋恶化，赖以生存的空间日渐缩小，造成一些珍稀野生动植物数量锐减，野生动植物资源处于濒危状态甚至消失绝迹，如生态系统由多元化走向单一化，食物链越来越短，许多生物将逐渐消失。首先，突出体现在农业生态系统逐渐单一化，一方面，单一的种植会造成农作物减产，损害农民的切身利益；另一方面，农业的种植面积如同一个小的生境，生境群落的单一化会形成“连带效应”，即依存于农作物的其他生物或非生物由于食物链中某处的断节而受到威胁，从而造成整个生境的灭亡，如云南西双版纳州，为了追求经济利益最大化，当地大部分地区砍掉了山上不同品种的树，统一种植了吸水性强、抓土力弱的橡胶树，这样做不仅会使灌木丛消失，当地的生物多样性也会减少。② 橡胶树的无序化种植，更是导致热带雨林面积缩减，导致生境单一化、生态系统简单化，生物多样性面临严峻挑战。其次，人居环境单一化。人居环境直接影响着自然环境，主要体现在城市和乡村的建设方面。民族地区城乡现代化建筑

① 崔亚虹：《生态文明建设与民族地区环境保护问题研究》，《商业时代》2010 年第 6 期。

② 赵虹眉：《我国少数民族地区的生态文明建设与环境保护问题》，《生态文明的法制保障——2013 年全国环境资源法学研讨会（年会）论文集》，2013 年。

逐渐占据树木花草的领土，动物随之失去栖息地，而城乡建设中的重大噪声污染、空气污染等却随之出现，如西双版纳州多次出现亚洲象到周边村寨攻击当地村民、踩踏庄稼等事件，其根本原因是亚洲象生存空间缩小，不得不走出森林觅食。

五　民族地区生态文化观念逐渐淡薄

由于现代化进程的迅速发展，民族地区各民族的生态环境保护意识在自身利益、市场导向、外来文化冲击的驱动下传统生态文化的传承与发扬面临前所未有的挑战，各民族地区生态文化观念的传承出现断裂，表现在民族村寨出现“空巢”现象，村中只有老人、小孩两类群体，老人长期居住在村中，传统的生态观念保存比较完整，但很难继续传承，一方面由于小孩长期住校接受学校教育，另一方面中青年外出打工，受外来文化影响。在经济全球化的时代，民族地区走上现代化道路是必然趋势，也给民族地区各民族的传统生态文化观念带来危机。从根本上说，这是由于功利主义、实用主义的伦理观所致，也是造成社会经济活动产生负面效应的根源所在，只重视眼前物质利益，看重物化指标，却缺乏人文道德关怀，是一种纯粹牟利性的活动；在实践层面，易导致短期行为，会使实践主体在追逐实用和功利过程中失去自我反省的内在要求，致使在民族地区经济发展中出现了一系列只考虑眼前利益而不顾长远利益的行为，进一步加剧了人口、资源、环境与经济发展之间的矛盾。[①] 2014 年，原国家环保部发布的《全国生态文明意识调查研究报告》显示：我国公众生态文明意识呈现“认同度高、知晓度低、践行度不够”的状态，而且公众的生态文明意识具有较强的“政府依赖”特征，民族地区的许多群众认为环境问题只是政府的责任和事务，进而导致公众参与生态文明建设活动的积极性不高。[②]

六　民族地区生态补偿机制不健全

在全国生态补偿法律体系仍不健全的情况下，民族地区生态补偿立法

---

① 杨华：《对西部少数民族地区建设生态文明的思考》，《中共伊犁州委党校学报》2009 年第 1 期。

② 董婷婷：《欠发达地区推进生态文明建设存在问题及对策思考》，《才智》2014 年第 28 期。

更为滞后，民族地区与非民族地区其社会经济发展水平相对较低，在自然、经济、社会、文化等方面更有所不同。当前在我国生态环境相关法律中，主要是基于国家层面，从整体出发的制度，尚未针对民族地区生态环境状况制定专门的生态补偿立法，涉及此方面相关内容的立法也仅仅是散见于环境保护领域的地方性政策法规之中，并未对补偿的主体、对象、范围、补偿标准等进行明确界定。目前，有相关补偿内容的除了在草原生态保护中有补助奖励机制外，在海洋、湿地、保护区、矿产等其他生态补偿领域都没有明确规定，如内蒙古关于生态环境保护的规范性法律文件共有30个，其中具有法律效力的有26个，其中涉及生态补偿内容的有12个，占到总数的46%；与生态补偿相关的法律条文总共有60条，在现有的民族地区环境保护与资源保护的地方立法中涉及生态补偿的相关法律法规仍旧较为缺乏。① 从生态补偿的操作层面来看，虽然国家不断加大生态补偿的标准，但与受害群众的直接损失和期望值还有很大的差距，一定程度上打击了群众保护自然环境资源的积极性，让当地民众产生了自然环境资源重要还是生命财产重要的疑问，进而影响了保护自然环境资源相关法律法规的制定、贯彻及落实，严重影响到自然资源保护事业的正常、有序、有效开展。② 由于生态补偿机制的不健全，农民与政府、企业、自然之间的利益冲突矛盾不断，如西双版纳傣族自治州的一些野生动物（如野象、野猪、野牛等）与人之间的土地纠纷，动物所破坏的庄稼、村舍等，政府所给予的补偿金额太少，造成了农民、政府、动物三者之间的矛盾。

此外，民族地区是水源涵养区、风沙治理区等重要生态功能区，对于维护中国生态屏障和生态安全具有重要作用。然而，民族地区环境保护与经济发展之间的矛盾尤为突出。民族地区为保护良好的生态环境，自身的社会经济发展受到一定影响。如一些地处流域上游的民族地区为能给下游地区社会经济发展及建设需要提供充足且清洁的水源，面临着要大规模压缩本区域工农业用水，必须要调整传统的产业结构，进行产业升级，不断提高当地企业排污标准，进而需要关停多家经济收益良好但消耗水资源严重且污染度较高的企业。再如开展风沙源治理的民族地区，为了更好地保

① 萨础日娜：《生态文明视野下民族地区生态补偿法律机制浅析》，《贵州民族研究》2015年第11期。

② 李永仙：《边疆民族地区生态文明建设问题探索——以云南省西双版纳州为例》，《中共云南省委党校学报》2009年第5期。

护下风向的中心城市的大气环境，而必须要实施封山育林以及退耕还林还草工程，从而导致当地的农业、畜牧业生产规模大幅度减少，致使当地民众蒙受了相当大的经济损失。而目前处理保护地区与受益地区之间环境保护与经济发展关系的解决方式，多是沿用以往的计划经济进行行政调控，现有的一些为保护当地自然环境而做出的贡献和蒙受的损失所得到的补偿，基本上很难提高当地民众生活水平，即使进行一定补偿，但由于补偿标准并未按照市场化的运作方式进行科学计算，也并未形成制度固定下来，因此，根本无法弥补地方在发展计划上所蒙受的损失。①

第三节　民族地区生态文明建设的对策

生态文明建设是解决或应对民族地区当前所存在的环境保护与经济发展之间冲突与矛盾的可行路径和必然选择。民族地区同样是生态环境优越地区，良好的生态环境是一个地区实现全面、协调、可持续发展的重要基础，发展与保护并非必然排斥。民族地区生态文明建设中存在的问题，普遍存在于我国广大地区，有效解决这些问题，必须要保持生态文明建设的永久活力，持之以恒。在民族地区的生态文明建设中，应以生态环境保持良好为出发点，使人们的生存和发展得到基本保障，实现环境、经济、社会可持续发展，最终走向人与自然和谐共生，提升我国的国际影响力，在全球化的进程中走在生态文明国家的前列。

一　传承和发扬生态文化，大力发展生态产业

民族地区本土传统文化之中拥有深厚的文化底蕴，以生态文化涵养绿色发展，充分挖掘生态智慧，大力发展生态产业。生态文化是民族地区生态文明建设的思想基础，更是牢固树立“山水林田湖草是生命共同体”“人与自然和谐共生”的生态理念，保持生态文明建设与经济建设、社会建设、文化建设同步推进的活力源泉。通过深入发掘地域文化特色，厚植生态文化基础，转变传统产业结构，将生态文化转变为经济增长点，既传承和发扬了人与自然和谐共生的发展理念，又能引导民族地区民众走绿色、循环、低碳的可持续发展之路。如广西钟山县形成了以龙道村、玉坡

① 崔亚虹：《生态文明建设与民族地区环境保护问题研究》，《商业时代》2010年第6期。

村、英家街等为代表的中国传统古村落的福寿文化和“主食大米、兼有杂粮、素荤交错、清淡膳食、结构合理、营养均衡”的长寿养生文化，以及“羊角长鼓舞”“瑶族门唻歌”“瑶族蝴蝶歌”等民俗文化资源，更好地继承和发扬节约适度、绿色低碳、文明健康的生活方式和消费方式等人与自然和谐统一的绿色生活方式。[①] 云南世界文化遗产哈尼梯田在传承和发扬哈尼族传统农耕文化的基础上保证了人与自然和谐相处，如哈尼族创造发明的“木刻分水”和水沟冲肥，形成了精密的林业、农业和水分配系统，通过长期以来形成的独特的社会经济宗教体系，呈现出的森林、村寨、梯田、水系“四素同构”的农业生态系统，彰显了人与自然互动的一种重要模式。[②] 哈尼梯田“稻渔共作”模式不与人争粮、不与粮争地，体现了生态优先、绿色发展的理念，从而降低了农药、化肥、饲料等的使用量，一定程度上减少了对环境的污染，有效改善了梯田生态系统，注重对生物多样性的保护和生态资源的综合利用。[③]

此外，民族地区坚决不能走“先污染，后治理”的老路，应因地制宜，从生态农业、生态工业、生态旅游业、生态服务业等方面大力推动生态产业发展，转变传统产业结构。大力发展生态农业，因地制宜大力培植适宜物种，以生态化的发展方向统筹农作物、经济作物；大力引进资金技术，改造传统产业结构，延长产业链，增加附加值；大力发展生态循环经济，大力推广无公害农产品、绿色食品和有机食品的生产，引进无污染、可循环的深加工技术，形成产业链条生态化；强化自主创新，研发高端产品，树立品牌战略；结合优越的自然环境条件，大力发展生态产业，促进并带动相关产业的发展，实现生态、经济、社会效益的统一。

二　加大民族地区生态治理力度

民族地区是维护我国生态屏障与安全的重要生态功能区，必须对民族地区生态治理实行倾斜政策，加快开展环境整治。首先，生活垃圾处理设施的完善。应加大资金投入力度，进行垃圾回收处理站点空间布局，全面

---

① 《坚持生态优先推动绿色发展》，光明网，http：//news. gmw. cn/2017－07/20/content_25148190. htm.

② 红河州世界遗产管理局：《全球重要农业文化遗产：红河哈尼稻作梯田系统》，《中国农业大学学报》2017 年第 4 期。

③ 蒋哲姝、陈红磊、蒋高中：《世界文化遗产的可持续保护与精准扶贫有机结合的成功实践——以云南红河哈尼梯田“稻渔共作”养殖模式为例》，《中国农学通报》2018 年第 23 期。

覆盖广大乡村，明令禁止垃圾随意倾倒、焚烧、填埋，减少垃圾对土壤、空气、水源的影响。其次，持续深入推进河长制，加快研发污水处理技术，加强水资源监测，坚决实施以政府为主导、社会广泛参与的多方联动防治水污染策略。最后，严守生态红线，加快完善各民族地区生态红线制度，要将经济作物的发展地域和面积严格控制在一定范围之内，必须杜绝为发展经济作物而破坏生态环境的行为。此外，民族地区生产生活方式较为落后，水土保持措施较差，如退耕还林还草还需根据当地实际情况因地制宜，科学规划，宜林则林，宜草则草，要根据当地的地理环境、气候条件、土壤条件、水利灌溉情况，决定种树还是种草；种树种草既要关注到经济效益，又要考虑退耕还林还草的可持续性；要尽可能地优化沙漠边缘、河滩、道路两旁以及荒山深沟的生态环境，再结合科学技术，根据当地条件种树种草，采取封山育林、封沙育草治理措施，将退耕还林还草落到实处。

三　大力宣传生态文明观念，提高生态保护意识

生态文明建设必须以生态文明理念为指导，通过树立生态文明价值观念，提高民众生态保护意识，才能更好地推动生态文明建设进程。民族地区各民族传统文化中与自然和谐相处的生态意识和行为的传承与发展为生态文明观念的形成奠定了重要的思想基础。从民族学角度来看，民族地区民众的传统知识体现了一定地域内的不同文化的民族对他们所处的自然环境的深刻认知，这是经过世代实践检验的知识和技能，具有时空和人与自然环境相互作用的特征。①

首先，民族地区各民族民众在其所积累的本土知识及技能中已然形成了一套人与自然互动的知识体系；在长期恶劣的自然生态环境和落后的生产技术条件下，积累了诸多民族人与自然和谐相处的经验，包括民族地区各民族的生产生活方式、风俗习惯、宗教信仰、祭祀仪式、农事活动等，要充分挖掘民族地区保护神山神林神水、节约适度的生态保护观念和行为，用少数民族的价值观念、伦理意识使其自觉保护生态环境，形成良好的社会风尚，有效地克服社会经济快速发展带来的各种机会主义行为倾向。其次，必须加强生态意识教育。近年来，民族地区传统文化流失现象

---

① 马丽雅：《民族地区生态文明制度建设中的非正式制度》，《攀登》2015 年第 5 期。

较为严重，生态文化观念日渐淡薄，必须通过一定手段传承和发扬少数民族生态文明观念。一是可通过建立各民族生态文化传习馆，由固定人员进行宣传和教育；二是通过各种现代媒体广泛宣传，树立民族生态形象，进行传承创新，从而进一步树立和养成尊重自然、保护自然，以及低碳环保节能等现代生态理念和行为习惯，推进民族地区生态文明建设水平的不断提高。

四　建立健全民族地区生态补偿机制

生态补偿机制是生态文明建设中的重要内容和制度保障。在民族地区生态文明制度建设过程中，迫切需要加强生态补偿机制建设，进一步完善民族地区生态补偿机制。生态补偿机制坚持公平公正的基本原则，民族地区多处于众多江河流域的上游区域，更是水源地、水源涵养区、风沙源治理区等重要生态功能区，因此，对于加大具有重要和特殊生态功能区域，以及生态屏障区域的生态建设和环境保护工作的强度和执法力度，是维护民族地区乃至我国生态安全和稳定的重要举措；应从根本上进行统筹规划、协调发展，对民族地区中的保护区失去的发展机会以及保障为保护资源环境蒙受损失的民众，必须由浅入深、由易到难，逐步制定、贯彻、落实建立健全补偿机制和补偿政策①，明确补偿资金来源、渠道、方式，因地制宜明晰补偿主体、对象、范围、标准，进一步完善生态补偿政策，如限制传统工业发展权益损失补偿政策、提高地表水环境质量标准地方经济损失补偿政策、保障生态林业用地而损失的土地开发使用权损失补偿政策等一系列特殊的资源环境保护损失补偿政策，建立健全生态补偿机制。此外，从生态补偿机制的持续实施来看，需要合理协调政府、企业、民众三者之间的关系，保障三方权益，政府与民众较为突出的矛盾主要体现在政府在生态补偿方面的额度难以满足民众需求，政府应积极展开与第三方合作，由保险公司、环保基金会等共同发力，加大补偿力度；企业与民众之间的矛盾更为隐形，企业为民众带来丰厚收益的同时，对民众长期生存的环境造成破坏，民众难以有效认识到自身环境权益受损，此时则需要政府介入其中，在维护民众环境权益的同时，由企业负担环境保护补偿。民族地区生态文明建设中，应因地制宜，结合地方实际，通过制度的保障、约

① 崔亚虹：《生态文明建设与民族地区环境保护问题研究》，《商业时代》2010年第6期。

束和监督，引导和规范生态文明的建设和发展需要，建立民族地区生态文明建设的长效机制。

五 建立健全生态文明政绩考核机制

转变发展理念，强化绿色 GDP 意识，形成政府、企业、群众三方合力，进行全民监督，实现考核与监督的合理结合。在生态文明建设指标体系的考核之中需要使政府、企业、广大群众形成合力。以自上而下的传统方式为前提，实行上级对下级指导，下级领导干部监督上级领导干部，企业和群众广泛参与，对领导干部的施政行为进行监督，各级领导、社会单位和企业、广大群众时常进行沟通、协商和互动，由“官考官”单一方式向多元考核主体参与发展。在民族地区地形多样、生态多样、民族多样的基础上，合理构建完善的生态文明建设指标，各个地区的环境指标、经济指标和文化指标的设置必须由省级部门进行实地考察和当地政府进行工作汇报，省级政府应设立相应的考核指标调研部门，针对发展状况、环境情况、生态破坏等进行相应调查，根据实际情况，省级和当地政府共同制定科学的考核基数，杜绝地区政府弄虚作假现象，建立健全生态文明政绩考核长效机制。长效机制的实现需要综合考量其长、中、短三期目标，对于领导干部而言，应该制订在任期间的整体规划，拟定建设生态环境治理与修复的可持续发展指标，在一定时间内实现相应目标，以此作为官员生态文明政绩考核的标准。不同的任职官员在相同的职位根据上一任官员的治理经验和存在的问题进行分析和总结，进而制定下一个目标，由此建立一套不同目标、同一体系的长久机制。针对云南独特的自然与人文环境，现以三级指标作为生态文明建设指标的分级标准，并结合云南省情设定其指标的具体内容。

民族地区生态文明建设对于维护我国生态屏障与安全具有重要作用，是实现生态效益、经济效益、社会效益的必然选择，更是实现人与自然和谐共生的重要路径。在民族地区生态文明建设过程中，必须要协调环境保护与经济发展之间的冲突与矛盾，结合地域特色，充分发挥当地资源优势，大力发展民族地区第三产业，加快产业结构转型与升级，转变传统经济发展方式，厚植民族地区生态优势，发掘生态智慧，传承民族优秀生态文化，加大生态保护力度，加强生态农业、生态旅游、生态工业建设，践行习近平总书记的“两山”理论，始终把“生态优先、绿色发展”理念贯穿于民族地区生态文明建设全过程，谱写中国最美篇章。

参考文献

中文参考文献

艾菊红：《水之意蕴：傣族水文化研究》，中国社会科学出版社 2010 年版。

昂志灵：《尼迷诗》，云南民族出版社 1989 年版。

陈金全：《西南少数民族习惯法研究》，法律出版社 2008 年版。

刀国栋：《傣族历史文化漫谭》，云南民族出版社 1992 年版。

邓敏文、吴浩：《没有国王的王国——侗款研究》，中国社会科学出版社 1995 年版。

段炳昌、赵云芳、董秀团编著：《多彩凝重的交响乐章——云南民族建筑》，云南教育出版社 2000 年版。

高立士：《西双版纳傣族传统灌溉与环保研究》，云南民族出版社 1999 年版。

高其才：《瑶族习惯法》，清华大学出版社 2008 年版。

高其才：《中国习惯法论》，中国法制出版社 2008 年版。

郭家骥：《西双版纳傣族水文化的变迁与可持续发展》，《人类学生态环境史研究》，中国社会科学出版社 2006 年版。

国家林业局：《退耕还林工程生态效益监测国家报告（2013）》，中国林业出版社 2014 年版。

国家林业局：《退耕还林工程生态效益监测国家报告（2014）》，中国林业出版社 2015 年版。

国家林业局：《退耕还林工程生态效益监测国家报告（2015）》，中国林业出版社 2016 年版。

国家林业局：《退耕还林工程生态效益监测国家报告（2016）》，中国林业出版社 2017 年版。

国家林业局：《中国林业统计年鉴 2015》，中国林业出版社 2016 年版。

何积全：《苗族文化研究》，贵州人民出版社 1999 年版。

祜巴勐：《论傣族诗歌》，岩温扁译，中国民间文艺出版社 1981 年版。

黄龙光、张晖：《彝族传统火把节的文化意义》，云南省民族学会彝族专业委员会、昭通市民族宗教事务局编：《云南彝学研究》（第九辑），云南民族出版社 2012 年版。

姬安龙：《贵州苗族支系调查报告》，贵州省民族事务委员会、贵州省民族研究所编：《贵州六山六水民族调查资料选编（苗族卷）》，贵州民族出版社 2008 年版。

街顺宝：《肥料与传统农业的变迁》，《人类学生态环境史研究》，中国社会科学出版社 2006 年版。

李文军、徐建华、芦玉：《中国自然保护管理体制改革方向和路径研究》，中国环境出版集团 2018 年版。

李文军、张倩：《解读草原困境：对于干旱半干旱草原利用和管理若干问题的认识》，经济科学出版社 2009 年版。

梁治平：《清代习惯法：社会与国家》，中国政法大学出版社 1996 年版。

廖志宏：《人类学家罗康隆教授》，《广西民族大学学报》（哲学社会科学版）2007 年第 1 期。

刘尧汉：《〈彝族文化研究丛书〉总序——弘扬中华彝族优秀文化传统》，钟士民《彝族母石崇拜及其神话传说》（序言部分），云南人民出版社 1993 年版。

陆羽著，沈冬梅编著：《茶经》，中华书局 2010 年版。

罗康隆：《水资源的利用与生计方式——以湖南通道阳烂村为例》，载《人类学与乡土中国——人类学高级论坛 2005 卷》，2005 年。

马凌诺斯基：《文化论》，费孝通译，华夏出版社 2002 年版。

孟和乌力吉：《沙地环境与游牧生态知识——人文视域中的内蒙古沙地环境问题》，知识产权出版社 2013 年版。

明庆忠、熊剑峰、陈颖、高大帅：《土著知识旅游研究》，科学出版社 2012 年版。

农业部草原监理中心：《2016 年全国草原监测报告》，2017 年。

彭兆荣主编：《文化遗产关键词》（第一辑），贵州人民出版社 2014 年版。

全京秀：《环境人类学》，崔海洋等译，科学出版社 2015 年版。

萨瓦斯：《民营化与公司部门的伙伴关系》，周志忍等译，中国人民大学出版社 2002 年版。

邵泽春：《贵州少数民族习惯法研究》，知识产权出版社 2008 年版。

石连顺、石晓莉：《阿细人生礼仪》，云南民族出版社 2007 年版。

宋瑞：《生态旅游：全球观点与中国实践》，中国水利水电出版社 2007 年版。

泰勒（Aduard Tylor）：《原始文化》，连树声译，广西师范大学出版社 2005 年版。

谭诗斌：《现代贫困学导论》，湖北人民出版社 2012 年版。

田汝成撰：《炎徼纪闻》，欧薇薇校注，广西人民出版社 2007 年版。

王宗勋：《文斗——看得见历史的村寨》，贵州人民出版社 2009 年版。

乌丙安：《中国民俗学》，辽宁大学出版社 1985 年版。

新平彝族傣族自治县民族事务委员会编：《新平彝族傣族自治县民族志》，云南民族出版社 1992 年版。

徐晓光等：《苗族习惯法研究》，华夏文化艺术出版社 2000 年版。

严永和：《论传统知识的知识产权保护》，法律出版社 2006 年版。

杨桂华：《生态旅游景区开发》，科学出版社 2004 年版。

杨桂华、钟林生、明庆忠：《生态旅游》，高等教育出版社 2000 年版。

杨庭硕、罗康隆、潘盛之：《民族、文化与生境》，贵州民族出版社 1992 年版。

杨庭硕、田红：《本土生态知识引论》，民族出版社 2010 年版。

杨庭硕等：《生态人类学导论》，民族出版社 2007 年版。

杨晓冰：《环境变迁与生计方式的调适——曼暖远克木人的刀耕火种文化》，《人类学生态环境史研究》，中国社会科学出版社 2006 年版。

姚思廉：《陈书·姚察传》卷二十七，列传第二十一。

尹绍亭：《文化生态与物质文化》（论文篇），云南大学出版社 2007 年版。

尹绍亭：《一个充满争议的文化生态体系——云南刀耕火种研究》，云南人民出版社 1991 年版。

曾大兴：《文学地理学概论》，商务印书馆 2017 年版。

张建萍：《生态旅游》，中国旅游出版社 2008 年版。

张猛等：《人的创世纪》，四川人民出版社 1987 年版。

赵哈林等：《恢复生态学通论》，科学出版社 2009 年版。

赵虹眉：《我国少数民族地区的生态文明建设与环境保护问题》，《生态文明的法制保障——2013 年全国环境资源法学研讨会（年会）论文集》，2013 年。

周立群：《创新整合与协调——京津冀区域经济发展前沿报告》，经济科学出版社 2007 年版。

朱文旭：《彝族火把节》，四川民族出版社 1999 年版。

紫云苗族布依族自治县县志编纂委员会编：《紫云苗族布依族自治县志》，贵州人民出版社 1991 年版。

报纸、网页

《2019 年全国易地扶贫搬迁论坛在京举办》，中华人民共和国中央人民政府网，2019 年 10 月 16 日，http：//www.gov.cn/xinwen/2019-10/16/content_ 5440473.htm.

国家发展改革委有关负责人关于启动新一轮退耕还林还草答记者问，http：//www.ndrc.gov.cn/zcfb/jd/201409/t20140927_ 679119.html.

韩茜：《联合国报告：亚太地区环境面临巨大挑战》，中国社会科学网，http：//www.cssn.cn/hqxx/201605/t20160522_ 3018794.shtml.

《坚持生态优先推动绿色发展》，（2017-07-20）.

毛莉：《学者呼吁为生态扶贫“开绿灯”》，http：//www.cssn.cn/zx/201603/t20160307_ 2899931.shtml.

人民日报海外版：《中国将构建北方防风固沙等十大生态屏障》，转载自《中国新闻网》2011 年 01 月 06 日 05：58，资料来源：http：//www.chinanews.com/gn/2011/01-06/2768353.shtml.

《退耕还林工程》，中华人民共和国国史网，2016 年 7 月 25 日。

习近平：关于《中共中央关于全面深化改革若干重大问题的决定》的说明，《人民日报》2013 年 11 月 16 日，第 1 版。

曾博伟：《改革开放 40 年：中国旅游业发展导向的演变》，《中国旅游报》2018 年 10 月 9 日。

中共中央、国务院关于打赢脱贫攻坚战的决定，新华网，2015 年 12 月 3 日，http：//www.cpad.gov.cn/art/2015/12/7/art_ 624_ 42387.html.

中国国家地质公园网：http：//www.geopark.cn/map.

中国国家统计局国家数据网：http：//data.stats.gov.cn/index.htm.

中国森林旅游网：http：//www.shidi.org/unit.html.

中华人民共和国国务院第 367 号令：退耕还林条例，http：//www.gov.cn/gongbao/content/2003/content_ 62531.htm.

中华人民共和国中央人民政府官网：http：//www. gov. cn/xinwen/2018-7/06/content_ 5304043.htm.

中央电视台新闻调查《震后的七七组》，访问于云南省地震局官网：《云南景谷 6.6 级地震新闻视频资料》，http：//www. eqyn. com/manage/html/ff808181126bebda01126bec4dd00001/ynpejgdzzt/index.html.

中央政府门户网站：《国务院关于印发全国主体功能区规划的通知·国发〔2010〕46》（《全国主体功能区规划——构建高效、协调、可持续的国土空间开发格局》），资料来源：http：//www.gov.cn/zwgk/2011-06/08/content_ 1879180.htm.

http：//www.mab.cas.cn/.

http：//news.gmw.cn/2017-07/20/content_ 25148190.htm.

http：//baike.baidu.com/link？url=yOkoBKuuksYat7Z_ e_ TYhL2rP1-KoxcIFXrewpQzS-V1SUOhbGY8GVW6r9vuL36z6DHn355_ rf3Q6Jl6ZdTeg1K.

http：//news. eastday. com/eastday/13news/auto/news/china/20170209/u7ai6478185.html.

中文论文类

［美］安东尼·奥利弗-史密斯、苏珊娜·M.霍夫曼：《人类学者为何要研究灾难》，彭文斌编译，《民族学刊》2011 年第 6 期。

［美］安东尼·奥利弗-史密斯：《何为灾难？——人类学对一个持久

问题的观点》，彭文斌、黄春、文军译，《西南民族大学学报》2013 年第 12 期。

安丰军：《关于回族生态伦理的文化透视》，《回族研究》2011 年第 4 期。

白兴发：《少数民族传统习惯法规范与生态保护》，《青海民族学院学报》2005 年第 1 期。

包斯古日楞、晓荣：《继承和发扬蒙古族生态伦理思想的必要性》，《前沿》2009 年第 11 期。

陈浩：《中国贫困地区人口与生态环境分析》，《生态经济》1999 年第 6 期。

曹鼎新：《生态安全研究进展》，《江西化工》2008 年第 4 期。

程进、曾刚：《我国生态脆弱民族地区空间冲突形成机理研究》，《中国城市研究》2014 年第 00 期。

崔亚虹：《生态文明建设与民族地区环境保护问题研究》，《商业时代》2010 年第 6 期。

崔明昆、韩汉白：《云南永宁坝区摩梭人应对干旱灾害的人类学研究》，《云南师范大学学报》2013 年第 5 期。

丁文川、李宏、郝以琼等：《污泥好氧堆肥主要微生物类群及其生态研究》，《重庆大学学报》（自然科学版）2002 年第 6 期。

董婷婷：《欠发达地区推进生态文明建设存在问题及对策思考》，《才智》2014 年第 28 期。

杜成材、谢景连：《石漠化成因的文化透视》，《怀化学院学报》2008 年第 12 期。

杜发春：《国外生态移民研究述评》，《民族研究》2014 年第 2 期。

范宏贵：《少数民族习惯法》，吉林教育出版社 1990 年版。

冯共田：《论少数民族环境习惯法的司法适用》，《法制与社会》2018 年第 6 期。

高其才：《习惯法与少数民族习惯法》，《云南大学学报》（法学版）2002 年第 3 期。

贡布泽仁、李文军：《草场管理中的市场机制与习俗制度的关系及其影响：青藏高原案例研究》，《自然资源学报》2016 年第 10 期。

红河州世界遗产管理局：《全球重要农业文化遗产：红河哈尼稻作梯

田系统》，《中国农业大学学报》2017 年第 4 期。

何建华：《生态安全基本概念和研究内容》，《山西水利》2006 年第 1 期。

皇甫睿：《贵州各族传统林粮间作技术体系的文化生态解读———以清水江林业契约文书为依据》，《中央民族大学学报》（哲学社会科学版）2017 年第 1 期。

黄应贵：《空间、力与社会》，《广西民族学院学报》2002 年第 2 期。

黄英伟、王强、杨俊伍：《赫哲族传统生态伦理观及其弱化》，《农业考古》2009 年第 4 期。

黄振宣、李杰：《壮族传统生态伦理思想与当代生态文明建设的承接》，《文教资料》2014 年第 10 期。

蒋哲姝、陈红磊、蒋高中：《世界文化遗产的可持续保护与精准扶贫有机结合的成功实践——以云南红河哈尼梯田“稻渔共作”养殖模式为例》，《中国农学通报》2018 年第 23 期。

赖玉珮、李文军：《草场流转对干旱半干旱地区草原生态和牧民生计影响研究——以呼伦贝尔市新巴尔虎右旗 M 嘎查为例》，《资源科学》2012 年第 6 期。

廖中建、黎理：《土壤氮素矿化研究进展》，《湖南农业科学》2007 年第 1 期。

李春鸽：《浅议中国农村贫困问题》，《北方经贸》2011 年第 3 期。

李广义：《桂西石漠化地区生态扶贫的应对之策研究》，《广西社会科学》2012 年第 9 期。

李敏洁、唐岱：《宗教信仰对云南傣族生态文化的影响》，《民族论坛》2013 年第 10 期。

李文书：《傣族“龙山林”文化禁忌与边疆生态环境的安全》，《北京师范大学学报》2008 年第 3 期。

李永仙：《边疆民族地区生态文明建设问题探索——以云南省西双版纳州为例》，《中共云南省委党校学报》2009 年第 5 期。

李静怡、王艳慧：《吕梁地区生态环境质量与经济贫困的空间耦合特征》，《应用生态学报》2014 年第 6 期。

李曼碧等：《云南省少数民族地区与生态环境保护》，《云南环境科学》2003 年第 4 期。

李清飞、孙震宇：《微生物调控对牛粪堆肥的生物特性影响》，《环境污染与防治》2012年第2期。

李永祥：《傣族社会和文化对泥石流灾害的回应——云南新平曼糯村的研究案例》，《民族研究》2011年第2期。

李永祥：《民族传统知识与防灾减灾》，《西南民族大学学报》（人文社会科学版）2015年第10期。

李子贤：《彝、汉民间文化圆融的结晶——开远市老勒村彝族“人祖庙”的解读》，《云南民族大学学报》（哲学社会科学版）2010年第4期。

李慧：《我国连片贫困地区生态扶贫的路径选择》，《经济建设》2013年总第70期。

刘景慧：《论民族文化与本土性生态知识的建构》，《怀化学院学报》2010年第9期。

蓝安军等：《喀斯特石漠化过程、演化特征与人地矛盾分析》，《贵州师范大学学报》（自然科学版）2002年第1期。

罗静、谢仁生：《贵州少数民族环境习惯法的生态观浅析》，《世纪桥》2016年第12期。

罗康隆：《论苗族传统生态知识在区域生态维护中的价值——以贵州麻山为例》，《思想战线》2010年第2期。

罗康隆：《地方性知识与生存安全——以贵州麻山苗族治理石漠化灾变为例》，《西南民族大学学报》（人文社会科学版）2011年第7期。

罗康隆：《生态人类学视野下的人类生态安全思考》，《三明学院学报》2009年第3期。

罗康隆：《麻山地区苗族复合生计克服“缺水少土”的传统生态智慧》，《云南师范大学学报》（哲学社会科学版）2011年第1期。

罗康隆、杨曾辉：《藏族传统游牧方式与三江源“中华水塔”的安全》，《吉首大学学报》（社会科学版）2011年第1期。

罗康隆、刘明珠：《云贵高原东南缘水资源维护研究》，《广西民族研究》2015年第5期。

罗康隆、刘海艳：《从水资源利用与维护看民族传统知识的价值》，《西南民族大学学报》（人文社会科学版）2013年第3期。

罗康隆：《地方性生态知识对区域生态资源维护与利用的价值》，《中南民族大学学报》（人文社会科学版）2010年第30卷第3期。

罗康隆：《论民族生计方式与生存环境的关系》，《中央民族大学学报》（哲学社会科学版）2004 年第 5 期。

罗康隆、麻春霞：《侗族空间聚落与资源配置的田野调查》，《怀化学院学报》2008 年第 3 期。

刘慧、叶尔肯・吾扎提：《中国西部地区生态扶贫策略研究》，《中国人口・资源与环境》2013 年第 10 期。

刘胜涛、牛香、王兵等：《陕西省退耕还林工程生态效益评估》，《生态学报》2018 年第 16 期。

刘雁翎：《西南少数民族环境习惯法的生态文明价值》，《贵州民族研究》2015 年第 5 期。

刘雁翎：《论贵州苗族环境习惯法》，《贵州民族研究》2008 年第 4 期。

刘雁翎：《清水江文书中的苗族、侗族环境生态习惯法》，《贵州民族研究》2017 年第 5 期。

刘沛林、刘春腊等：《中国少数民族传统聚落景观特征及其基因分析》，《地理科学》2010 年第 6 期。

梁四海：《黄河源区冻土对植被的影响》，《冰川冻土》2007 年第 1 期。

林铎：《大力筑牢西部生态安全屏障》，《中国环境报》2017 年 12 月 8 日。

林岚：《挖金子就像是挖了大地心脏》，《人与生物圈》2009 年第 1 期。

卢云亭：《生态旅游与可持续旅游发展》，《经济地理》1996 年第 1 期。

孟航：《文化实践与民族地区的生态文明建设——生态问题到底意味着什么?》，《中国民族》2013 年第 7 期。

牟秀燕：《贵州喀斯特生态脆弱与贫困耦合机理研究》，《商》2015 年第 1 期。

马丽雅：《民族地区生态文明制度建设中的非正式制度》，《攀登》2015 年第 5 期。

马琼：《少数民族环境保护习惯法的表现形式及特征——以苗族为例》，《贵州民族研究》2018 年第 7 期。

马俊驹、王彦：《公有制下国家所有权制度的变革和完善》，《社会科学研究》2015 年第 4 期。

马俊驹：《国家所有权的基本理论和立法结构探讨》，《中国法学》2011 年第 4 期。

钮簿、翟允禔：《我国西北部干旱地区的“石砂田”》，《西北农学院学报》1980 年第 3 期。

秦茂军、汤明华：《迪庆藏区民俗文化与生态环境保护》，《林业调查规划》2012 年第 1 期。

祁新华等：《贫困与生态环境相互关系研究述评》，《地理科学》2012 年第 13 期。

钱家先、朱海燕：《云南富源古敢水族乡贫困与生态环境关系分析》，《曲靖师范学院学报》2004 年第 5 期。

萨础日娜：《生态文明视野下民族地区生态补偿法律机制浅析》，《贵州民族研究》2015 年第 11 期。

苏钦：《浅谈我国少数民族历史上保护生态环境的特点及经验》，《中央社会主义学院学报》2005 年第 4 期。

石峰：《苗族石漠化地区生态恢复的本土社会文化支持》，《云南民族大学学报》（哲学社会科学版）2010 年第 2 期。

沈娅莉：《少数民族地区贫困循环的成因及对策研究——以云南为例》，《云南财经大学学报》2012 年第 4 期。

隋晓晨：《浅谈宗教文化与旅游业的关系》，《中国校外教育》2009 年第 4 期。

孙道玮等：《生态旅游环境承载力研究——以净月潭国家森林公园为例》，《东北师大学报》（自然科学版）2002 年第 1 期。

佟玉权、龙花楼：《脆弱生态环境耦合下的贫困地区可持续发展研究》，《中国人口·资源与环境》2003 年第 S2 期。

田红：《喀斯特石漠化灾变救治的文化思路探析——以苗族复合种养生计对环境的适应为例》，《中央民族大学学报》2009 年第 6 期。

谭志满、霍晓丽：《苗族巴代求雨仪式的人类学考察》，《宗教学研究》2014 年第 2 期。

王玉宽等：《对生态屏障概念内涵与价值的认识》，《山地学报》2005 年第 4 期。

王玉宽等：《关于生态屏障功能与特点的探讨》，《水土保持》2005年第4期。

王美钰、吴忠军、侯玉霞：《广西少数民族特色村寨生态旅游扶贫与乡村振兴路径研究》，《广西广播电视大学学报》2009年第1期。

王晓毅：《从承包到“再集中”——中国北方草原环境保护政策分析》，《中国农村观察》2009年第3期。

王旭：《论自然资源国家所有权的宪法规制功能》，《中国法学》2013年第6期。

王秀、罗康智：《侗族社区资源传统利用方式分析——以湖南通道阳烂村为例》，《吉首大学学报》（社会科学版）2007年第6期。

王晓峰：《“两屏三带”生态系统格局变化及其影响因素》，《生态学杂志》2019年第7期。

王娜：《对构建西藏生态安全屏障的几点思考》，《西藏发展论坛》2011年第3期。

王宪昭：《中国少数民族人类再生型洪水神话探析》，《民族文学研究》2007年第3期。

王振颐：《生态资源富足区生态扶贫与农业产业化扶贫耦合研究》，《西北农林科技大学学报》（社会科学版）2012年第6期。

汪希成、高雅、孙小燕：《西部地区新农村建设中的生态贫困问题探析》，《绿色经济》2007年第2期。

汪希成等：《西部地区新农村建设中的生态贫困问题探析》，《生态经济》（学术版）2007年第2期。

威得良：《以色列节水富国之策》，《生态环境与保护》2001年第1期。

武淑梅：《鄂伦春族原生态文化蕴含的生态伦理观》，《学术研究》2015年第2期。

肖笃宁等：《论生态安全的基本概念和研究内容》，《应用生态学报》2002年第3期。

邢启顺、麻勇斌：《黔东北苗族传统文化约束力在森林管护中的嬗变》，《林业与社会》2004年第1期。

谢荣幸等：《少数民族文化中的生态意识在人居环境中的体现》，《中华民居》2014年第18期。

谢国先：《中国南方少数民族神话中的洪水和同胞婚姻情节》，《长江大学学报》（社会科学版）2010 年第 6 期。

杨华：《对西部少数民族地区建设生态文明的思考》，《中共伊犁州委党校学报》2009 年第 1 期。

杨军昌：《西南山地民族人口生态文化及其价值》，《贵州大学学报》2011 年第 6 期。

杨庭硕：《苗族生态知识在石漠化灾变救治中的价值》，《广西民族大学学报》（哲学社会科学版）2007 年第 3 期。

杨庭硕：《论外来物种引入之生态后果与初衷的背离——以“改土归流”后贵州麻山地区生态退变史为例》，《云南师范大学学报》（哲学社会科学版）2010 年第 1 期。

杨庭硕：《论地方性知识的生态价值》，《吉首大学学报》（社会科学版）2004 年第 3 期。

杨曾辉：《川西南彝族厩肥处理与生态维护》，《广西民族大学学报》（哲学社会科学版）2013 年第 4 期。

杨文英：《厩肥的处置利用与生态维护——以湘西土家族为例》，《金田》2014 年第 3 期。

杨旭昉：《风雨桥：侗族人的脊梁》，《民族论坛》2010 年第 8 期。

杨冠煌：《引入西方蜜蜂对中蜂的危害及生态影响》，《昆虫学报》2005 年第 3 期。

余林生：《意大利蜜蜂（Apis mellifera ligustica）与中华蜜蜂（Apis cerana ceraca）的生态学比较》，《生态学报》2008 年第 9 期。

于语和：《简论民间法约束力的来源和表现》，《民间法》（第 3 卷），山东人民出版社 2004 年版。

余浩然：《习惯法生态价值的发展人类学研究——以建始县白云村土家族习惯法为例》，《原生态民族学刊》2017 年第 4 期。

查燕：《宁夏生态扶贫现状与发展战略研究》，《中国农业资源与区划》2012 年总第 79 期。

曾宗永：《生态旅游的非持续特征》，《环境保护》2000 年第 6 期。

周宗、胡绍云等：《西双版纳大面积橡胶种植与生态环境影响》，《云南环境科学》2006 年第 S1 期。

郑有贵：《深度贫困地区为何脱贫难——深度贫困地区经济发展的几

个障碍》,《人民论坛》2019 年 2 月 18 日。

郑昭佩、宋德香:《中国少数民族生态伦理思想评述》,《社会科学前沿》2017 年第 2 期。

郑茂刚:《破解西部民族地区教育与经济发展低水平均衡——以黔东南州为例》,《贵州民族研究》2007 年第 1 期。

张桥贵:《生态·人际与伦理——原始宗教的主题与发展》,《民族研究》1993 年第 1 期。

张新、李晓蓉:《贵州仡佬族传统生态习惯法的现代价值》,《学理论》2016 年第 1 期。

张景忠、王云毅:《内蒙古达拉特旗风沙区退耕还林还草生态效益评价》,《西部资源》2017 年第 2 期。

张姗:《民族地区生态文明建设的现状与对策》,《玉溪师范学院学报》2018 年第 9 期。

张姗:《民族地区退耕还林生态工程的问题与建议——基于 2015 年民族地区退耕户的调查》,《昆明学院学报》2019 年第 1 期。

张姗:《民族地区生态文明建设报告》,《民族发展蓝皮书——中国民族发展报告(2017)》,社会科学文献出版社 2017 年版。

张晓春、罗康隆:《侗族干栏民居建筑墙的人文空间与神性空间的统一》,《怀化学院学报》2010 年第 12 期。

张晓春:《侗族鼓楼建筑象征“天人合一”的宇宙观——以通道侗族自治县阳烂村为个案分析》,《船山学刊》2010 年第 1 期。

张含、谷家荣:《简论云南彝族土掌房的文化内涵——写在云南石屏县麻栗树村土掌房调研之后》,《中南民族大学学报》(人文社会科学版)2004 年第 S2 期。

张方玉:《试论彝族的宅居文化》,《楚雄师范学院学报》2002 年第 5 期。

张宁、张振兴、郭怀成:《新疆和墨洛地区贫困与生态环境关系分析》,《中国人口·资源与环境》2001 年第 S2 期。

赵莉丹、覃康聪:《广西贺州土瑶生态伦理思想的人本旨归》,《边疆经济与文化》2017 年第 7 期。

赵琳:《论生态旅游经济的可持续发展》,《现代经济信息》2012 年第 24 期。

章力建等：《实施生态扶贫战略提高生态建设和扶贫工作的主题效果》，《中国农业科技导报》2008 年第 4 期。

学位论文

高其才：《中国少数民族习惯法研究》，博士学位论文，中国政法大学，2002 年。

兰婕：《不同灾难风险场景下的本土应灾实践探析——以黔东南南侗地区火灾为例》，硕士学位论文，西南民族大学，2014 年。

雷震：《论蒙古族生态习惯法》，硕士学位论文，中央民族大学，2012 年。

李海艳：《贵州不同聚落形态旅游业的发展研究》，硕士学位论文，贵州大学，2008 年。

李迎春：《湘西少数民族环境习惯法研究》，硕士学位论文，中南林业科技大学，2012 年。

施红：《家屋的生命周期：云南勐腊傣族住居文化》，博士学位论文，云南大学，2011 年。

陶喆：《侗族风雨桥文化符号研究》，硕士学位论文，吉首大学，2017 年。

王连贵：《长白山风景区生态旅游建设开发研究》，硕士学位论文，延边大学，2018 年。

向晓玲：《少数民族环境保护习惯法研究》，硕士学位论文，西南政法大学，2010 年。

谢彦君：《风水的意义：旅游景区选址与空间布局的风水学研究》，硕士学位论文，东北财经大学，2006 年。

许大绘：《安徽省自然保护区生态旅游发展现状研究》，硕士学位论文，安徽农业大学，2018 年。

杨柳：《风水思想与古代山水城市营建研究》，博士学位论文，重庆大学，2005 年。

杨曾辉：《民族文化对不同环境适应成果的表达——以彝族和侗族对厩肥的对比分析为例》，硕士学位论文，吉首大学，2012 年。

扎西才措：《浅谈藏族生态习惯法》，硕士学位论文，中央民族大学，2012 年。

外文文献

Anthony, Oliver-Smith, and Susanna, M. Hoffman, Introduction: Why Anthropologists Should Study Disaster, In Susanna M.Hoffman and Anthony Oliver - Smith, eds, *Catastrophe and culture: The anthropology of disaster*, *Santa Fe*, New Mexico: School of American Research Press, 2002.

Atkinson, G, *Measuring sustainable development: macroeconomics and the environment*.Cheltenham, England: Edward Elgar, 1997.

Banks, T, Property rights reform in rangeland of China: dilemmas on the road to the household ranch. *World Development*, 2003, 31 (12). pp. 2129-2142.

Barbier, EB, The farm level economics of soil conservation: the uplands of Java.*Land Economics*, 1990 (2).

Baur, I. and Binder, C. R, Adapting to socioeconomic developments by changing rules in the governance of common property pastures in the Swiss Alps. *Ecology and Society*, 2013, 18 (4): 60.

Bentham, J, Security and equality of property. In: Macpherson, CB. (ed) 1978.*Property: mainstream and critical positions*.Toronto Buffalo: University of Toronto Press, 1830, pp.41-58.

Bhattacharya, H, Income and the environment in rural India: is there a poverty trap? Part of the *UC Center for Energy and Environmental Economics Working Paper Series*, 2011.

Binswanger, H, Brazilian policies that encourage deforestsation in the Amazon.*Environment Department Working Paper*, World Bank, Washington DC.

Bojö, J, Reddy, RC, *Poverty reduction strategies and environment: a review of* 40 *interim and full poverty reduction strategy papers*. Washington D C, World Bank, 2002.

Bovce, JK, Inequality as a cause of environmental degradation.*Ecological Economics*, 1994 (3).

Bryant, RL, Beyond the impasse: the power of political ecology in Third World.*Environmental Research Area*, 1997 (1): 5-19.

Carsten, J. and Hugh-Jones, S, About introduction, *About the House*:

Lévi- Strauss and Beyond.Cambridge University Press, 1995, pp.5, 42.

Chichilnisky, G, North south trade and the global environment.*American Economic Review*, 1994 (4).

Cunningham, Clark E, Order in the Atoni House, in R. Needham (ed) *Right and Left*, Chicago: The University of Chicago Press, 1973, pp. 204-238.

Davis, RB, *Muang Metaphysica: A study of northern Thai myth and ritual*, Bangkok: Pandora, 1984, pp.36-37.

Duraiappah, AK, Poverty and environmental degradation: A review and analysis of the nexus.*World Development*, 1998.

Durning, AB, Poverty and the environment: reversing the downward spiral.*World Water Paper*, New York, Novermber, 1989.

Fennell, LA, Ostrom's law: property rights in the commons.*International Journal of the Commons*, 2011, 5 (1): 9-27.

Fleuret, Anne, Indigenous responses to drought in Sub-Saharan Africa, *Disaster*, 1986, 10 (3).

George, JS.Dei, Indigenous African knowledge systems: local traditions of sustainable forestry, *Singapore Journal of Tropical Geography*, 1993, 14 (1).

Gongbuzeren, Huntersinger, L.and Li, WJ, Rebuilding pastoral social-ecological resilience on the Qinghai-Tibetan Plateau in response to changes in policy, economics, and climate.*Ecology and Society*, 2018, 23 (2): 21.

Gongbuzeren, Li, YB. and Li, WJ, China's rangeland management policy debates: what have we learned? *Rangeland Ecology & Management*, 2015 (68): 305-314.

Gongbuzeren, Zhuang, M.and Li, WJ, Market based grazing land transfers and customary institutions in the management of rangelands: Two case studies on the Qinghai-Tibetan Plateau *Land Use Policy*, 2016 (57): 287-295.

Grey, T.C, *The disintegration of property*.In: J.Roland Pennock and John W.Chapman (eds), Nomos XXII: Property.New York: New York University Press, 1980, p.69.

Grey, T. C, *The Disintegration of property*. New York: New York

University Press, 1980, p.69.

Grossman, G, Kruege, A, Economic growth and the environment.*Quarterly Journal of Economics*, 1995 (2): 353-377.

Hofeld, WN, *Fundamental legal conceptions as applied in judicial reasoning and other legal essays*.New Haven: Yale University Press, 1923.

Honore, AM, *Ownership*.In: AG.Guest (ed), Oxford Essays in Jurisprudence.Oxford: Clarendon Press, 1961, pp.107, 113.

Hunn, Eugene, What is Traditional Knowledge? In *Traditional Ecological Knowledge: Wisdom for Sustainable development*, edited by Nancy M.Williams and graham Baines.Canberra: Centre for Resource and Environmental Studies, Australian National University, 1993, pp.13-15.

Ikiara, G, Poverty and environment degradation in Narok, Kenya: a background paper.*Internal Working Paper*, *CREED*, Institute for Environment Studies, Free University Amsterdam, 1997.

Jalal, KF, Sustainable development, environment and poverty nexus.*Occasional papers* No7, Asian Development Bank, Manila.

Jean, A, A dynamic approach to the environmental Kunznets Curve Hypothesis.*Ecological Economics*, 1999 (28): 267-277.

Leach, M, Mearns, R.Poverty and environment in developing countries. An overview study. Institute for Development Studies. University of Sussex, Brighton, UK, 1995.

Lele, SM, Sustainable Development: a Critical Review.*World Development*, 1991 (6): 607-621.

Li, W.andHuntsinger, L, China's Grassland Contract Policy and its Impacts on Herder Ability to Benefit in Inner Mongolia: Tragic Feedbacks *Ecology and Society*, 2011, 16 (2): 1.

Locke, J, Of property.In: Macpherson, CB. (ed) 1978.*Property: Mainstream and Critical Positions*.Toronto Buffalo: University of Toronto Press, 1689, pp.17-27.

Lopez, R, The environment as a factor of production.The effects of economic growth and trade liberalization.*Journal of Environmental Economics and Management*, 1994 (27): 163-184.

Macpherson, CB, *Property: Mainstream and Critical Positions*. Toronto Buffalo: University of Toronto Press, 1978, p.2.

Malthus, T, *An essay on the principle of population: as it effects the future improvement of society: with remarks on the speculation of Mr. Godwin, M. Condorcet, and other writers*. London: J.Johnson, 1798.

Merry, SE, Legal Pluralism. *Law and Society Review*, 1988, 22 (5): 869-896.

Munzer, SR, *A Theory of Property*. Cambridge: Cambridge University Press, 1990, p.23.

Oliver-Smith, Anthony, What is adisaster?: anthropological perspectives on a persistent question. In Anthony Oliver-Smith and Susanna M. Hoffman (eds), *The angry earth: disaster in anthropological perspective*, London: Routledge, 1999.

Orlove, BenjaminS, Chiang, John, CH, Cane, & Mark, A, Ethnoclimatology in the Andes: a cross-disciplinary study uncovers a scientific basis for the Scheme Andean potato farmers traditionally use to predict the coming rains, *American Scientist*, 2002, 90 (5).

Ostrom, E, Design principles in long-enduring irrigation institutions. In: MD.McGinnis (ed), *Polycentric Governance and Development*. Ann Arbor: University of Michigan Press, 1999.

Ostrom, E, *Governing the commons*. Cambridge University Press, 1990.

Prakash, S, *Poverty and environment linkages in mountains and uplands: Reflections on the "Poverty Trap" thesis*. CREED Working Paper No12, 1997.

Prober, S. M, O'Connor, MH. and Walsh, F. J, Australian aboriginal peoples'seasonal knowledge: a potential basis for shared understanding in environmental management, *Ecology and Society*, 2011, 16 (2). [online] URL: http: //wwwecologyandsocietyorg/vol16/iss2/art12/.

Rogers, Sarah and Wang, Mark, Environmental resettlement and social dis/re-articulation in Inner Mongolia, China, *Population & Environment*, 2006, 28 (1).

Roncoli, C, Ingram, K. and Kirshen, P, Reading the rains: local knowledge and rainfall forecasting in Burkina Faso, *Society and Natural Re-*

sources, 2002 (15).

Scoones, I, *Living with uncertainty: new directions in pastoral development in Africa*. London: Intermediate Technology Publications Ltd, 1994, p.24.

Shaw, Rosalingd, Living with floods in Bangladesh, *Anthropology Today*, 1989, 5 (1).

Singer, JW, *Entitlement: the paradoxes of property*. New Haven: Yale University Press, 2000, pp.1-18.

Stern, DI. Common, MS, Barbier, EB, Economic growth and environmental degradation: The environmental Kuznets Curve and sustainable development. *World Development*, 1996 (7): 1151-1160.

Tallis, H, Kareiva, P, Marvier, M, et al, An ecosystem services framework to support both practical conservation and economic development. *Proceeding of the National Academy of Sciences of the United States of America*, 2008 (28): 9457-9464.

Tashi, Gongbo and Foggin, Marc, Resettlement as development and progress? Eight years on: review of emerging social and development impacts of an "ecological resettlement" project in Tibet autonomous region, China, *Nomadic Peoples*, 2012, 16 (1).

Underkuffler, LS, The idea of property: Its meaning and power. Oxford: Oxford University Press, 2003, p12.

World Bank, *World development report* 1992 *in development and the environment*. Oxford: Oxford University Press, 1992.

Wunder, S. and S. Engel, et al, Taking stock: A comparative analysis of payments for environmental services programs in developed and developing countries. *Ecological Economics*, 2008, 65 (4): 834-852.

关键词索引

后　　记

《中国民族地区经济社会调查报告·生态卷》（以下简称《生态卷》）是国家社科基金特别委托项目和中国社会科学院创新工程项目《中国少数民族经济社会发展综合调查》的研究成果之一。

针对《生态卷》的写作内容、思路和框架，我们曾邀请国内生态民族学领域的专家和学者，召开了报告开题论证会。与会专家、学者提出了中肯的意见和建议，为《生态卷》写作工作的顺利开展提供了有力支撑。经过两年的不懈努力，我们最终完成了《生态卷》的写作。

《生态卷》重点围绕"民族地区生态文明建设""少数民族传统生态文化""生态保护与可持续发展"三大主题展开。其中，"民族地区生态文明建设"是贯穿这本报告的一条主线。在每一个主题中，我们始终聚焦生态文明建设的具体实践问题。例如，在第一编中，各章对自然资源资产产权制度、生态补偿理论和退耕还林工程在民族地区的实践展开调研和探讨，是对民族地区生态文明建设具体工作的回顾；在第二编中，每一章对民族地区传统生态文化的挖掘、整理和生态价值论证，是为民族地区生态文明建设工作做知识储备；第三编的生态移民、生态扶贫和生态旅游，是尝试对生态文明建设模式和路径进行探索。最后，报告对当前民族地区生态文明建设经验做了总结，对存在的问题做了梳理并提出了相应的对策。报告的总体目标是为民族地区生态文明建设提供智力支持。项目组成员据各自研究方向领选研究内容，按进度展开调研和写作，确保了报告顺利完成。当然，此薄卷断难囊括民族地区生态文明建设的全部内容，《生态卷》的完成只是我们工作的一个新起点。

这本报告是项目组团队共同努力的科研成果。在此，我们谨对所有项目组成员表示感谢。对吉首大学历史与文化学院的罗康隆院长及其团队、云南大学西南环境史研究所的周琼所长及其团队、北京大学环境科学与工程学院的李文军教授、云南省社科院的李永祥研究员、云南农业大学新农村发展研究院的杜发春教授的大力支持表示衷心的感谢。中国社会科学院民族学与人类学研究所的范明明博士、翟淑平博士，中国旅游研究院的翟慧敏博士进行了繁重的统稿和编辑工作，感谢他们的辛勤付出。最后，对负责本书出版的中国社会科学出版社的编辑、编审表示由衷的感谢！

中国民族地区经济社会调查报告·生态卷课题组

2020年2月29日